〈OECDスキル・アウトルック2017年版〉

国際化のなかのスキル形成

グローバルバリューチェーンは雇用を創出するのか

経済協力開発機構（OECD）編著　菅原 良 監訳

髙橋南海子／奥原 俊／坂本文子／神崎秀嗣／松下慶太／竹内一真 訳

OECD Skills Outlook 2017
SKILLS AND GLOBAL VALUE CHAINS

明石書店

経済協力開発機構（OECD）

　経済協力開発機構（Organisation for Economic Co-operation and Development, OECD）は、民主主義を原則とする36か国の先進諸国が集まる唯一の国際機関であり、グローバル化の時代にあって経済、社会、環境の諸問題に取り組んでいる。OECDはまた、コーポレート・ガバナンスや情報経済、高齢化等の新しい課題に先頭になって取り組み、各国政府のこれらの新たな状況への対応を支援している。OECDは各国政府がこれまでの政策を相互に比較し、共通の課題に対する解決策を模索し、優れた実績を明らかにし、国内及び国際政策の調和を実現する場を提供している。

　OECD加盟国は、オーストラリア、オーストリア、ベルギー、カナダ、チリ、チェコ、デンマーク、エストニア、フィンランド、フランス、ドイツ、ギリシャ、ハンガリー、アイスランド、アイルランド、イスラエル、イタリア、日本、韓国、ラトビア、リトアニア、ルクセンブルク、メキシコ、オランダ、ニュージーランド、ノルウェー、ポーランド、ポルトガル、スロバキア、スロベニア、スペイン、スウェーデン、スイス、トルコ、英国、米国である。欧州連合もOECDの活動に参加している。

　OECDが収集した統計や、経済、社会、環境の諸問題に関する研究成果は、加盟各国の合意に基づく協定、指針、標準と同様にOECD出版物として広く公開されている。

　本書はOECDの事務総長の責任の下で発行されている。本書で表明されている意見や主張は必ずしもOECDまたはその加盟国政府の公式見解を反映するものではない。

Originally Published in English and French under the titles:

"OECD Skills Outlook 2017: Skills and Global Value Chains"
"Perspectives de l'OCDE sur les compétences 2017: Compétences et chaînes de valeur mondiales"

© OECD, 2017.
© 国際化のなかのスキル形成──グローバルバリューチェーンは雇用を創出するのか〈OECDスキル・アウトルック2017年版〉, Japanese language edition, Organisation for Economic Co-operation and Development, Paris, and Akashi Shoten Co., Ltd., Tokyo 2019.
Photo credits: © iStockphoto.com/kupicoo; © iStockphoto.com/cybrain; © Jaroslav Machacek/Shutterstock.
The quality of the Japanese translation and its coherence with the original text is the responsibility of Akashi Shoten Co., Ltd.

　イスラエルの統計データは、イスラエル政府関係当局により、その責任の下で提供されている。OECDにおける当該データの使用は、ゴラン高原、東エルサレム、及びヨルダン川西岸地区のイスラエル入植地の国際法上の地位を害するものではない。

序　文

　「グローバルバリューチェーン（GVCs）」は、個人や国家がグローバリゼーションから利益を得る可能性を著しく増大させた。今や一つの製品を製造するために、世界中の多様な地域の労働者たちが寄与することが可能となり、小規模企業や小国にとっては、世界市場に参入したり新たな仕事を創造したりする機会がかつてないほどに拡大し、消費者の利益となる生産性の向上が新たに生み出されている。しかし、グローバルバリューチェーンの進展はまた、人々を置き去りにする可能性も有する。多くの仕事がグローバルバリューチェーンに依存していく一方で、仕事を失った労働者もいるし、過去数十年にわたって収入の増大を経験できなかった労働者が多数に上るという状況も生み出されてきた。

　したがって、新たな製品を発案した人からその製品を使用する消費者へのつながりをみても、また、製品やそれを構成する多様な部品をデザインし、生産し、組み立て、輸送する人々の間のつながりをみてもわかるとおり、グローバルバリューチェーンの核心は人々であることを認識することが重要である。また、グローバルバリューチェーンに人々がどの程度つながることができるかは、その人のスキルに大きく依存している。これが、2017年版の『OECDスキル・アウトルック（*OECD Skills Outlook*）』のテーマである。

　働く人々は、読解、数的思考、問題解決に関する強固なスキル、テクノロジーを使うスキル、社会情動的スキルといった各種のスキル、そして学習能力や学習意欲を身に付ける必要がある。最先端技術産業のニーズに十分適合したスキルミックスを労働者が有し、かつ資格制度が労働者の能力を信頼できる形で反映している場合には、このような産業に特化することによって各国は比較優位を発展させることができる。また、労働者が適切なスキルを有する場合には、グローバルバリューチェーンのネガティブな潜在的影響に対応する上で助けを得ることができる。つまり、コミュニケーションや意思決定のスキルを有していれば、労働者はオフショアリングのリスクに対する脆弱性を軽減させることができるのである。

　しかし、多くの成人がそのようなスキルを欠いている。「国際成人力調査（PIAAC）」に関するOECDプログラムの成果である「成人スキル調査（Survey of Adult Skills）」によれば、成人のおよそ4人に1人が読解力または数的思考力のいずれかにおいてスキルが低い。生産と教育の双方において国境がもはや隔てとならないのであるから、労働者のスキル向上や、労働者の資格を定義し共有するような、関連スキルの認識手法を開発するための教育研修プログラムを設計し、各国が協力することは可能である。

　なかでも、グローバル化の課題に取り組むために、各国政府はその構造政策の全体に目を向ける

序　文

必要がある。本書は、グローバルバリューチェーンを最大限に活用するためにスキルとスキル政策の特定の役割に焦点を当てているが、これらの政策は、貿易、技術革新、投資、産業に関する政策などの各種の政策と整合性を有する必要がある。言い換えれば、政府全体でのアプローチが必要なのである。グローバル化の課題に立ち向かい、グローバル化の利益を享受するために、OECD は各国政府と共に作業をする準備が整っている。

経済協力開発機構（OECD）
教育スキル局長兼事務総長特別顧問
アンドレアス・シュライヒャー
（Andreas Schleicher）

経済協力開発機構（OECD）
科学技術イノベーション局長
アンドリュー・ワイコフ
（Andrew Wyckoff）

謝　辞

　『OECD スキル・アウトルック（*OECD Skills Outlook*）』の作成は、OECD の各委員会及び作業部会の代表を含む「スキル・ストラテジー・アドバイザリーグループ（Skills Strategy Advisory Group）」によって先導され、各国の政府代表からのフィードバックやコメントに大きく依拠している。

　本報告書は、OECD 事務局の各部局による綿密な協働作業の成果である。本報告書は、Andreas Schleicher と Deborah Roseveare の監修のもと、科学技術イノベーション局の Mariagrazia Squicciarini と Robert Grundke による綿密な協力を経て、教育スキル局の Stéphanie Jamet と Margarita Kalamova によって準備された。また、Andrew Wyckoff と Dirk Pilat からも多大な貢献をいただいた。

　OECD 事務局内の部局から構成される専門家集団である「スキル・アウトルック・オーバーサイトグループ（Skills Outlook Oversight Group）」は、本報告書作成の舵を取り、その内容に寄与した。当該グループのメンバーは、次の通りである。Nadim Ahmad、Amandine Aubry、Stijn Broecke、Bert Brys、Mario Cervantes、Alessandra Colecchia、Lucia Cusmano、Nick Johnstone、Andreas Kappeler、Mark Keese、Adrien Lorenceau、Luca Marcolin、Sébastien Miroudot、Pierce O'Reilly、Glenda Quintini、Belen Zinni。

　本報告書の編集は、Andrew Johnston が担当した。統計面と分析面においては、Nagui Bechichi、Charles Cadestin、Vanessa Denis、Gustave Kenedi からの支援を受けた。作成作業のコーディネートは Sophie Limoges が担当し、Marilyn Achiron、Cassandra Davis、Eleonore Morena、Karine Lepron、Anne-Lise Prigent は編集過程と作成過程において支援し、そして Sarah Puppini-Zaft は管理面で支援した。本報告書の第 3 章は、Robert Grundke、Stéphanie Jamet、Margarita Kalamova、Francois Keslair、Mariagrazia Squicciarini が共同で担当した分析作業に基づいている。

国際化のなかのスキル形成
グローバルバリューチェーンは雇用を創出するのか
〈OECD スキル・アウトルック 2017 年版〉

目　次

目 次

序　文 3
謝　辞 5
要　約 15
用語集 19
国名コード一覧 23

第1章　グローバルバリューチェーンの便益を獲得するスキル：本書の概要 25

1.1　グローバルバリューチェーンは各国に機会と課題を投げかける 26
1.2　グローバルバリューチェーンの発展は不確実である 27
1.3　スキルへの投資は各国のグローバルバリューチェーンの便益獲得の一助となる 28
1.4　OECD諸国の中で最も経済的・社会的にグローバルバリューチェーンの便益を受けていると思われる国はドイツ、韓国、ポーランドである 29
1.5　グローバルバリューチェーンへの参加は、特にスキルが伴った場合に生産性を高める 34
1.6　スキルはグローバルバリューチェーンが社会的成果に対して及ぼす不利益な影響に対抗する役割を担う 35
1.7　スキルを通して競争力を高める 36
1.8　認知スキルと学習レディネスはグローバルバリューチェーンのパフォーマンスにとって必須である 37
1.9　各国は国民に強力なスキルミックスを身に付けさせる必要がある 38
1.10　先端技術産業に特化するには期待されたレベルでパフォーマンスを発揮する労働者プールが必要である 39
1.11　スキル特性が先端技術産業の需要に見合っている国は、チェコ、エストニア、日本、韓国、ニュージーランドである 41
1.12　教育・訓練システムの質を向上させる必要がある 41
1.13　教育・訓練機関と民間部門の強固な協力関係は非常に重要である 42
1.14　成人の教育や訓練を促進するために様々な側面を向上する必要がある 42
1.15　各国がより良い協力をすることで教育・訓練プログラムのデザインや財政を向上させる 44
1.16　インフォーマルに取得したスキルや海外で取得したスキルの認知を向上させる 44
1.17　スキル群を有効活用できる政策を促進する 45
1.18　政府全体によるアプローチが必要である 45

第2章　スキルとグローバルバリューチェーン：利害は何か？ 49

2.1　各国のグローバルバリューチェーンへの関わり：事実と傾向 52
グローバルバリューチェーンの発展を測る 52
グローバルバリューチェーンへの各国の参加 54
グローバルバリューチェーンにおける各国の位置付け 56

2.2　グローバルバリューチェーン、生産性、雇用、不平等 59
グローバルバリューチェーンはどのように生産性を増大させるのか？ 59
グローバルバリューチェーンへの参加がもたらす生産性の増大への影響を評価すること 60
グローバルバリューチェーンと雇用 64
グローバルバリューチェーンと各国内の不平等 65

2.3　グローバルバリューチェーンを最大限に活用するための条件としてのスキル 67
スキルはグローバルバリューチェーンにおける各国の比較優位を決めるのに役立つ 67
スキルはグローバルバリューチェーンによる生産性の伸びを達成するのに不可欠である 71
スキルは国内の企業を多国籍企業と結び付けることができる 76
グローバル化による雇用の脆弱化とスキルの持つ意味 78
スキルとグローバルバリューチェーンが雇用の質に対して持つ意味 80

2.4　要　約 87

第3章　グローバルな優位性を獲得するためには、どのようなスキルが必要か？ 93

3.1　経済行動におけるスキル 96
スキルの分類法 96
成人スキル調査に基づくスキル指標の構築 97
各国と産業を横断するスキルパターン 100

3.2　多様なスキルの必要性 106
輸出実績とグローバルバリューチェーンへの参加のためのスキルの種類の多様化 106
産業によって異なるスキル要件 112

3.3　グローバルバリューチェーンにおける各国の産業特化の理解 115
適切なスキルミックスを持つこと 115
相対的スキル賦存の役割 122
各国のスキル分散の役割：信頼できる労働者プールを用意すること 126

3.4　特化の機会 131
3.5　要　約 139

第4章　スキル政策はどのようにしてグローバルバリューチェーンを形成しているのか？ 145

4.1　グローバルバリューチェーンへの参加と特化のためのスキル開発 148
強力なスキルミックスを開発するための教育・訓練政策 148
学習成果をより公平にするとともに、人々のスキルをより可視化する 153
高等教育機関におけるアントレプレナー教育と起業支援 158
中小企業におけるスキルの強化 159
教育機関と民間部門とのギャップを埋める 162

4.2　スキルプールの最大限の活用とスキル要件の変化の予想 163
適切なマネジメント方針を持つことでスキルを最大限に活用できる 164
雇用保護法制は適応や再配置を容易にする 167
スキル流動性を妨げない競業避止義務 168
政策はスキル要件における変化を予測することができる 170

4.3　教育・訓練、イノベーションに対する国家的な協働 172
グローバルな教育・イノベーション・研究ネットワークに参加すること 173
社会的リターンがますますグローバル化しているときのスキル開発への投資 176
移民政策と国際競争力目標を整合させる 179

4.4　オフショアリングがもたらすリスクとその意味 180
解雇のリスクにさらされている労働者を支援する予防政策と対処政策のバランスを見つける 180
成人教育・訓練の障壁を克服する 181

4.5　要　約 185

監訳者あとがき 193

図表・コラム一覧

──第1章　グローバルバリューチェーンの便益を獲得するスキル：本書の概要

図 1.1　グローバルバリューチェーンの範囲 ……………………………………………………… 26
図 1.2　グローバルバリューチェーンの近年の傾向 …………………………………………… 28
図 1.3　グローバルバリューチェーンへの参加とスキルの変化 ……………………………… 33
図 1.4　グローバルバリューチェーンへの参加と生産性の向上 ……………………………… 34
図 1.5　グローバルバリューチェーンへの参加と雇用の増加 ………………………………… 36
図 1.6　グローバルバリューチェーンによる産業特化に対するスキル特性の効果 ………… 38
図 1.7　読解スキルと数的スキルの低い者の割合 ……………………………………………… 43
表 1.1　スキルとグローバルバリューチェーンに関するスコアボード ……………………… 32
表 1.2　先端技術産業の特化機会 ………………………………………………………………… 40
コラム 1.1　スキルとグローバルバリューチェーンのスコアボード：方法論 ………………… 29

──第2章　スキルとグローバルバリューチェーン：利害は何か？

図 2.1　スマイリングカーブ：グローバルバリューチェーンに沿った付加価値 …………… 52
図 2.2　グローバルバリューチェーンへの参加（国別）……………………………………… 55
図 2.3　グローバルバリューチェーンへの参加の変化（国別）……………………………… 57
図 2.4　産業間の最終需要までの平均距離 ……………………………………………………… 58
図 2.5　グローバルバリューチェーン収入の分布（国別）…………………………………… 59
図 2.6　労働生産性とグローバルバリューチェーンへの参加 ………………………………… 61
図 2.7　産業分業化の可能性 ……………………………………………………………………… 61
図 2.8　グローバルバリューチェーンへの参加度による労働生産性の向上（産業分業化別）…… 63
図 2.9　外国の最終需要によって支えられているビジネスセクターの雇用（需要地域別）…… 64
図 2.10　所得格差の推移とグローバルバリューチェーンへの参加 ………………………… 66
図 2.11　外国の中間投入の使用（産業グループ別）…………………………………………… 67
図 2.12　教育達成の長期的傾向 ………………………………………………………………… 68
図 2.13　グローバルバリューチェーンにおける教育到達度と前方参加 …………………… 69
図 2.14　読解スキルの傾向 ……………………………………………………………………… 70
図 2.15　スキルチャネルを通じたグローバルバリューチェーン参加による労働生産性の成長率
　　　　（産業分業化別）………………………………………………………………………… 73
図 2.16　グローバルバリューチェーン内製造業全体における高スキル労働者の割合（国別）…… 76
図 2.17　労働者の数的スキル（企業規模別）…………………………………………………… 77
図 2.18　ルーティーン強度別にみた雇用の割合 ……………………………………………… 79
図 2.19　ルーティーン強度の高い仕事における雇用の割合と平均的な労働者スキルの相関 …… 80
図 2.20　仕事の質とグローバルバリューチェーンへの参加 ………………………………… 82
図 2.21　教育水準別の雇用の質（OECD 諸国）………………………………………………… 84

図2.22	高スキル労働者と低スキル労働者の雇用格差とグローバルバリューチェーンへの参加	85
図2.23	新興国における雇用の質	86
コラム2.1	OECDの付加価値貿易データベース	53
コラム2.2	グローバルバリューチェーンへの参加と労働生産性の成長：新たな評価	62
コラム2.3	知識に基づく資本とグローバルバリューチェーンへの参加	71
コラム2.4	経済的アップグレーディングは何を意味するか？	74

第3章　グローバルな優位性を獲得するためには、どのようなスキルが必要か？

図3.1	スキル指標：文献レビューと成人スキル調査	97
図3.2	労働者の認知スキル（成人スキル調査）（国別）	102
図3.3	労働者のタスク型スキル（国別）	103
図3.4	労働者の認知スキル（成人スキル調査）（産業別）	104
図3.5	労働者のタスク型スキル（産業別）	105
図3.6	各種スキルとグローバルバリューチェーン貿易との関連	109
図3.7	スキル分布と輸出総額・付加価値額の関連	110
図3.8	スキル分布とグローバルバリューチェーン参加度との関連	111
図3.9	産業のタスク強度	113
図3.10	産業間における相対的タスク強度（各国平均）	114
図3.11	相対的スキル優位と絶対的スキル優位との相関	119
図3.12	労働者のスキルミックスに起因する国内付加価値からみた輸出の増加（国別）	120
図3.13	相対的スキル優位（国別）	123
図3.14	労働者の相対的スキル優位に起因する国内付加価値からみた輸出の増加（国別）	124
図3.15	信頼できる労働者プールに起因する高い技術的相補性を有する産業における輸出の相対的増加	130
図3.16	各国のスキル特性と産業のスキル要件との適合性（ハイテク製造業・複雑なビジネスサービス業）	138
表3.1	産業のタスク強度とスキル要件との対応	118
表3.2	読解スキル分散の特徴	129
表3.3	グローバルバリューチェーンにおける比較優位の推移（2000～11年）	132
表3.4	グローバルバリューチェーンの各国の比較優位（スキル特性別、産業別）	133
表3.5	スキル特性と産業スキル要件との適合性からみた、複雑なビジネスサービス業・ハイテク産業・中程度ハイテク産業の特化機会	137
コラム3.1	成人スキル調査に基づいたパフォーマンスに関連するスキル分類法の開発	98
コラム3.2	グローバルバリューチェーンにおける各種スキルと輸出実績の経験的関係	107
コラム3.3	各国のスキルミックスとグローバルバリューチェーンにおける産業特化との経験的関係	116

| コラム 3.4 | グローバルバリューチェーン内における産業特化に関する各国の非観察的スキル分散の分析 | 126 |
| コラム 3.5 | 各国の多様なスキルミックスから生まれる特化機会の獲得 | 134 |

——第4章 スキル政策はどのようにしてグローバルバリューチェーンを形成しているのか？

図 4.1	タスク型スキル指標（職業別）	149
図 4.2	スキル指標（年齢層別）	150
図 4.3	外国語として英語を学んでいる生徒の割合（欧州連合）	151
図 4.4	高等教育を受けた両親の有無別にみた読解スキルの差異	154
図 4.5	成人読解スキル（非観察的スキル分散）と15歳児読解スキルのスコア（社会経済的地位調整済）との相関関係	155
図 4.6	非観察的スキル分散と職業教育訓練プログラム参加率との相関	155
図 4.7	大学卒業者の数的スキル（若年層）	157
図 4.8	企業規模別スキル指標	160
図 4.9	企業による最良のマネジメント実践（国別）	166
図 4.10	競業避止義務を負う労働者の特性別割合（アメリカ）	169
図 4.11	グローバルな教育・イノベーション・研究ネットワークの一翼を担う各国の潜在力	173
図 4.12	特許・国際共同発明における多国籍企業の重要性	174
図 4.13	高等教育段階における留学生・外国人学生の割合	175
図 4.14	英語で提供される高等教育プログラムの割合	177
図 4.15	成人の教育・訓練への参加率（読解スキルの日常使用頻度別）	182
図 4.16	成人の教育・訓練への参加率（就業状況別）	182
図 4.17	職業教育や生涯学習に投資するための金銭的インセンティブ	184
コラム 4.1	幼児期からの社会情動的スキルとの組み合わせによるSTEMスキルの向上	152
コラム 4.2	革新的な取り組みが民間セクターと教育訓練機関を結び付ける：アメリカとカナダの事例	161
コラム 4.3	マネジメント方針がどのようにグローバルバリューチェーンにおける比較優位を国に与えるか	164
コラム 4.4	国家はどのように政策の舵を取るためのスキル要件の評価を使うのか	170
コラム 4.5	グローバルな教育・イノベーション・研究ネットワークの一翼を担う各国の潜在力をとらえる	172

要　約

　過去 20 年間を通じて世界はグローバル化の新段階に移行し、国々も労働者も新たな課題と機会を手にしている。情報技術の興隆と輸送技術の革新に助けを得て、生産活動は世界規模に拡大し、他方ではいわゆるグローバルバリューチェーンに沿って細分化されてきた。つまり、相異なる国々の労働者が今やひとつの製品について、設計、製造、マーケティング、販売を分業しているのである。OECD 加盟国を平均すると、企業部門における雇用の 3 分の 1 が他の国の需要に依存している。同加盟国における輸出額の 30 パーセントは、今や元をたどれば外国に由来しているのである。

　経済や社会に対するグローバルバリューチェーンの影響は、以前の段階におけるグローバル化と比べてさらに複雑で広がりがあり、相互依存性が強い。グローバル化による利益には疑問が投げかけられつつあるため、自国の世界市場への参入が経済や社会により良い結果をもたらすことを明らかにする作業を、各国は一連の政策行動により手助けすることができるが、この点において国民のスキルへの投資は他の何物にも代えがたい価値を有する。

スキルはグローバル化にとって重要である

スキルは、各国が世界市場に結び付き先端技術産業に特化することに貢献する

- スキルの開発がグローバルバリューチェーンへの参加に結び付くときには、各国は生産性向上をより力強く達成することができる。1995 年から 2011 年にかけてグローバルバリューチェーンへの参加を最も大きく前進させた国々は、産業における労働生産性の年間上昇率を増大させることによって利益を得た。この上昇率の増大幅は、生産プロセスの分業化の余地が最も小さい産業における 0.8％ポイントから、多くのハイテク製造業のように生産プロセスの分業化の余地が最も大きい産業における 2.2％ポイントまでに及んでいる。
- 世界市場に参入して成長を遂げるためにすべての産業が必要としているのは、高度な認知スキル（読解スキル、数的スキル、問題解決スキルなど）のみならず、マネジメントスキルやコミュニケーションスキル、そして学習意欲を持つ労働者である。グローバルバリューチェーンに参加することから得られる生産性向上の恩恵を経済全体にわたって波及させていくために、小企業を含むすべての企業がそのようなスキルを有する労働者を求めているのである。
- 先端技術産業に特化するために、各国はまた次の要素を必要としている。
  - ❖ 良好な社会情動的スキル（例えば、マネジメントスキル、コミュニケーションスキル、自己計画ス

キル)を伴った十分な認知スキルを有する労働者。先端技術産業のスキル要件に十分適合したスキルミックスを備えた国は、そうでない国と比較して、先端技術産業への特化を平均で8％高めることが可能である。

❖ 何ができるのかを正確に反映した資格を有する労働者の十分な供給。多くの先端技術産業が労働者に求めるのは、作業工程の長い業務の達成である。何かひとつの段階の作業がうまく遂行されないと製品の価値が著しく損なわれる。確かな資格を備えた労働者を有する国は、スキルの生み出す成果がよりみえにくい国と比較して、先端技術産業の特化を平均で2％高めることができる。

スキルがあれば人はグローバルバリューチェーンから受ける潜在的悪影響に対処しやすくなる

- 各国は国民のスキル開発に投資することによって、労働者がオフショアリング(他の国々への生産拠点の移転)のリスクにさらされるのを緩和できる。人々の仕事の中身やそれに関連して人々が身に付けるスキルの種類もまた、このリスクに彼らの雇用がどの程度さらされることになるのかを強く左右する。労働者が必要なスキルを有している場合には、自分の仕事において自分自身の価値を高めたり、変化する労働市場のニーズに対してより容易に適応したりすることが可能になる。

- すべての国において、教育レベルの高い労働者は、教育レベルの低い労働者よりも相対的に質の高い雇用を享受している。しかし、グローバルバリューチェーンへの参加度の大きい国においては、教育レベルの高い労働者と低い労働者の間の雇用の質に大きな格差が生じている。

- あまりにも多くの成人がグローバル化のもたらす課題への対処に必要なスキルを欠いている。OECD加盟国の2億人を超える成人(約4人に1人)は、読解スキルまたは数的スキルが低く、そのうちの60％はその双方のスキルを欠いている。

各国のグローバルな統合とスキルとの関係は一様でない

各国は個人が労働市場に参入することを手助けし、彼らを失業や劣悪な雇用のリスクから守るためだけでなく、相互に結び付いた世界において国際競争力や経済成長を追求するためにもスキルへの投資を必要としている。

- 相異なる地点から出発した韓国とポーランドは、過去15年間にわたって国民のスキルを向上させ、経済と社会の進歩を成し遂げ、グローバルバリューチェーンの果実を獲得しつつ、グローバルバリューチェーンへの参加を強化して先端技術産業への特化を推し進めてきた。

- チリとトルコは、グローバルバリューチェーンへの参加を著しく強め、グローバルバリューチェーンがもたらす課題に対処するために必要なスキルを開発し、雇用面における大きな成果を享受してきた。ただし、両国におけるスキルは先端技術産業のニーズとの関連が薄く、このことがこれら2か国の先端技術産業への特化が低い一因となっている。

- ドイツとアメリカもまた、グローバルバリューチェーンへの参加を著しく推し進めてきた。しかし、

ドイツ人のスキルが同国産業の特化パターンを支えているようにみえる一方で、アメリカにおいてはそのような状況がより希薄である。
● いくつかの国々ではグローバルバリューチェーンとの結び付きが弱く、国民のスキルもあまり向上しておらず、経済成長の源泉としてのグローバルバリューチェーンからその恩恵を受けていない。例えばこうした国々には、ギリシャや、一定程度はベルギーが当てはまる。

スキル関連政策の意味

グローバルバリューチェーンの恩恵を享受するためには、各国は教育と訓練に投資し、スキルをよりよく活用し、スキルに関連する諸政策（教育政策や移民政策から雇用保護法制に至るまで）をさらにうまく連携させるとともに、これらの諸政策を産業政策や貿易政策と整合させることが必要である。

信頼度の高い資格と効果的に組み合わされた各種関連スキルを新卒者に付与する

幼児学習から成人学習に至るまで、教育と訓練のシステムはすべての学習者に対して各種スキルを効果的に組み合わせて提供する必要がある。そのためには、革新的授業戦略を構築しカリキュラム選択の柔軟性を増大させるとともに、綿密にデザインされたアントレプレナーシップ教育を開発しつつ、認知スキルへの注力に集中し続けることが求められる。各国が産業界からのスキル需要に応えて各種スキルの特性をよりよく整えるためには、高品質な職業教育、知的専門教育、訓練が必要であり、その内容には、仕事ベースの効果的な学習の構成要素に加えて、民間セクター、高等教育機関、研究機関という三者間のより緊密な共同作業を促進するための具体的諸政策が含まれる。

より進んだスキルを開発する上での障壁を除去する

成人は自分のスキルを絶え間なく開発し、それを状況に適応させていく必要がある。したがって、各国は、特にレベルの低いスキルしか持たない成人のために、より進んだスキルを開発する上での障壁を除去すべきである。政府、雇用主、労働組合、教育訓練機関は、柔軟なオンザジョブトレーニング（実地研修）の機会を開発し、成人がフォーマルな教育を受けやすくなるようにし、労働者が仕事と研修を結び付けることをもっと容易にするために、共同で作業することが必要である。インフォーマルな機会を通して得たスキルの価値を認証する動きが広がれば、労働者がより高度な資格を得て、変化するニーズに自分のキャリアを適応させていくのに役立つであろう。

スキルをもっと効果的に使う

各国がグローバルバリューチェーン内で大きな成果を上げることは、スキルによって可能になるが、それは国民が自分のスキルを最大限活用できる企業や産業の中で仕事をしている場合に限られる。各国は、企業に対しては柔軟な経営環境を、労働者に対しては雇用保障を提供しつつ、国民が

要　約

自分のスキルを有効活用できる仕事に容易に転職できる仕組みを確保することが必要である。各国は効果的な経営慣行の発展を促し雇用保護法制を立案するとともに、専門的技術や知識を経済全体にわたってさらに効果的に共有することが可能となるように、労働契約における競業避止義務を規制することが望まれる。

スキル政策に関する国際的協力活動を強化する

各国は才能ある人材を自国に誘致することで競うのではなく、教育訓練プログラムの構築面で協力活動をすることが望まれる。そのような協力活動によって、各国はグローバルバリューチェーンの中で栄えていくために必要な人材の質を確保し、知識とスキルを維持することが可能となる。さらに、その協力活動によって開発途上国におけるスキルが向上し、他の国が開発途上国のスキルの価値を認識することが促進される。教育プロセスと生産プロセスがともにグローバル化が進んだ世界においては、各国におけるスキル政策面での費用対便益の分配状況をよりよく反映した財政面の取り決めを各国が検討することが望まれているのである。

用語集

生産自動化（Automation of production）
　生産プロセスの一部を実行するための機械や自動装置の使用。これは一般的に人が介入する作業を減少させるためになされるので、機械によって人の労働を置き換えることになると考えられる。

グローバルバリューチェーンへの後方参加（Backward participation in global value chains）
　輸出向け製品に使用される投入要素の外国からの輸入。これは輸出総額に含まれる国外付加価値に類するものである。

認知スキル（Cognitive skills）
　このスキルは、複合的情報の理解、解釈、分析および伝達、ならびに当該情報の日常的生活状況への適用能力を含む。このスキルは、その本質において広く一般に共有されるものであり、すべての職種に関連しており、社会生活および経済生活に効果的かつ円満に参加する基盤を具備するために不可欠のものであると考えられる。

貿易における比較優位（Comparative advantage in trade）
　国際貿易理論における最重要概念のひとつ。これはある国が他の国より相対的に低い機会費用で財やサービスを生産する能力、したがって、その国が当該生産物の生産に特化する能力に関連している。たとえ当該国がすべての生産物について絶対優位を保持している場合であっても、あるいは当該国が他の国よりも相対的に多量または良質の商品を生産できる場合であっても、この概念は成立する。二つの国、二つの産業、および二つの生産要素（高スキルな人的資本と低スキルな人的資本）を考えた場合、高スキルな労働者に相対的に恵まれている国は、高スキルな作業により集約的な産業に比較優位を有すると言われる。

スキルの相補性（Complementarity of skills）
　異なる労働者のスキルが生産プロセスでともに使用されることで効率が向上する場合には、それらのスキルは補完性を有すると言われる。

最終需要までの距離（Distance to final demand）
　生産される商品やサービスが最終需要に到達するまでに存する生産工程の数。これは、付加価値貿易データに基づいて計測される。

輸出総額に含まれる国内付加価値（Domestic value added embodied in gross exports）
　研究開発および設計のようなバリューチェーンのより初期の段階における活動に由来する付加価値のほか、生産プロセスにおいて輸出産業または輸出国によって国内で生み出された付加価値。

用語集

ダウンストリーム活動（Downstream activities）
マーケティング、ブランド化、顧客サービスといったバリューチェーンの終点に関する活動。

最終需要（Final demand）
家計や政府、企業により消費または投資された最終的な財とサービス。

輸出総額に含まれる国外付加価値（Foreign value added embodied in gross exports）
国内産業による輸出のために輸入され使用された国外からの中間財と中間サービスの価値。これは、グローバルバリューチェーンへの後方参加の指標として、輸出総額における一部分または最終需要における一部分として表示することが可能である。

グローバルバリューチェーンへの前方参加（Forward participation in global value chains）
第三国による輸出において使用される投入分の生産。

生産の分業化（Fragmentation of production）
異なるサプライヤーや子会社を必要に応じて別々の国に配置し、それらの間で異なる工程を分割する生産方式。その結果として、異なる国の企業の間で取引される生産物が、最終財や最終サービスではなく、中間財や中間役務である場合がある。

グローバルバリューチェーン（Global value chains）
国際的な生産・貿易・投資は、ますますグローバルバリューチェーンに組み込まれつつあるが、グローバルバリューチェーンにおいては生産プロセスの各工程が別々の国に配置される。グローバル化は、事業活動のアウトソーシングとオフショアリングを通じて自社の事業を国際的に再構築するインセンティブを企業にもたらす。

産業クラスタ（Industry cluster）
地理的に同じエリアにあって、市場や技術、スキル需要を分かち合い、しばしば売り手と買い手の関係によって結び付けられる企業の集団。

中間財（Intermediate goods）
他の財の生産に使用される投入財。

国際的共同著述（International co-authorship）
別々の国に住む科学者の間でなされる研究論文に関する科学的共同作業。

国際的共同発明（International co-invention）
別々の国に住む数名の発明者によってなされるイノベーション。これはしばしば特許権に結び付く。

雇用の質（Job quality）
労働者のウェルビーイングに結び付くような雇用に関する多様な特性。

ナレッジスピルオーバー（Knowledge spillover）
他の国または企業に由来する情報またはアイデアであって、対価なしに取得されうるもの。

グローバルバリューチェーンの長さ（Length of global value chain）

ある産業の生産プロセスに組み込まれた工程の数。これは付加価値貿易データを使って計測される。

競業避止義務（Non-compete clause）

被用者が雇用期間中に得た情報を転職後の業務において一定期間使用しないことに同意すること。

オフショアリング（Offshoring）

ある国から他の国へのビジネス活動の再配置。再配置の対象となるビジネス活動は、典型的には、組み立てのような事業活動であるが、ときにはダウンストリーム（たとえばマーケティング）の活動またはアップストリーム（たとえば研究開発）の活動も対象となる。

グローバルバリューチェーンへの参加度（Participation in global value chains）

国際的に分業化された生産ネットワークへの各国の輸出統合の度合い。グローバルバリューチェーンへの参加度の指標は付加価値貿易データに基づく。

産業の相対業務強度（Relative task intensity of industry）

ある産業がある業務を他の業務よりも頻繁に行う度合い。これは、当該産業による二つの業務の遂行頻度の比率によって計測される。

顕示比較優位（Revealed comparative advantage）

輸出額を用いて、ある産業における特定の国の成果を他のすべての産業における当該国の成果および基準国グループの成果と比較した指数で示される。これは、他の国々および他のすべての産業に対する当該国の当該産業における比較優位（または相対的に大きな成果）の存在を意味する。この指数は付加価値貿易データに基づく。これによって、グローバルバリューチェーン内の諸産業に対する各国の特化の様子を把握することができる。

スキル優位（Skills advantage）

ある人があるスキルに関して他のスキルよりも熟達している場合に、その人は当該スキルに関して相対的スキル優位を有すると言われる。これは、二つのスキルのスコアの比率（例えば、数的スキルと読解スキルのスコア）で計測される。スキル優位は、ある労働者に最も適した産業がどれなのかを決定する。ある人が両方のスキルに高度に熟達している場合には、その人は絶対的優位を有すると言われる。スキル優位は、産業のスキル要件のあり方次第で、業務における労働者の生産性を決定する。

スキルミックス（Skills mix）

多様なスキルの組み合わせ。そのスキルは場合によってはいろいろなタイプからなる。この組み合わせは、二つのスキル（例えば、読解スキルと数的スキル）を想定し、その二つのスキルのスコア、その二つのスキルのスコアの比率およびこれら二つの要素の相互関係に注目することによって数値化される。ある国の全人口のスキルミックスの特性は、その国の産業の特化を決定する。

用語集

社会情動的スキル（Social and emotional skills）
　他者との共同作業面におけるスキル（親しみやすさ、尊敬、思いやり）、目的達成面におけるスキル（忍耐、自己管理、成功への情熱）および情緒制御面におけるスキル（冷静、楽観、自信）。これらは、人格心理学において認められている分類法、特にいわゆる「ビッグファイブ」（外向性、協調性、誠実性、情緒安定性、開放性）の諸要素に基づいている。

特化（Specialisation）
　ある国が貿易比較優位を有する産業においてより多く生産する能力。これは付加価値貿易データを使用して計測される。

タスク型スキル（Task-based skills）
　業務における実務課題の成果に関連するスキル。これは、「成人スキル調査」における背景質問調査からの情報に基づいて計測する。

先端技術産業（Technologically advanced industries）
　最先端技術を使う製造業および洗練された技術を使用／開発する複雑なビジネスサービス業。

技術移転（Technology transfer）
　発明者から二次的ユーザーへの新技術の移転。

貿易総額（Trade in gross terms）
　財やサービスが国境を通過するたびに計上されるそれらの総額。

付加価値貿易額（Trade in value added terms）
　国家間の純貿易額。これによって、国境を通過する財やサービスに含まれる付加価値の起源を解明できる。

非観察的スキル分散（Unobservable skills dispersion）
　ある国の国民におけるスキルの分散状況のうち、教育や訓練の水準、年齢および社会経済的背景といった観察可能なスキル決定要素では説明できないもの。

アップストリーム活動（Upstream activities）
　新しい概念の開発、研究開発、主要部品の製造、原材料の生産といったバリューチェーンの始点に関する活動。

国名コード一覧

オーストラリア	AUS	日本	JPN
オーストリア	AUT	韓国	KOR
ベルギー	BEL	ラトビア	LVA
カナダ	CAN	ルクセンブルク	LUX
チリ	CHL	メキシコ	MEX
中国	CHN	オランダ	NLD
チェコ	CZE	ニュージーランド	NZL
デンマーク	DNK	ノルウェー	NOR
エストニア	EST	ポーランド	POL
フィンランド	FIN	ポルトガル	PRT
フランス	FRA	ロシア	RUS
ドイツ	DEU	スロバキア	SVK
ギリシャ	GRC	スロベニア	SVN
ハンガリー	HUN	スペイン	ESP
アイスランド	ISL	スウェーデン	SWE
アイルランド	IRL	スイス	CHE
インド	IND	トルコ	TUR
インドネシア	IDN	イギリス	GBR
イスラエル	ISR	アメリカ	USA
イタリア	ITA		

第1章

グローバルバリューチェーンの便益を獲得するスキル：本書の概要

　生産と貿易の国際的なあり方が変わり、グローバル化の新しい段階に突入した。この新しい時代を社会的経済的かつ最大限に活用する各国の能力は、国民のスキルにどれだけ投資するかに大きく左右される。本章では、国家が国民のスキルを通じてグローバルバリューチェーンを最大限利用することができたかを示すスコアボードを提示する。それは、近年各国が、スキル、グローバルチェーンの開発、経済的・社会的成果に関してどのような実績を残したかを同時に評価する。また本章では、本書の概要を示すとともに、各国がグローバルバリューチェーンの中で実績を確実に残すことが、効果的で協調のとれたスキル政策を通じて、より良い経済的・社会的成果に繋がるかを検討する。

第1章 グローバルバリューチェーンの便益を獲得するスキル：本書の概要

1990年代以降、世界はグローバル化の新しい段階に突入した。情報通信技術、貿易自由化、輸送費の低下により、企業や国家は生産プロセスをグローバルバリューチェーンに分業化することができるようになった。現在では、多くの製品はある国で設計され、いくつかの国で部品を製造し、また別の国で組み立てられる。グローバルバリューチェーンの便益を獲得するためには、各国は国民がこの新時代を生き延びるのに必要とされる技術を育成するための綿密に設計された政策を実施しなくてはならない。

グローバルバリューチェーン展開の規模は、総交易額ではなく付加価値額を測定することで推定され、それにより国内で付加された輸入商品の価値と海外で付加された価値を区別する。このような測定は、近年OECDが世界貿易機関（WTO）との協力の下で行った重要な取り組みにより可能となった（OECD, 2013）。平均して、OECD諸国では製造された輸出品の価値の約40％、輸出ビジネスサービス業の価値の約20％が海外からのものである（図1.1）。

図 1.1 グローバルバリューチェーンの範囲
製品とサービスの輸出に含まれる外国付加価値（2011年）

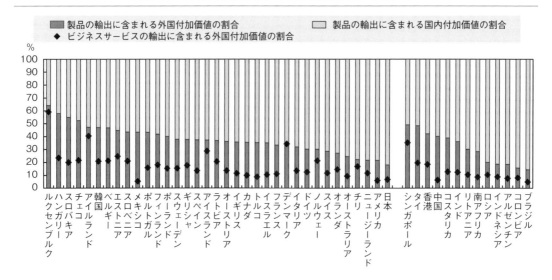

資料：OECD Trade in Value Added database（TiVA）, https://stats.oecd.org/index.aspx?queryid=66237.
StatLink：http://dx.doi.org/10.1787/888933473981

1.1 グローバルバリューチェーンは各国に機会と課題を投げかける

グローバルバリューチェーンからは、労働者が国を移動することなく世界中に自分のスキルを活用する機会が得られる。より容易な生産が可能になるとのアイデアに立てば、生産プロセスに関わる人々は誰しもがこのアイデアからの便益を受けられる。グローバルバリューチェーンは、企業に自社

だけでは開発できない生産プロセスに参入する可能性を提供する。同時に、スキルの需要は活動が海外に移転すると低下し、これにより労働者は短期的な賃金低下と失業にさらされる。しかし長期的には、活動を海外に移転することにより、企業は再組織化し雇用創出につながる生産性向上を達成することができる。全体として、グローバルバリューチェーンがもたらす価値と便益は複雑である。グローバルバリューチェーンは各国間の相互連携を強化し、そうすることでスキルの需要をとりまく不確実性を増大させる。各国の競争率は貿易相手国で起こるスキル政策の変化に影響を受ける。

グローバルバリューチェーンによる経済や社会に対する影響は、グローバル化の初期段階よりも広範に渡っており、制御しにくい（Baldwin, 2016）。経済は、国際競争にさらされる部門と保護された部門にかつては分かれていた。労働者は国際競争にさらされた部門で高いリスク（例えば、失業リスク）を受け入れる代わりに高賃金を享受することができた。その一方で、政府は保護される部門について具体的な政策を策定することが可能であった。ところが、現在ではこのような区別は消失している。どの部門のどの職種でも、グローバル化の恩恵を受ける。または、それに苛まれる対象となりうる。多くの OECD 諸国では、ビジネス部門の最大 3 分の 1 の職種が外国の需要に依存している。

グローバルバリューチェーンの台頭は、いくつかの国で世論の反発を引き起こした。この否定的な反応では、多国籍企業や外国直接投資の先進的役割に焦点が当てられることがある。多国籍企業は受入国の現地会社と提携することで、受入国の生産と雇用創出を促進することができるが、ある国から別の国に素早く生産プロセスの一部を移転することもできる。これにより、各国の仕事とスキルの需要に関する不確実性を高め、同時に各国の統制のとれていない政策を通じた対応の効果を薄めることになる。多国籍企業は、高所得者の増大に貢献しながら、業務の外国移転に責任を負うとみられる。

加速する貿易統合が、失業、収入損失、格差に結び付くという信念は、場合によっては政治の両極化をもたらす（Autor et al., 2016）。このリスクの下での各国の課題は、グローバルバリューチェーンから得られる経済的・社会的便益という点だけではなく、その結果をよりよく説明することである。それにより、国民が問題点に関する情報から意見を持てるようになる。

1.2 グローバルバリューチェーンの発展は不確実である

1990 年代以降、加速していたグローバルバリューチェーンの進展は世界貿易の減速とともに 2008 年にわずかに低下し、それ以降は横ばいの状態である（Haugh et al., 2016; Timmer et al., 2016; 図 1.2）。また、国内生産の保護強化、中国などの国にみられる地域生産能力の増大に伴う輸入品の国産品による代替など、構造的な要因も生産の分業化の減速に寄与しているように思われる。

グローバルバリューチェーンの発展は不確実である。デジタル化は生産の分業化を促進し、サービス業は大きな分業化の可能性をもたらし、グローバルバリューチェーンの発展を再活性化させる可能性もある（Baldwin, 2016）。中国などの新興経済国はグローバルバリューチェーンを加速させ

図 1.2　グローバルバリューチェーンの近年の傾向
最終製品の価値に含まれるグローバルバリューチェーンからの輸入割合

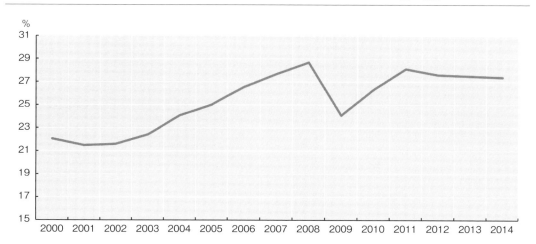

注：グローバルバリューチェーンからの輸入は、最終製品の生産のあらゆる段階で必要とされる財とサービスのすべての輸入を指す。
資料：Timmer et al. (2016), "An Anatomy of the Global Trade Slowdown based on the WIOD 2016", *GGDC Research Memorandum*, No. 162, University of Groningen.

StatLink：http://dx.doi.org/10.1787/888933473990

ることで、生産の国際化はその他の国、とりわけ開発途上経済国に広がりうる。一方、生産自動化のような技術革新が進めば、国家の政策が認可するならば、先進国における生産局在化の刷新を促進することにも繋がる。

1.3　スキルへの投資は各国のグローバルバリューチェーンの便益獲得の一助となる

今回のOECDスキル・アウトルックは、スキルへの投資や綿密に設計されたスキル政策を通じて、各国がグローバルバリューチェーンの便益を獲得する能力を開発することができることを示している。このような政策は若者の失業対策など他の課題に取り組む上でも極めて重要であるため、スキルへの投資は一石二鳥の戦略である。政府は、活動の海外展開を抑制することを目的とした政策を含む貿易や産業などのスキル以外の諸部門での政策により、グローバルバリューチェーンに関する懸念に対応する傾向がある。このような政策は不毛かつ結果の見通しも不確実となる可能性もあり、一石二鳥とはいかない。

スキルは、様々な経路を通じて国がグローバルバリューチェーンを最大限に活用する一助となりうる。

- スキルへの投資は、グローバルバリューチェーンへの参加によって得られる生産性向上の実現にとって必要であり、スキルの向上が、小規模企業も含む非常に幅広い企業へと及ぶことを保証し、これに

より経済全体を利することになる。
- スキルへの投資は、グローバルバリューチェーンの潜在的な負の影響から労働者を守り、雇用の損失や雇用の質の低下を防ぐことができる。
- スキルへの投資は、最も技術的に発達した製造業、およびイノベーション、生産性の向上、雇用創出につながると期待される複雑なビジネスサービス業に特化するのに極めて重要である。

より一般に言えば、スキルへの投資は、すべての個人がグローバル化による機会と課題を理解し、将来についての自信を深め、自分のキャリアを築き、情報に基づく決断を行うことを確実なものにする。

1.4 OECD諸国の中で最も経済的・社会的にグローバルバリューチェーンの便益を受けていると思われる国はドイツ、韓国、ポーランドである

各国がどの程度、国民のスキルを通じてグローバルバリューチェーンを最大限活用できたかは、スコアボードに要約されている（表1.1）。スコアボードは、1）各国のスキル、2）各国のグローバルバリューチェーンへの参加度、3）文献調査に基づく各国の経済的・社会的な成果に関する情報、の三本柱を集めたものである（コラム1.1）。

スコアボードで示されたことは以下の通りである。

- スコアボードのすべての側面で平均以上の結果を残した国はひとつもない。
- ドイツ、韓国、ポーランドなどの国は、グローバルバリューチェーンへの参加度、および先端技術産業の特化を強め、国民のスキルに関して実績を出すことで、社会的・経済的に優れた成果をもたらし、グローバルバリューチェーンの便益を獲得したように思われる。

コラム1.1　スキルとグローバルバリューチェーンのスコアボード：方法論

　表1.1に示されたスコアボードの目的は、各国がどの程度、国民のスキルを通じてグローバルバリューチェーンを最大限活用できたかを測定することである。それは、各国がスキル開発、グローバルバリューチェーンの発展、グローバルバリューチェーンに関する経済的・社会的成果に関してどのような実績を残したかを同時に評価するものである。また、入手可能な最新データに基づく国民のスキルの状況と各国の先端技術分野での特化の現状に関する情報を提供する。
　3つの主要部門と各指標に基づく下位部門が考察されている。これらはすべて今回のOECDスキル・アウトルックで提示された分析研究から得られたものである。

スキル部門は、グローバルバリューチェーンにおける各国の実績およびグローバルバリューチェーンを最大限に利用する能力に影響を与えるスキルの諸特性を理解することを試みたものである。検討されたのは以下の区分である。

- 各国は、スキルの低い人々の占める割合を最小化しているか。グローバルバリューチェーンに参加することによって生産性の向上を確保し、失業、格差の増大、仕事の質の悪化のリスクを低下させるために、各国はスキルの低い成人の割合を最小化する必要がある（第2章）。スキルのこの側面を測定するため、スコアボードでは、国際成人力調査（Programme for the International Assessment of Adult Competencies: PIAAC）の産物である成人スキル調査（Survey of Adult Skills）に基づき、各種の認知スキル領域（読解スキル、数的スキル、IT活用型問題解決スキル）において能力の低い成人の割合を示す3つの指標を用いている。
- 各国は、グローバルバリューチェーンの課題に対処するスキルを開発しているか。グローバルバリューチェーンで実績を上げ、グローバルバリューチェーンへの参加が良好な経済的・社会的成果に結び付くことを確保するために、各国はスキルに投資する必要がある（第2章、第3章）。スキル開発の程度を測定するために、スコアボードはOECD生徒の学習到達度調査（OECD Programme for International Student Assessment: PISA）（2003～15年）における生徒のスコア、および高等教育の修了率（2000～15年）の変化に関する3つの指標を用いている。
- 各国は、先端技術産業に特化するスキルを持っているか。先端技術産業では、優れた一連のスキルを持ち、期待されるレベルの実績を残せる労働者が必要となる（第3章）。このスキルの側面を測定するため、スコアボードは（成人スキル調査がカバーする）各国の国民の上位25%に入った成人のスキル指標および同じスキルを有した成人のスキル分散の指標を使う。

グローバルバリューチェーン部門は、2000年から2011年の間、各国がグローバルバリューチェーンの参加を強化した程度、先端技術産業への特化、および特化の現状をとらえたものである。これは以下の3つの区分からなる。

- 各国は、どの程度グローバルバリューチェーンへの参加を強化したか。グローバルバリューチェーンへの参加の強化は、特に国が関連するスキルを持っている場合に生産性の向上に結び付く。スコアボードの複数の指標を用いることで、2000年から2011年における二つの主要な参加形態の発展を説明することができる。1）輸出のための物品の海外からの輸入、またはグローバルバリューチェーンへの後方参加、2）第三国の輸出品で使用される物品の生産、もしくはグローバルバリューチェーンへの前方参加。グローバルバリューチェーンへの参加は、この二種類の参加形態を各国の輸入品の割合か、または外国の最終需要の割合と

してみることにより評価することができる（第2章参照）。
- 各国の先端技術産業への特化がどの程度のものか。先端技術産業への特化は、価値創出、イノベーション、生産性の向上に結び付いている（第2章、第3章）。これは、2011年における先端技術産業の顕示比較優位指標によって測定することができる。
- 各国はどの程度、先端技術部門への特化を向上させたか。これは上記の顕示比較優位指標の2000年から2011年にかけての上昇率によって測定することができる。

経済的・社会的成果部門は、各国が過去15年で様々な経済的・社会的成果でどの程度の実績を上げたかを捉えたものである。それは以下の三つの区分からなる。

- 各国は、どの程度生産性を向上させたか。グローバルバリューチェーンへの参加度の向上は、ある作業の特化の可能性、競争率の上昇、技術的拡散など、複数の経路を通じて、生産性向上に繋がる（第2章）。この経済的成果は、2000年から2015年における労働生産性の成長率によって測定することができる。
- 雇用率がどの程度上昇したか。グローバルバリューチェーンへの参加は、雇用消失と雇用創出を通して、雇用に影響しうる（第2章）。これは、2000年から2015年におけるビジネス部門での雇用パターン、2007年から2015年における若年層で就学・就労・職業訓練のいずれも行っていない者（ニート）の割合、2000年から2015年における54歳以上の労働者の雇用率（2000～15年）によって測定することができる。
- 社会的成果はどの程度向上したか。グローバルバリューチェーンへの統合の発展は、賃金、格差、労働市場の社会保障、および労働環境の質に影響を与えうる（第2章）。このような社会的成果を測定するためスコアボードは、2004年から2012年のジニ係数の変化率、仕事の質の二つの側面、2007年から2013年の労働市場における社会保障、および2005年から2015年における仕事上のストレスの指標を利用している。

スコアボードの個々の下位区分については、総括指標が計算され、表1.1に示されている。各総括指標は、上述の指標一式を集約したものである。集約にあたっては、良好な実績が「上位25%」に該当するように各指標の値を標準化している。この目的のため、ランキングでは、いくつかの変数を逆転させて検討している。9つの区分の総括指標は、それが含む各指標の単純平均として算出されている。

各国は9つの総括指標によってランク付けされている。スコアボードでは、下位25%と上位25%および（分布の残りの部分で）OECD平均に近い国々を示している。上位・平均・下位の設定幅が広いため、いくつかの国では他のグループ（例えば、平均グループ）に近いにもかかわらず、一つのグループ（例えば、下位25%）に分類される。

第1章　グローバルバリューチェーンの便益を獲得するスキル：本書の概要

表1.1　スキルとグローバルバリューチェーンに関するスコアボード

	スキル			グローバルバリューチェーンの発展			経済的・社会的成果		
	低スキルの者の割合の最小化	グローバルバリューチェーンの課題に直面するスキル開発	先端技術産業に必要とされる専門的スキル	グローバルバリューチェーンへの参加拡大	先端技術産業の特化度	先端技術産業の特化度の向上	生産性の向上	雇用の増加	社会的成果の向上
オーストラリア									
オーストリア									
ベルギー									
カナダ									
チリ									
チェコ									
デンマーク									
エストニア									
フィンランド									
フランス									
ドイツ									
ギリシャ									
ハンガリー									
アイスランド									
アイルランド									
イスラエル									
イタリア									
日本									
韓国									
ルクセンブルク									
メキシコ									
オランダ									
ニュージーランド									
ノルウェー									
ポーランド									
ポルトガル									
スロバキア									
スロベニア									
スペイン									
スウェーデン									
スイス									
トルコ									
イギリス									
アメリカ									

■ 上位25%　□ 平均値前後　▨ 下位25%　▦ 欠損値

注：各指標の説明はコラム1.1参照。スコアボードでは、OECD諸国の平均値に対する各サブカテゴリの数値を、上位25%、下位25%、平均値前後の3つの区分で示している。例えばフィンランドの場合は、OECD諸国の中でも低スキルの者の割合が最も低く、グローバルバリューチェーンの課題に直面するほどのスキルは開発されていないものの、先端技術産業に特化したスキルを持っており、その他のサブカテゴリは平均値前後である。

資料：OECD事務局算定。データ源：OECD Trade in Value Added database (TiVA), https://stats.oecd.org/index.aspx?queryid=66237; OECD Income Distribution Database, www.oecd.org/social/income-distribution-database.htm; OECD Job Quality Database, https://stats.oecd.org/Index.aspx?DataSetCode=JOBQ; OECD Productivity Database, http://stats.oecd.org/; OECD STAN STructural ANalysis Database, http://stats.oecd.org/; PISA database (2012), www.oecd.org/pisa/pisaproducts/pisa2012database-downloadabledata.htm; Survey of Adult Skills (PIAAC) (2012, 2015), www.oecd.org/skills/piaac/publicdataandanalysis; OECD (2016), *Education at a Glance 2016: OECD Indicators*, http://dx.doi.org/10.1787/eag-2016-en.

図1.3 グローバルバリューチェーンへの参加とスキルの変化
OECD諸国、2000〜15年

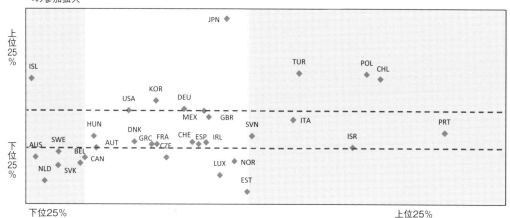

注：この図は、2000〜11年のグローバルバリューチェーンへの参加とスキル評価のスコアボード指標に基づいている（コラム1.1参照）。図中上位は、グローバルバリューチェーンへの参加を最も増加させた上位25%の諸国、図中下位はグローバルバリューチェーンへの参加を最小限に抑えた下位25%の諸国である。図中右側はスキル開発が高い上位25%の諸国、図中左側は低位25%の諸国である。中央付近は平均的な諸国である。
資料：OECD事務局算定。データ源：OECD Trade in Value Added database（TiVA）, https://stats.oecd.org/index.aspx?queryid=66237; PISA database（2012）, www.oecd.org/pisa/pisaproducts/pisa2012database-downloadabledata.htm; OECD（2016）, *Education at a Glance 2016: OECD Indicators*, http://dx.doi.org/10.1787/eag-2016-en.

StatLink：http://dx.doi.org/10.1787/888933474001

- 対照的に、グローバルバリューチェーンへの参加度が向上しても経済的または社会的成長は弱い国がアメリカであり、デンマークやアイルランドも若干であるがそうした国に当てはまる。これは部分的にはスキルが十分でなかったことにより説明できるかもしれない。
- 国民の持つ高度なスキルを考慮すると、フィンランドと日本は、先端技術産業への特化の深化と生産性と雇用の向上により、グローバルバリューチェーンへの参加による便益をもっと受けられたはずである。スキル領域外の政策が、このような向上の実現を妨げているのかもしれない。
- チリとトルコではグローバルバリューチェーンへの参加度の大きな向上がみられ、グローバルバリューチェーンの課題に対処するのに必要とされるスキルを開発し、先端技術産業で必要とされるスキルを獲得した。チリとトルコは、この分野で産業特化を推し進めるためにもっとできることがあったはずである。

国民のスキルを最も向上させた国は、平均的な国よりもグローバルバリューチェーンへの参加度を向上させた（チリ、ポーランド、トルコ、そして若干であるが日本）（図1.3）。しかし、グローバルバリューチェーンへの参加度を向上させたグループの中には、スキル開発の向上が伴わなかっ

た国もある(韓国とドイツ)。これらの国々は、すでに優れたスキルレベルに達しており、目下の問題を表していないかもしれないが、将来的にグローバルバリューチェーンへの参加による便益を十分に実現する能力を低下させることになるかもしれない。

1.5 グローバルバリューチェーンへの参加は、特にスキルが伴った場合に生産性を高める

グローバルバリューチェーンへの参加は、企業と国に得意とする作業の専門性を高めることにより、生産性を向上させる機会を与える。また、グローバルバリューチェーンへの参加は企業間の競争率を高め、仕事と生産を組織化する新しい方法の採用を促す。さらには、より高度な輸入中間製品を使用することで、新しい技術の拡散を促し、生産性の促進に結び付く。過去15年間、グローバルバリューチェーンへの参加度の上昇が最も高かったOECD諸国は、平均か平均以上の生産性向上を経験した(図1.4)。いくつかの国では、他国よりもグローバルバリューチェーンへの参加度と生産性の両方がともに大きく上昇した(チリ、韓国、ポーランド)。

最新のOECD推計によれば、1995年から2011年の間、グローバルバリューチェーンへの参加度の向上が最も著しかった国は、さらなる産業労働生産性の年間成長率の恩恵を受け、生産の分業

図1.4 グローバルバリューチェーンへの参加と生産性の向上

OECD諸国、2000～15年

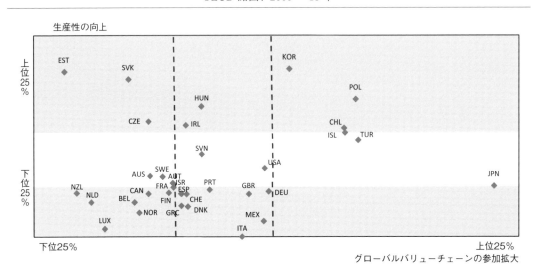

注:この図は、2000～11年のグローバルバリューチェーンへの参加と生産性のスコアボード指標に基づいている(コラム1.1参照)。図中上位は、生産性を最も向上させた上位25%の諸国、図中下位は、生産性が最も低い25%の諸国である。図中右側はグローバルバリューチェーンへの参加を最も増加させた上位25%の諸国、図中左側はグローバルバリューチェーンへの参加を最小限に抑えた下位25%の諸国である。中央付近は平均的な諸国である。
資料:OECD事務局算定。データ源:OECD Trade in Value Added database (TiVA), https://stats.oecd.org/index.aspx?queryid=66237; OECD Productivity Database, http://stats.oecd.org/.

StatLink:http://dx.doi.org/10.1787/888933474012

化の可能性が最も低い産業でも0.8%ポイント、最も高い産業で2.2%ポイントの恩恵を受けた（第2章）。

　スキルへの投資が伴ったグローバルバリューチェーンへの参加は、生産性の向上に結び付く。したがって企業は、新しい技術から学び、そして高度な製品や新しい作業組織から便益を獲得できるような労働者を必要とする。しかし、小規模な企業が新しい技術や生産モードを吸収する能力が不足していたり、グローバルバリューチェーンから距離を置いたままでいる限り、生産性の増加は経済全体へ広がってはいかないだろう。大企業と比較すると、小企業の労働者はスキルレベルが相対的に低いことが、成人スキル調査に基づくスキル指標によって示されている。

1.6　スキルはグローバルバリューチェーンが社会的成果に対して及ぼす不利益な影響に対抗する役割を担う

　より多くの企業がグローバルバリューチェーンに結び付くことで、経済全体の生産性の向上につながる。これは、より多くの企業、ひいてはより多くの労働者が、良くも悪くも、雇用や賃金の面でグローバルバリューチェーンの影響を受けることも意味している。

　雇用に対するグローバルバリューチェーンへの参加が持つ重要性は深く理解される必要がある。近年の研究では、中国のような低コストの国からの輸入競争により、特に生産分野において雇用が落ち込んできていることがわかっている（Autor, Dorn and Hanson, 2015）。しかし、このような低コストとの競争はグローバルバリューチェーンのひとつの側面にすぎない。OECD諸国は中間財をハイテク製造業やビジネスサービス業から輸入するが、同様に他国へと輸出することにより新しい雇用を促している。グローバルバリューチェーンへの参加度が上昇した国のうちで、いくつかの国々では雇用の拡大が顕著であったものの（チリ、ドイツ、トルコ、ポーランド）、その伸び率が低い国々もある（アイスランド、日本、アメリカ）（図1.5）。

　グローバルバリューチェーンへの参加が与える国内の不平等への影響についても引き続き議論されている。ほとんどの研究ではスキル偏向的な技術進歩や機関は、不平等の主たる決定要因であり、一方、低コスト国との競争は比較的影響が小さいと結論付けられている。とはいえ、グローバルバリューチェーンは機会の不平等を作り上げている。つまり、スキルの高い労働者や非ルーティーン業務などの仕事を受け持つ労働者はそのスキルを世界中で活用することができるが、オフショアリングでも賄える仕事は競争が厳しくなる。

　各国では、スキルの開発に投資することで、労働者が被るオフショアリングによるリスクを軽減させることができる。人々がどのような仕事を行い、どのようなスキルを開発するかということは、オフショアリングによって彼らの仕事がどのようなリスクにさらされるのかについて大きな影響を与えている。人との直接的な関わりを必須とする仕事や、オンサイトにいることが必要な仕事、または意思決定を必要とする業務等はオフショア化することは難しい。労働者が必要なスキルを持ち

図 1.5　グローバルバリューチェーンへの参加と雇用の増加
OECD 諸国、2000 〜 15 年

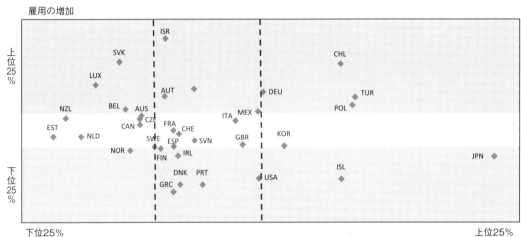

注：この図は、2000-11 年のグローバルバリューチェーンに対する参加の変化を記録するスコアボード指標に基づいている（コラム 1.1 参照）。図中上位は、雇用が最も増加している上位 25％の諸国である。図中下位は、雇用が最も増加していない下位 25％の諸国である。図中右側はグローバルバリューチェーンへの参加が最も増加した上位 25％の諸国、図中左側はグローバルバリューチェーンへの参加を最小限に抑えた下位 25％の諸国である。中央付近は平均的な諸国である。
資料：OECD 事務局算定。データ源：OECD Trade in Value Added database (TiVA), https://stats.oecd.org/index.aspx?queryid=66237; OECD Employment database, www.oecd.org/employment/emp/onlineoecdemploymentdatabase.htm; OECD STAN STructural ANalysis Database, http://stats.oecd.org/.

StatLink：http://dx.doi.org/10.1787/888933474023

合わせていれば、仕事の進化を促進でき、変化する需要に対応することができるようになる。

　グローバルバリューチェーンへの参加は、競争を激化させ、労働者を新たな基準や仕事組織のあり方にさらし、品質向上の需要や生産時間の短縮などにより、仕事の質にも影響を与えることになる。すべての国に共通することは、教養の高い労働者は低い労働者よりも質の高い仕事を得ることができるということである。しかし、高い教養を持つ労働者と低い教養を持つ労働者の間に生ずる職務ストレスの差は、グローバルバリューチェーンに参加する国においてより顕著にみられる（エストニア、ハンガリー、ポーランド、スロベニア）。スキルへの投資とグローバルバリューチェーンへの参加の向上は、職務環境が貧しい場所のバリューチェーン内の低位置において、経済が発展する上で非常に重要なものとなっている。

1.7　スキルを通して競争力を高める

　高い教養を持つ労働者の競争力により、OECD 諸国は、生産やサービスのような先端技術産業に特化することができる。各国のグローバルバリューチェーンにおける特化度は、他国と比較した

ときに、業界の生産性に価値を付加することによりその国が全体のグローバルバリューチェーンにおいてより大きな収入を得るという、その範囲を示す顕示比較優位指数によって評価される。この15年間でOECD諸国はサービス業やハイテク製造業において非常に強い特化度を持つようになった。

しかしながら、国民の学歴レベルの高さにより一時期多くのOECD諸国が持ち合わせていた比較優位は、他の開発途上国の高等教育の発展と比例して小さくなってきている。中国の高等教育修了者の人口割合は2040年までにはヨーロッパのOECD諸国と肩を並べるものの、日本やアメリカをしのぐほどにはならない（Barro and Lee, 2013）。2040年までには高等教育を修了する若者のおよそ3分の2はOECD諸国以外のG20諸国が占めることになるであろう（OECD, 2015）。

同時に、企業が世界中に散らばるスキルを集めるために必要とする資金は小さくなっている。生産の分業化により、企業は生産ラインのすべてを移動させることなく世界中の労働者を活用することが可能となる。こうしたことが高学歴の人材の獲得競争をより厳しくしている。

国や個人は、教育のレベルだけではなくスキルを通して、競争力を高めている。スキルの特性や、スキルと産業の需要の適合力、さらにはそのスキルプールを最大限に活用するための全体的な能力により、こうした国々は先端技術産業において比較優位を得ることができる。

1.8 認知スキルと学習レディネスはグローバルバリューチェーンのパフォーマンスにとって必須である

多種多様なスキルは、経済的・社会的成功を得る上で基本的な決定要因である。スキルの類型における大筋の共通理解があるわけではないものの、仕事のパフォーマンスを左右するスキルは継続性があり、いくつかのスキルは主に認知的要素を有しており（読解スキルや数的スキルなど）、他のいくつかは個人的な特性に関連しており（勤勉性や情緒安定性など）、また別のものはこれら二つの側面を融合または組み合わることで生まれている（コミュニケーション・マネジメントスキルや自己計画スキルなど）。

成人スキル調査は、人口集団別のスキルの構成要素や仕事上のタスクに関して幅広い情報を提供しており、このような情報が労働者や企業のパフォーマンスにとって重要であると認識されたスキルを測定するために活用されている。この調査では、認知スキルの3つの分野（数的スキル、読解スキル、IT活用型問題解決スキル）をテスト形式の調査を通じて直接的に精査している。さらに、仕事に関するタスクの実行頻度や学習態度に関する大きな情報群について、以下の6つのスキル分野から焦点を合わせている。情報通信技術（ICT）スキル、マネジメント・コミュニケーションスキル、自己計画スキル、販売会計スキル、科学・技術・工学・数学（STEM）スキル、学習レディネスである。

情報の分析から、労働者の認知スキルと学習レディネスは、新たな知識を共有し吸収するために

必要であるため、進化する市場に各国が参加し成長する助けとなりうることで、国際的な統合のために非常に大きな要素であると示している。輸出が中心となっている場所、さらには輸出が付加価値を持つ場所において、認知スキルが強力な関係を持つことから、読解スキル、数的スキル、IT活用型問題解決スキル、および学習レディネスは比較的すべてにおいて重要となっている。

1.9　各国は国民に強力なスキルミックスを身に付けさせる必要がある

強力な認知スキルは、グローバルバリューチェーンにおいて良好な実績を達成するが、先端技術産業に特化するには、それ単独では十分なものではない。産業においては、いくつかの種類のタスクの遂行を伴うが、そのすべてについて情動的なスキルと認知スキルが必要となる。国際的に競争力のある環境の中で成功するには、各国や各産業はそれぞれの専門分野に関連性があるものだけでなく、他のスキルも必要となってくる。

産業において良好な実績を発揮するには、労働者は適切なスキルミックスを保持することが必要である。新たなOECD推計の試算によると、国民に適切なスキルミックスを提供する能力について各国差がみられると、相対的な輸出額に平均で8%の開きが生じ（図1.6）、大きな開きがある場

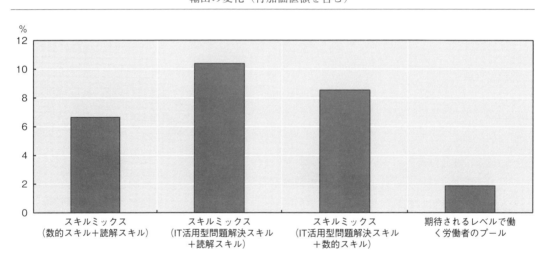

図1.6　グローバルバリューチェーンによる産業特化に対するスキル特性の効果
輸出の変化（付加価値額を含む）

注：各国の4つのスキル特性のそれぞれにおいて、別の業界と比較した場合の限界的な変化（1標準偏差）に起因する、標準偏差が産業標準偏差を下回る輸出額（付加価値を含む）の変化を示したものである。スキル特性の差が大きい国を考慮すると、これらの効果はスキルミックスで60%、期待されるレベルで働く労働者プールで10%に達する。これらの効果の算定は、第3章で展開された経験的研究の結果である。
資料：OECD事務局算定。データ源：Survey of Adult Skills（PIAAC）（2012, 2015）, www.oecd.org/skills/piaac/publicdataandanalysis; OECD Trade in Value Added database（TiVA）, https://stats.oecd.org/index.aspx?queryid=66237; OECD（Annual National Accounts, SNA93, http://stats.oecd.org/; OECD STAN STructural ANalysis Database, http://stats.oecd.org/; Mayer and Zignago（2011）, "Notes on CEPII's distances measures: the GeoDist Database", CEPII Working Paper 2011-25; World Input-Output Database（WIOD）, www.wiod.org/home.

StatLink：http://dx.doi.org/10.1787/888933474032

合には2か国間の輸出額の差は最大で60%に達する。とりわけ、ハイテク製造産業や複雑なビジネスサービス業ではIT活用型問題解決スキルが必要で、それには数的スキルや読解スキルについても必須であることがわかっている。こうした産業内のスキルミックスが最も備わっている国は、カナダ、エストニア、イスラエル、韓国、スウェーデンである。

強力なスキルミックスを個人個人が身に付けることは、特定のスキルをひとつ保持している個人が集まって作り上げるグループとは異なる。例えばSTEMスキルなどの特定の分野に関して専門性を持っていたとしても、補完のスキルを持つことが重要となる。

1.10 先端技術産業に特化するには期待されたレベルでパフォーマンスを発揮する労働者プールが必要である

ハイテク製造業や複雑なビジネスサービス業では、全従業員が長く連続したタスクに関わっており、いずれかのタスクで低調な作業レベルであるとアウトプットの価値を大幅に引き下げてしまうため、一定レベルのパフォーマンスを発揮することが求められる（第3章）。反対に、技術的側面が比較的に発達していない産業の場合は関連するタスクは短い。このため、ある一部分でパフォーマンスが悪かったとしても別の部分のパフォーマンスで相殺することができる。

期待されたレベルで仕事を行う労働者（信頼できる労働者）は、教育レベルも含め、同じような特性を持つ個人が同じようなスキルを保有するような国に現れている。こうしたケースでは、目で確認できるような特徴を基に雇用を決める雇用主は、労働者の実際のスキルによる不要な驚きを受けることがない。新たなOECD推計によると、例えば、類似する特性の個人間でスキルの分散が比較的小さい日本などでは、他の産業と比較すると、ハイテク製造業や複雑なビジネスサービス業において、付加価値のあるアイテムをチリと比べると20%、スペインと比べると10%も多く輸出することができる。スキルの分散に平均的な差がある二つの国は2%程度となっている（図1.6）。

OECD諸国は、各国の国民が受ける高等教育から得られる比較優位を徐々に失っているものの、信頼できる人材の提供を受けることによりその比較優位を確保することができる。

- チェコ、日本、オランダ、スロバキアは類似する特徴を持つ個人間のスキルの分散が小さく、これによりある程度の水準の人材を提供することが可能である。
- カナダ、チリ、ポーランド、スロベニア、トルコは類似する特徴を持つ個人間でもスキルの分散が大きい。比較優位を確保し向上させるためにはこうした国々はスキルの分散を抑制する必要がある。類似する教育プログラムについて同じ質を提供するよう助長し、期待するレベルを満たしていない人材への訓練を行うなどの方法でこれを実現することができる。

第1章　グローバルバリューチェーンの便益を獲得するスキル：本書の概要

表 1.2　先端技術産業の特化機会

国のスキル特性と産業のスキル要件との適合性による考察

凡例：
- ● 顕示比較優位が増加した
- ● 顕示比較優位が減少した
- （網掛け）スキル特性が特化機会をもたらした

産業分類：
- 中程度／ハイテク産業：機械・装置／電気機器・装置／自動車・トレーラー・セミトレーラー
- ハイテク産業：化学薬品・化学製品／コンピュータ・電子・光学製品／その他の輸送機器
- 複雑なサービス業：金融・保険／不動産／機械・装置の賃貸／コンピュータ・関連活動／研究開発・その他

対象国：オーストラリア、オーストリア、ベルギー、カナダ、チリ、チェコ、デンマーク、エストニア、フィンランド、ドイツ、ギリシャ、アイルランド、イスラエル、日本、韓国、オランダ、ニュージーランド、ノルウェー、ポーランド、スロバキア、スロベニア、スペイン、トルコ、アメリカ、イギリス

注：顕示比較優位とは、ある国がグローバルバリューチェーン内の特定の業界に特化しており（または、他の国よりもその産業の輸出からより多くの収入を得ている）程度を示す。表中の記号は、2000～11年の間に各国が特化機会において顕示比較優位を増減させているかどうかを示している。ここで示す考察結果は、第3章で展開される経験的研究の結果に基づいたものである。各国は、スキル特性が適切に整っていれば、ある業種の特化機会を得ることができる。ある業種のスキル要件に対して国のスキルがどの程度一致しているかを示すことができる。これは、グローバルバリューチェーンにおけるその国の特化を形作っている。これらの特化が業種の特化機会を示す1つの指標に統合することができる。

資料：OECD 事務局算定。データ源：OECD Trade in Value Added database (TiVA), https://stats.oecd.org/index.aspx?queryid=66237; Survey of Adult Skills (PIAAC) (2012, 2015), www.oecd.org/skills/piaac/publicdataandanalysis.

1.11 スキル特性が先端技術産業の需要に見合っている国は、チェコ、エストニア、日本、韓国、ニュージーランドである

　各国は、スキル特性を産業のスキル要件にマッチさせることで、グローバルバリューチェーン内のそれぞれの産業特化を構築することができる。国が保持するスキルが産業の要件と適合していないと、特定の産業を補助する規則が非効率となり、スキルの割り当てを間違うとその国が持つ他の産業における多国間競争における優位性を低くしてしまう。

　多くのOECD諸国は、先端技術産業において優位性を確保する努力をしているが、いくつかの諸国に関しては独自性を追求するには、それぞれの現在時点での生産構造、スキル特性、およびその産業における比較優位に応じて、労力と時間が必要となる。表1.2では先端技術産業において各国がそれぞれの特化度を向上させたのかまたは減退させたのか、そしてそのスキル特性によりこうした産業で特化の機会をつかむことができるのかどうかについて示している。

- いくつかの国々（チェコ、エストニア、日本、韓国、ニュージーランド）では先端技術産業における特化が向上し、ほとんどのケースでそれが国のスキル特性となっている（例えば、ポーランドの中高度技術製造産業、韓国の高度技術産業）。
- 他のいくつかの国では、産業特化がスキル特性によってサポートされてはいない（イギリス、アメリカ）。こうした国が比較優位を確保するには、国民のスキルミックスを向上させ先端技術産業のスキル要件と適合させる必要がある。
- 最後に、いくつかの国では、こうした産業で特化を見出すには先端技術産業のスキル要件に即したスキル特性を促進する必要がある。カナダ、チリ、ギリシャ、イスラエル、ポーランド、スロベニア、トルコの各国は、類似する特性を持つ人材におけるスキルの均質性を強化することが必要である。オーストラリアやアイルランドは国民のスキルミックスと産業で求められるスキル要件とをすり合わせる必要がある。

1.12 教育・訓練システムの質を向上させる必要がある

　各国はそれぞれの国民のスキルにより、つまりそれぞれの教育システムの質により比較優位を獲得することができる。学生に認知スキルやソフトスキルを同時に教育し、集合的な能力を開発することにより、グローバルバリューチェーンにおける競争力を向上させることができる。これには革新的な教育戦略や高等教育のカリキュラム選択の柔軟性が必須であり、同時に認知スキルの発達に重点を置き続けることも必要となる。

　また、学校やプログラムを横断した教育の質を向上させるためには多くのことができる。多くの

国では学習成果は社会背景に大きく関連付けられている（チリやフランスなど）。15歳時点での教育成果に社会的背景が影響を及ぼす国（エストニア、フィンランド、日本、韓国、ノルウェー）では、類似する特徴を持つ成人は類似するスキルを保持しており、労働者の実際のスキルについても雇用主側に良いサインを示している。教育リソースがどのように割り当てられるかを含め、教育に関する資金制度は類似する教育プログラムの質の均質性を達成するために非常に大きな役割を担っている。この分野は、多くの国が進歩させる必要のある分野である。

1.13 教育・訓練機関と民間部門の強固な協力関係は非常に重要である

スキル特性が産業のスキル要件と適合していると比較優位を獲得できる。この整合性を高めるには教育・訓練システムが民間部門と協力することが必要である。これは、例えば仕事ベースの学習を取り入れた訓練や職業訓練校の設置、地域行政主導による教育機関と民間機関との融合、または民間機関・大学・研究機関の相互関係性を強化する規定などが考えられる。こうした協力体制を通して就学中に仕事の世界に触れる機会を増やすことにより、若い労働者たちは個々の将来的なキャリア管理について自信を持ち、よりよい準備ができていると感じることができる。

国際貿易の大部分は多国籍企業のサプライチェーンにより管理されていることから（UNCTAD, 2013）、教育・訓練システムがこうした企業と連動しスキル要件を理解することは大事なことである。こうした関係性は、インターンシップや仕事ベースの学習を推奨しグローバルバリューチェーンに関わる企業の代表者が個々の経験を学生と共有することで発展させることが可能である。英語によるコースの開発もまた、グローバルバリューチェーンに関わる企業による新卒の採用を促す動機となりうる。

1.14 成人の教育や訓練を促進するために様々な側面を向上する必要がある

オフショアリングのリスクはグローバルバリューチェーンにおける各国の位置付けに影響を受ける。低スキル人材の割合が低い国だからといって、それだけでは決してオフショアリングのリスクを低くすることにはつながらない。いくつかの国では低スキルのタスクをオフショアリングする場合もあるが、一方でバリューチェーンの上位に位置する国はスキル人材が担当するタスクをオフショアリングすることもある。しかし、いずれにせよ、新しい仕事への移動を管理し必要とする新しいスキルを学習することで、転職を優位に進めることができる。それぞれの国では低スキルの成人の割合がそれぞれ異なっている（図1.7）。低スキルの人材が多い国（チリ、ギリシャ、トルコ）が失業率を抑制しつつ先端技術産業における特化を構築したい場合、目的を果たすために適した教育や訓練の規則を導入するには多大な労力を必要とする。

解雇のリスクがある労働者に対して、労働市場や効果的な公的人材サービスは新しい雇用への移

図1.7 読解スキルと数的スキルの低い者の割合

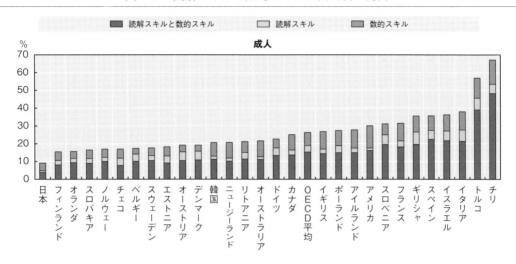

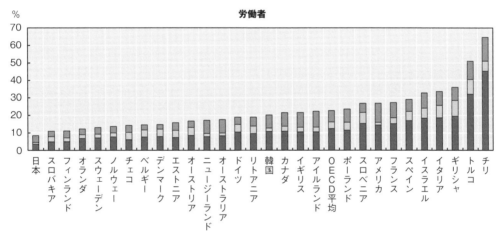

注：成人スキル調査におけるスキルの低い者とは、読解スキルまたは数的スキルのいずれにおいてもレベル1以下の得点の者として定義される。チリ、ギリシャ、イスラエル、ニュージーランド、スロベニア、トルコは2015年、その他の国は2012年のデータを使用。ベルギーのデータはフランドル地域、イギリスのデータはイングランドと北アイルランドを指す。
資料：OECD事務局算定。データ源：Survey of Adult Skills（PIAAC）（2012 and 2015）, www.oecd.org/skills/piaac/publicdataandanalysis.
StatLink : http://dx.doi.org/10.1787/888933474044

動を容易にすることができる。しかし長期的視点によれば、人生における様々な段階においてスキルの開発を容易にすることで、急速にスキル需要が進んでいる世の中に対して人材を準備するための規定が必要となる。

　低スキル人材への再訓練は多くの国にとって最も大きな課題のひとつである。こうした国では、スキルを開発するだけでなく、低スキルの人材であるにもかかわらず成人学習への参加が低いという悪循環を打破するための効率的な方法を見つける必要がある。すべての国において、高いスキル

を持つ人材や、保持するスキルを有効に活用している人材が成人訓練プログラムの恩恵を最大限に受けていると言える。

成人教育への障壁は取り除かれることが必要で、学習意欲を掻き立てる税制を作り上げ、成人がフォーマルな教育を受けやすくし、初期教育で取得したスキルへの認知を向上させ、オンザジョブトレーニング（OJT）の機会を発展させるよう貿易相手と折衝し、仕事と訓練の時間的共有や柔軟性を強化することなどを通じてこれを実現させることが必要である。

1.15 各国がより良い協力をすることで教育・訓練プログラムのデザインや財政を向上させる

グローバルバリューチェーンは高等教育の国際化により恩恵を受けている。国外からの留学生が国内で卒業することが、自国へ戻ってから多国籍企業での就職や活動をする上でのより良い準備となる。グローバルバリューチェーンにより、卒業した国だけでなくそれ以外の多くの国で取得したスキルを適用するような機会を作ることで就学の多国籍化を促進することができる。

グローバルバリューチェーンが拡大すると、高等教育の国際化における費用と成果の配分が複雑化してくる。経済の発展や拡大により各国の優秀な人材が留学により国を離れてしまう。こうした人材が自国に戻らない場合、教育への初期投資は失われてしまう。先進国ではある種、特に専門スキルに関して、その活動がオフショアリングされると、教育への投資は失われてしまう。享受する利益をみると、開発途上国において留学の機会は自国の教育制度への投資を誘発させうるものであり、留学のために自国を離れた個人はグローバルバリューチェーンによって母国での活動を発展させることも可能である。先進国では留学生が卒業後も国に留まるよう引き付けることにより、国内の人材を拡大させることができる。

教育プログラムを設計する協力体制は、今までオフショアリングされていたスキルの開発を将来的に自国に戻すために必要な知識の質や情報の維持を行うためのひとつの方法であり、こうして開発途上の経済圏におけるスキルが向上する。こうした国々では教育・訓練プログラムをデザインするための協定を目指し、高等教育や生産プロセスの国際化による利益と負担の配分をよりよく反映させるための財政操作を検討することができるだろう。こうした協定は、オフショアリングによるスキル需要やその需要を満たす方法論のコンサルティングから、教育プログラムの費用の共有や、活動のオフショアリング受入先における教育プログラムをオフショアリングの依頼国が設計を行うといった、より本格的な協定等、様々な形態をとることができる。

1.16 インフォーマルに取得したスキルや海外で取得したスキルの認知を向上させる

国外で取得したスキルの認知を向上させることは、国際的背景下における研究、イノベーション、

パフォーマンスに貢献できる海外留学生や海外の人材の興味を引くことにつながる。そして、インフォーマルに取得したスキルの認知を拡大することはオフショアリングのリスクにさらされた人材がさらなる資格の取得や変わりゆく需要への適応をする上での助けとなる。さらに、雇用側にとっても人材の実際のスキルについてよりわかりやすいサインを得ることができる。労働者は生産チェーンを弱体化させないために、必要とされる期待レベルでパフォーマンスを発揮させる必要があるため、グローバルバリューチェーンにおけるパフォーマンスの強化に大きく貢献することになる。

1.17 スキル群を有効活用できる政策を促進する

グローバルバリューチェーンの恩恵を手にするためには各国が適切なスキルを開発することが非常に重要であるが、こうしたスキルをグローバルバリューチェーン内で良好なパフォーマンスに具体化するためには効率的な活用が重要である。これは、適切なスキルが企業や産業に確実に割り当てられ、効果的に活用されることを意味する。

企業内部では管理規則によりスキルの有効活用を確実にすることで生産性を向上させることができる。管理職や非管理職の教育レベルは管理規則に大きく関連しているため、教育や訓練のシステムが、アントレプレナーシップやマネジメントスキルをはじめとする強力なスキルミックスを開発するように導くことは大切なことである。アントレプレナーシップ教育は管理職や従業員の両方にとっての優れた実践に関する知識を促すことができる。

競業避止義務は、従業員が自身のスキルを他の場所で適用する能力に影響を与える。この条項は、従業員が仕事上で得た知識を一定期間利用しないよう定められたものである。雇用側の無形投資を保護しつつ、この条項は従業員の可動性を制限し、構造調整に対する制限や知識の漏洩から保護するものである。OECD諸国内では競業避止義務条項を深く理解することが必要であり、これに従うようにすることは極めて重要である。

スキルを起業に分配することは雇用保護法制にも左右される。企業に柔軟性を持たせることも労働者の保護も同じように必要であり、こうすることで労働者は企業にとって必要なスキルと同時に自身の給与を守るためのスキルを取得するモチベーションを得る。非標準形の雇用はグローバルバリューチェーンに関わっている産業ではまだまだ開発されているとは言えないが、その進捗は注意深く見守る必要がある。企業には柔軟性を、労働者には機会を提供する。一方で、スキル開発への投資が不十分になる可能性もあり、これは国際競争力を維持する上で足かせになってしまうことも考えられる。

1.18 政府全体によるアプローチが必要である

政府内部においては、政策と国際競争力指針の不均衡状態は大きなものである。グローバルバリ

ューチェーンや貿易は、スキル分野から外れた部分における独自の政策を管理する省庁に関連しており、一方で多くのスキル政策、例えば教育や研究、労働を管理する省庁では通常国内の雇用や改革に目を向けている。グローバルバリューチェーンを最大限に活かすためには政府全体でのアプローチが必要になってくる。

政策の調整不足には二つのタイプが存在する。特定の産業でのパフォーマンスを強化する目的を持っている貿易、税制、競争に関する政策は、産業にとって必要なスキルを確保するための政策で保護されていない可能性がある。もしくは、スキル政策は、雇用保護法制、競業避止義務、移民政策などにより悪影響を受けてしまう。例えば、移民政策が他国との改革ネットワークの構築の妨げになっている場合や、厳格な雇用保護法制や競業避止義務が必要としている構造改革を遅らせている場合などは、教育や訓練の政策は必ずしもグローバルバリューチェーンにおけるパフォーマンスを促進するとは限らない。

政府全体の政策をグローバルバリューチェーンにおけるパフォーマンスの向上という目的に合わせるため、関連するすべてが次の事項を包括的に理解する必要がある。1）グローバルバリューチェーンにおける自国の位置付け、2）スキル政策の強みと弱点、および各国のグローバルバリューチェーンにおけるパフォーマンスを左右する他の政策、3）将来的な特性の確立に向けた機会の見込み。こうした政府全体のアプローチには、グローバリゼーションの新たな段階によってもたらされた課題への短期的な対応をさらに上回ることが必要である。グローバリゼーションやデジタル化のような大規模な変革が進む今日の世界では、長期的な対応を取り入れることが最重要事項となる。

参考資料・文献

Autor, D. *et al.* (2016), "Importing political polarization? The electoral consequences of rising trade exposure", *NBER Working Paper*, No. 22637, The National Bureau of Economic Research, Cambridge, MA.

Autor, D.H., D. Dorn and G.H. Hanson (2015), "Untangling trade and technology: Evidence from local labour markets", *The Economic Journal*, Vol. 125/584, pp. 621-646.

Baldwin, R. (2016), *The Great Convergence: Information Technology and the New Globalization*, Harvard University Press, Cambridge, MA.（『世界経済 大いなる収斂：ITがもたらす新次元のグローバリゼーション』リチャード・ボールドウィン著、遠藤真美訳、日本経済新聞出版社, 2018年）

Barro, R. and J.W. Lee (2013), "A new data set of educational attainment in the world, 1950-2010", *Journal of Development Economics*, Vol. 104, pp. 184-198.

Haugh, D. *et al.* (2016), "Cardiac arrest or dizzy spell: Why is world trade so weak and what can policy do about it?", *OECD Economic Policy Papers*, No. 18, OECD Publishing, Paris, http://dx.doi.org/10.1787/5jlr2h45q532-en.

Mayer, T. and S. Zignago (2011), "Notes on CEPII's distances measures: the GeoDist database", *CEPII Working Paper*, No. 2011-25.

OECD (2015), "How is the global talent pool changing (2013, 2030)?", *Education Indicators in Focus*, No. 31, OECD Publishing, Paris, *http://dx.doi.org/10.1787/5js33lf9jk41-en*.

OECD (2013), *Interconnected Economies: Benefiting from Global Value Chains*, OECD Publishing, Paris, *http://dx.doi.org/10.1787/9789264189560-en*.

Timmer, M.P. *et al.* (2016), "An anatomy of the global trade slowdown based on the WIOD 2016", *GGDC Research Memorandum*, No. 162, University of Groningen.

UNCTAD (2013), *World Investment Report 2013 – Global Value Chains: Investment and Trade for Development*, United Nations Conference on Trade and Development (UNCTAD), Geneva.

第2章

スキルとグローバルバリューチェーン：利害は何か？

　本章では、スキルと知識に投資することで、社会的、そして経済的に、グローバルバリューチェーンを最大限に活用する国の能力をいかにして高めることができるのかを探る。ここでは、グローバルバリューチェーンがこれまでどのように発展してきたのか、また、これらのチェーンへの各国の参加がどれほど多様であるかを示す。すなわち、1）グローバルバリューチェーンへの参加が、とりわけ、それがスキルへの投資と結び付いたときに、生産性向上に与えうる恩恵を検証し、2）グローバルバリューチェーンが雇用と不平等にどのような影響を与える可能性があるか、3）雇用をオフショアリングのリスクにさらす要因と、労働者がスキルを持つことの意味を概説し、4）グローバルバリューチェーンへの参加が雇用の質にどのような影響を与えるのか、そして、5）より強力なスキルとより良い教育により、グローバルバリューチェーンへの参加が、どのようにしてより質の高い雇用を形作るようになるのかについて明らかにする。

第 2 章　スキルとグローバルバリューチェーン：利害は何か？

過去 20 年間、生産と貿易の国際的なパターンは変化を遂げ、それによってグローバル化の新たな段階に至っている。こういった新しい時代を、社会的、そして経済的に最大限に活用する各国の能力は、各国が国民の能力にどのように投資するかに強く依存している。

グローバル化のこのような新段階にあって、生産はますます分業化しており、異なる生産過程が、異なる国の異なるサプライヤーの間で分割され、その結果、グローバルバリューチェーンが形成されている。この分業化は、中間投入財や中間サービス——最終生産物や最終サービスの準最終財または準最終部品——の貿易を増大させてきた。各国が今、特化しているのは、特定の「製品」ではなく「作業」なのである。

このような経済の相互の結び付きが強化していくことで、各国に対して機会と課題が提起され、それらの多くは国民のスキルに影響を与え、また、それによって影響を受けている。グローバルバリューチェーンは世界規模の競争を激化させ、企業に生産性をもっと高めることを強いている。スキルを統合した中間財や中間サービスの貿易には新しいスキルから何かを習得することに長けた労働者が必要とされているため、そういった貿易は知識の普及を促進する。グローバルバリューチェーンは、企業の新しい場所への移転や作業過程のアウトソーシングに伴い、作業や雇用の再分割をもたらし、一部のスキルの必要性を低め、また一部のスキルの必要性を高める。グローバルバリューチェーンはまた、世界貿易に占める多国籍企業の割合が増すのに伴い、国際的な投資の形も新たに作り変える。

グローバル化は、過去数十年間そうであったように、特に教育到達度の向上が伴う場合に、経済的成長と福祉を強化するものと一般に考えられている。しかし今日、それは強い向かい風に直面している。というのも、多くの国で生産性が減速し、不平等が拡大し、失業率が高止まりしているからである（OECD, 2015a, 2016a）。ますます多くの人々が、グローバル化の激化がもたらす結果に懸念を抱いている。各国政府にとっての大きな課題のひとつは、より高い付加価値のある活動と雇用の質の改善へと移行するという目的を持ち、スキルと知識への投資がどのようにグローバルバリューチェーン内での自国の競争力を高めるのかを理解することである。

本章は、グローバルバリューチェーン、生産性、不平等、そして雇用の質の間の結び付きを調べることで、こういった問題に光を当てることを目的としている。本章は、スキルが、いかにして、グローバル化が引き起こす可能性のある害から個々人や企業を守ることができるのか、また、各国がグローバルバリューチェーンから最大限の利益を引き出すのをスキルがどのように促進しうるのかを調べる。特に本章で重点を置くのは以下の通りである。

- グローバルバリューチェーンがどのように発展してきたのか、そして、このチェーンへの各国の参加がどれほど多様であるのかをみる。
- グローバルバリューチェーンへの参加が、特にそれがスキルへの投資を伴った場合に、生産性の向上にもたらしうる恩恵を検証する。

- グローバルバリューチェーンが、世界貿易に直接関わる雇用の割合をどう増加させているのか、また、グローバルバリューチェーンへの参加が雇用と不平等にどのような影響を与えるのかをみる。
- 雇用をオフショアリングのリスクにさらす要因と、労働者がスキルを持つことの意味を概説する。
- グローバルバリューチェーンへの参加が雇用の質にどのような影響を与えるのか、また、どのようにして、より強力なスキルとより良い教育によって、グローバルバリューチェーンへの参加が質の高い雇用を形作るようになるのかについて明らかにする。

本章で主に明らかになるものは以下の通りである。

- グローバルバリューチェーンへの参加は、過去20年にわたり多くの国できわめて増加している。平均して、OECD加盟国の輸出額の30%が、今や、元を辿れば外国に由来している。多くのOECD加盟国では、企業部門における雇用の3分の1までもが外国の需要に依存している。
- グローバルバリューチェーンによって生産性が向上しうる。1995年から2011年の間にグローバルバリューチェーンへの参加度を最も高めた国々は、産業労働生産性の年ごとの上昇率の増大から利益を得た。この上昇率の増大幅は、生産プロセスの分業化の余地が最も小さい産業における0.8%ポイントから、生産プロセスの分業化の余地が最も大きい2.2%ポイントまでに及んでいる。
- スキルへの投資は、グローバルバリューチェーンへの参加により生産性が高まることを確実にするものである。なぜなら、企業は新スキルから何かを学びとることができる労働者を必要としているからである。これは、生産性の向上に関して遅れをとっている中小企業にとって、特に重要である。
- 雇用と不平等に対するグローバルバリューチェーンの影響は評価するのが困難である。
  - ❖ 例えば中国のようなコストの低い国々との輸入競争は、特に製造業部門で、雇用の減少につながってきた。しかし、低コストの国々との競争は主に低スキルの雇用に影響を与えており、それはあくまでグローバルバリューチェーンのひとつの側面にすぎない。OECD加盟国は、ハイテク製造業からビジネスサービスと中間財を輸入しているが、またこれらの製品の輸出も行っているため、雇用への影響の全体像を測るのが難しくなっている。
  - ❖ グローバルバリューチェーンへの参加と国内の不平等の間には明確な関係はない。スキル偏向的技術進歩——スキルのない労働者よりもスキルのある労働者が好まれる——と組織のあり方が、不平等をもたらす重要な決定要因となっている。その一方で、低コストの国々との競争はこのことに関してはより小さな役割しか果たしていないようである。
- グローバルバリューチェーンは雇用と不平等の主たる牽引役であるようにはみえないが、雇用によっては、その雇用を海外へと移転させる可能性を高めているものがある。それには、例えば、ルーティーン業務や非対人型業務などがある。スキルへの投資により、労働者はオフショアリングによる失業のリスクにさらされにくくなる。
- スキルへの投資はまた、グローバルバリューチェーンへの参加が、特に低スキル労働者への重い雇用

負担という形で現れる雇用の質の低下につながるリスクを制限することができる。新興経済国と先進国の両方においては、教育到達度の向上に比例して、雇用の質も大幅に向上する。

2.1 各国のグローバルバリューチェーンへの関わり：事実と傾向

グローバルバリューチェーンの発展を測る

過去20年の間、デジタル化、貿易障壁の減少、そして効率性による利益の追求は、可能な限り多くの価値を生み出す活動に特化することと他の活動はオフショア化することを、各国に促してきた。生産過程は様々な国でますます分業化しており、一方で中間投入財と中間サービスは広がりを見せ、それらはグローバルバリューチェーンの発展をもたらしている。

生産過程の各工程は、価値を付加する異なる可能性を持っている。この違いは、「スマイリングカーブ」（図2.1）として示されることが多い。このカーブは、グローバルバリューチェーンの生産過程の仕組みの複雑さをとらえることはできないが、グローバルバリューチェーンが何を意味しているのかを説明するのに役立っている。スマイリングカーブは、情報技術（IT）の企業であるAcerの創業者、スタン・シー（Stan Shih）によって初めて提唱されたものである。それは、カーブの底のあたりにとどまっていた台湾のIT製造業者が抱える問題を示すためのものであった（Shih, 1996）。

スマイリングカーブによると、多くの活動において大部分の価値が付加されていくのは、典型的には、アップストリーム活動かダウンストリーム活動のいずれかである。アップストリーム活動と

図2.1 スマイリングカーブ：グローバルバリューチェーンに沿った付加価値

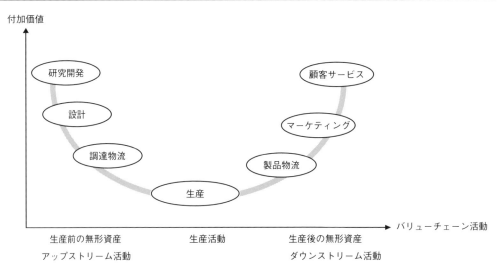

資料：OECD（2013）, *Interconnected Economies: Benefiting From Global Value Chains*, http://dx.doi.org/10.1787/9789264189560-en.

は、例えば、新たなコンセプトの開発、研究開発（R&D）、そして、重要な部品の製造である。ダウンストリーム活動とは、例えば、マーケティング、ブランド化、そして顧客サービスである。製品の組み立てのような中間にある活動が付加する価値は、サプライチェーンでは最も低い。こういった活動は新興の開発途上経済国に向けてオフショア化される傾向にある。

グローバルバリューチェーンの出現により、付加価値貿易政策の発展が推し進められてきた。投入財がバリューチェーンを通過することで、それらは国境を何度も越えていくが、それにより、輸出総額が、輸出に占める国内付加価値の総額を大きくみせてしまうことになる。さらに、総貿易額の統計は、経済成長と収入にとって貿易は重要なのだというゆがんだイメージも与えてしまう。というのも、こういった輸出物はかなりの輸入物に頼っているが（Johnson, 2014）、最終製造者のいる国が財とサービスの価値の大部分を得ているようにみえるからである。OECDの付加価値貿易（TiVA）データベースは、輸出総額に含まれる付加価値をその源の部分で測ることで、輸出内容が国外付加価値なのか国内付加価値なのかの区別をすることが可能になっている（コラム2.1）。

コラム2.1　OECDの付加価値貿易データベース

OECDの付加価値貿易データベース（Trade in Value Added database: TiVA）は、輸出されているすべての財やサービスに含まれる付加価値を源から測定するものである。こうすることで、報告されている貿易総額のフローで暗に示されている、付加価値の二重計上の問題に対処している。付加価値貿易データベースの枠組みでは、家計、政府、そして企業で消費される財やサービスに現れている累積付加価値の、世界規模での源を明らかにすることができる。付加価値貿易額（とりわけ中間部品や要素の貿易額）を説明することで、パートナー国間の黒字と赤字は分配し直されるが、その一方で、世界の他の地域と該当国の全体的な貿易バランスは変わらぬままである。

付加価値貿易データベースは、OECD国際産業関連表（Inter-Country Input-Output: ICIO）（2015年10月更新）に基づいていて、61か国、34の業種、そして、7年分（1995年、2000年、2005年、2008年から2011年までの各年）のデータをカバーしている。世界の投入産出表を作り上げることは、多くの問題を提起しており、いくつかの仮定を設けること、また、データの調整も必然的に伴う。とりわけ、基礎となっている投入産出表が総計的な特徴を持っていることを考慮すると、こういったことは、結果を解釈する際に何らかの配慮が必要であることを意味している。本章で提示されている指標は、すべて、グローバルバリューチェーンの一部の側面を推計したものであり、それゆえ、注意して解釈すべきである。

付加価値貿易データベースは、世界規模の相互の関連性と双務関係に新たな見方を提示している。このデータベースは、貿易の分業化の度合い、国や産業によって輸出される付加価値、そして、貿易によって生じる各国の相互の結び付きをとらえている。このデータベースは、グローバ

ルバリューチェーンの発展と、各国と産業がどの程度グローバルバリューチェーンに統合されているのかに関する豊富な情報源となっている。

資料
OECD Trade in Value Added database（TiVA）, https://stats.oecd.org/index.aspx?queryid=66237.

輸出総額に含まれる付加価値は次の二つに分けられる。1）輸出総額の中の国内付加価値、2）輸出のために国外の中間財を使用したことに由来する国外付加価値。輸出のための国外の中間財の使用には生産活動の国外へのオフショアリングが含まれるが、これはオフショアリングよりも広い概念である。というのも、生産活動の中にはこれまでずっと他国で行われていた可能性のあるものもあり、最近新たに移転したものだけではないからである。ここ数十年、製造業部門では輸出額に占める国内付加価値の割合が多くの経済圏で減少しており、一方で中間財の貿易は増加している（Johnson and Noguera, 2012）。これは、貿易フローにおけるグローバルバリューチェーンの役割が増していることを反映している。現在、世界の物品貿易の半分以上が中間財で構成され、サービス貿易の70％以上が中間サービスを含んでいる。

グローバルバリューチェーンへの各国の参加

グローバルバリューチェーンへの参加は主として二つの形式をとる。1）輸出のための投入財を国外から輸入すること、つまり「後方参加」、2）第三国による輸出で使用される投入財を生産すること、つまり「前方参加」である。グローバルバリューチェーンへの参加は、この二つの形式を、その国の輸出額の割合、または、国外の最終需要の割合としてみることで算出された、参加の度合いを示す指標を通して評価するのが一般的である。

グローバルバリューチェーンへの参加に関しては、各国それぞれの経済構造や他の特徴により（De Backer and Miroudot, 2013; Johnson and Noguera, 2012; UNCTAD, 2013）、各国間で大きな多様性がある（図2.2パネルA）。そういった特徴には以下のものがあげられる。

- **経済の規模**：日本やアメリカなどの大規模な経済は、ルクセンブルクなどの小規模な経済と比べて、国内に大きなバリューチェーンを持っており、国外の投入財への依存度が低い。しかしながら、必要とされる中間投入財を供給する国内の市場の能力とその国のグローバルバリューチェーンへの関わり方が大きく関連しており、例えば中国は、加工業活動の（減少しているものの）かなりのシェアを有しているが、それを反映して、大きな後方参加型のつながりを持っている。
- **輸出物の構成**：輸出物における天然資源の割合が高い国々は、輸出額に占める国内付加価値の割合がより高い。また、アップストリーム活動とダウンストリーム活動の両方でサービスが輸出に占める割合が高い国は、より多い付加価値を持つ傾向にある。概して、グローバルバリューチェーンにおける

図2.2 グローバルバリューチェーンへの参加（国別）

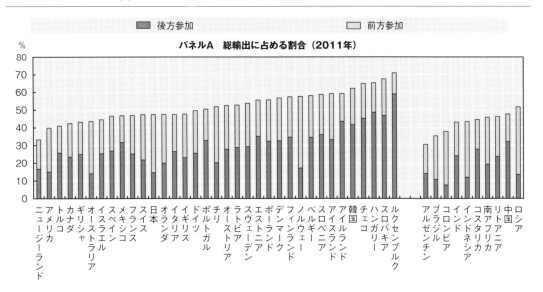

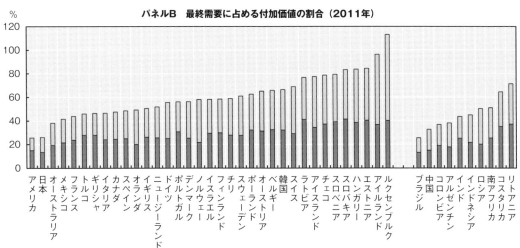

注：最終需要の前後への参加は、それぞれ外国の最終需要に反映された国内付加価値と、国内最終需要に反映された外国付加価値を各国の付加価値で割ったものである。
資料：OECD事務局算定。データ源：OECD Trade in Value Added database（TiVA），https://stats.oecd.org/index.aspx?queryid=66237.
StatLink：http://dx.doi.org/10.1787/888933474056

位置付け（図2.1）が輸出額における国内付加価値の割合に影響を与えている。バリューチェーンの始点（原材料や研究開発サービスの輸出）にある国とチェーンの終点（アメリカにみられるような、ロジスティックスやアフターサービスの輸出）の国々は輸出額に含まれる国内付加価値の割合が高い傾向にある。例えばドイツのように、高度に分業化された産業の付加価値を輸出している国は輸出に含まれる国外の中間財の割合が高い。オーストラリア、日本、ノルウェーなどは、第三国による輸出

で使用される中間製品を輸出しているため、前方参加の度合いが強い。
- **経済構造と輸出モデル**：国外の付加価値の割合が高い国には、第三市場での消費のために、様々な国から入ってくる中間投入財の組み立てに特化している国と、中継港貿易の相当のシェアを持つ国が含まれる。中継港とは、通常は再び輸出されることを目的として、物品が輸入されたり、蓄えられたり、または取引されたりする、物品の積みかえのための港である。

グローバルバリューチェーンへの参加は、最終需要や（図2.2パネルB）、直接的な貿易関係が存在しない他国の最終消費者とのつながりがどの程度あるのかという観点からもまた、評価することができる。グローバルバリューチェーンの前方参加においては、第三国による輸出を通して最終消費者に到達する製品を輸出することができる。また後方参加においては、国内の最終需要に結果的に行き着く国外の投入財の使用を通して他国とつながることができる。前方参加は、OECD諸国の中では、輸出の点ではなく、最終需要の点で高い傾向にある。それは、最終需要に到達する付加価値を輸出することにおける、それらの国々の指導的役割を表している。OECD諸国以外の国々については逆のことが当てはまる。

過去20年間、ほとんどの国はグローバルバリューチェーンへの参加を強めている（図2.3）。多くの国が他の活動への特化を強めるために特定の産業活動をオフショア化している（Johnson and Noguera, 2012; Timmer et al., 2014; 第3章）。日本、アイルランド、ポーランド、ラトビア、リトアニアなどの一群の国々は、前方参加を通して最終消費者への展開を増大させている。

各国がグローバルバリューチェーンとの関連で何を達成することを目的とすべきか、ということに関しては、間違った方向性の考え方がいくつかある。ひとつは、グローバルバリューチェーンへの参加度を高めることが目的そのものとなりうる、というものである。グローバルバリューチェーンへの参加指標は、グローバルバリューチェーンへの参加の性質、いくつかの元々存在する要素が与える影響、そして結局のところ、単に国際的に分業化された生産ネットワークの中に国の輸出がどの程度組み込まれているのかを表したものにすぎない。他にも、輸出額に含まれる国内付加価値額の割合を増やすこと（または後方参加を制限すること）を目的とすべきだ、という考えもある。国内総生産（GDP）に輸出が寄与している部分がどの程度バリューチェーン内にいる他の国に吸収されているのかを測るのは、国外付加価値の部分だから、というのがその理由である。しかし、この説明は、参加によって得られる間接的な利益をとらえていない。後方参加は、最も生産性の高い活動に特化すること、中間財と中間サービスの費用の減少から利益を得ること、そして高度なスキル内容を持つ投入財の使用を通してスキル移転から恩恵を得ること、を各国に可能にする（次節参照）。

グローバルバリューチェーンにおける各国の位置付け

グローバルバリューチェーン内部のどこに各国が位置付いているのか、そして各国は何に特化し

図2.3 グローバルバリューチェーンへの参加の変化（国別）

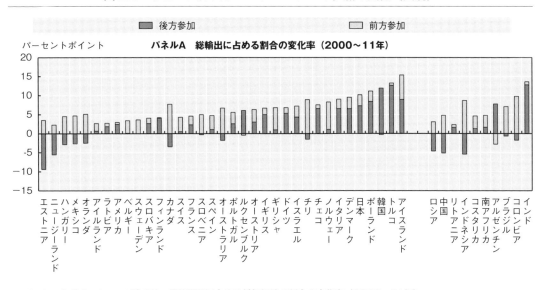

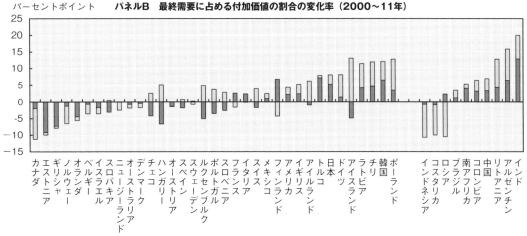

資料：OECD事務局算定。データ源：OECD Trade in Value Added database（TiVA），https://stats.oecd.org/index.aspx?queryid=66237.
StatLink：http://dx.doi.org/10.1787/888933474067

ているのかを測るいくつかの指標がある。原材料や無形物（研究や設計）の生産のような活動の場合、バリューチェーンの始点のアップストリーム活動に位置付けられる。また、加工された製品の組み立て、ロジスティクスや顧客サービスのような活動の場合、バリューチェーンの終点のダウンストリーム活動に位置付けられる。「最終需要までの距離」指標は、財やサービスが最終需要に至るまでにいくつの生産過程が残っているのかを測るものである（De Backer and Miroudot, 2013; 図2.4）。アメリカなどの経済は、マーケティングや販売のような最終消費に近いところにある活動に特化しているため、ダウンストリームに位置付けられるのが一般的である。それとは対照的に、

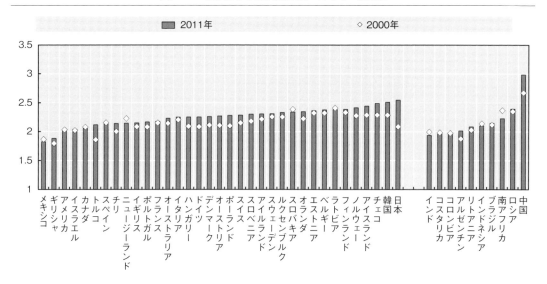

図2.4 産業間の最終需要までの平均距離

注：最終需要までの距離の指標は、生産された製品またはサービスが最終需要に達するまでの生産段階数を測定したものである。最終需要までの産業間平均距離は、農業、狩猟、林業・漁業、鉱業・採石業、個人世帯の雇用者を除く。
資料：OECD事務局算定。データ源は以下のとおり。OECD Trade in Value Added database（TiVA）, https://stats.oecd.org/index.aspx?queryid=66237.

StatLink : http://dx.doi.org/10.1787/888933474072

日本や韓国は、組み立て段階の前で使われるハイテクな部品を供給しているため、アップストリームに位置付けられる。

多くの国で、最終需要までの平均的距離は長くなっている。それは、生産が分業化するにつれてチェーンが長くなっているからである。最も距離が長くなった国は、ダウンストリームの方へと活動を移してきた可能性がある。

最終需要までの距離の指標は、ある国がグローバルバリューチェーン内部でどう位置付けられるのか、あるいは、この位置付けがどう展開してきたのかを完全に説明するものではない。例えば、アメリカは販売などのダウンストリーム活動だけではなく設計などのアップストリーム活動もコントロールすることが多いが、最終需要までの距離に反映されているのはそのダウンストリーム活動の側面のみである。「工場を持たない」製造業者は、設計をし、製造の生産過程をコーディネートするので、アップストリーム活動とダウンストリーム活動の両方に従事しているが、投入産出表では、普通はこれらがひとつのダウンストリーム活動にまとめられてしまう（Bernard and Fort, 2013）。

グローバルバリューチェーンによって生まれた収入は各国間で不均等に分配されている。グローバルバリューチェーン内部で各国がいかにうまく行動できているのかを推計するひとつの方法は、それらの国のグローバルバリューチェーン内部における収入の創出を、その国の規模に関連付けて検証するというものである（図2.5）。OECD諸国の半分がグローバルバリューチェーン内部で創

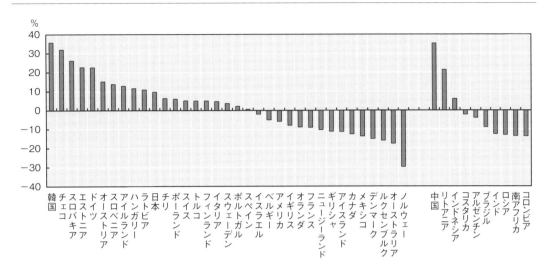

図 2.5　グローバルバリューチェーン収入の分布（国別）
経済規模と比較した産業全体のグローバルバリューチェーン収入の平均割合（2011 年）

注：農業、狩猟、林業・漁業、鉱業・採石業、個人世帯の雇用者を除く産業におけるグローバルバリューチェーン収入の平均割合（当該国のグローバルバリューチェーン収入を世界のグローバルバリューチェーン収入で割ったもの）。横軸を上回る（下回る）値は、グローバルバリューチェーン収入の平均的な付加価値よりも大きい（小さい）割合を示している。
資料：OECD 事務局算定。データ源：OECD Trade in Value Added database（TiVA），https://stats.oecd.org/index.aspx?queryid=66237.
StatLink：http://dx.doi.org/10.1787/888933474084

出している収入の割合は、各国の相対的な規模と比べて大きなものである。中国とインドネシアを除く主な新興経済国が寄与するグローバルバリューチェーン内部における収入の割合は、新興経済諸国の相対的な規模と比べて小さい。

2.2　グローバルバリューチェーン、生産性、雇用、不平等

グローバルバリューチェーンはどのように生産性を増大させるのか？

　企業や国は、比較優位を有する作業に特化することで、生産性を増大させることができる。企業が、生産過程のより効率の低い部分を、それらの作業をもっと安価で行える国へと移転することができるならば、それらの企業はより効率の良い生産段階で自らのアウトプットを拡大することができる（Antras and Rossi-Hansberg, 2009）。いわゆる生産の「分割方式」、つまり製造される投入財とサービスに基盤を置く投入財の両方のオフショアリングは、スキル的向上と等しいものとして提示されてきた。

　例えばアメリカでは、製造セクターにおけるサービスのオフショアリングは、1992 年から 2000 年の間の労働生産成長率の 10% ほどを占めている（Amiti and Wei, 2006）。貿易取引や生産の分割により、企業は、最もコスト効率の良い場所に生産拠点を置くことで得られる利益を断念せずに、

労働者の特化という生産性への恩恵も享受できる（Grossman and Rossi-Hansberg, 2008）。

グローバルバリューチェーンへの参加は、企業間の競争を強化し、それにより、最も生産性の高い企業への労働者と資本の再分配につながる。貿易によって、市場で企業が生き残るのに必要とされる生産性レベルの最小値を高めることができる（Melitz, 2003）。その結果、最も生産性の高い企業のみが輸出市場に参入することとなる。生産性がより低い企業は引き続き国内市場向けにのみ生産するようになり、さらには、最も生産性が低い企業は消えていくことを余儀なくされる。生産性の最も高い企業への資源の再分配は、全体的な生産性の増加に結び付く。貿易から生じる競争は、グローバルバリューチェーンによってさらに増大することが予想される。というのも、企業や国は、今は、製品の観点だけではなく、各種の作業の点でも競争するためである。活動のオフショアリングの可能性もまた、競争を増大させるものとなりうる。

国際貿易と対内直接投資（FDI）は、各国間におけるスキル拡散の主な経路となっている（Keller, 2004）。輸入はスキル拡散の重要な経路となっているが、輸出を通して——例えば、国外の消費者が輸出企業に対して高度な基準を課すことで——企業が国外のスキルを学んでいるという証拠は、輸入に関してよりも弱い。

理論上、FDI はスキルが多国籍企業の親会社とその子会社に共有されるため、スキル拡散の経路となる。最近の研究では、確かに、FDI がスキル拡散を促していると示される傾向にあるが（Keller, 2004; Javorcik, 2014）、そういった FDI のスピルオーバーに関する経験的な証拠には様々な要素が混在している。さらに、FDI のスピルオーバーの効果には、多国籍企業間における暗黙の知識、ノウハウ、経営テクニックやマーケティング戦略の移転も含まれているため、スキル拡散は FDI のスピルオーバーの効果のひとつにすぎない。

グローバルバリューチェーンへの参加がもたらす生産性の増大への影響を評価すること

ここ数十年の間、各国のグローバルバリューチェーンへの統合は全体として極めて強まっているが、大部分の OECD 諸国において生産性は減速している（OECD, 2016a）。単純に相関関係をみると、1995 年から 2011 年の間にグローバルバリューチェーンへの参加を大きく増大させてきた国は、労働生産性の成長も大きい（図 2.6）。しかしながら、この相関関係は注意して解釈する必要がある。なぜなら、生産性とグローバルバリューチェーンの関係は双方向的に機能しているからである。高い生産性を持つ企業の中で、国際輸送費が低い環境に置かれている場合には、輸出と輸入を選択する傾向にある（Baldwin and Yan, 2014; Kasahara and Lapham, 2013; Melitz, 2003）。その見返りに、国外の中間財の使用（後方連携）と第三国の輸出で使用される製品の輸出（前方連携）の両方から得られる生産性への利益が、グローバルバリューチェーンへの参加によりもたらされうる。

グローバルバリューチェーンへの参加と生産性の関係が双方向的なものであるため、グローバルバリューチェーンへの参加が生産性を高めていることを示すのは難しい。この問題に対処するひとつの方法は、グローバルバリューチェーンへの参加度が高い国が生産過程の分業化の可能性がより

図2.6 労働生産性とグローバルバリューチェーンへの参加

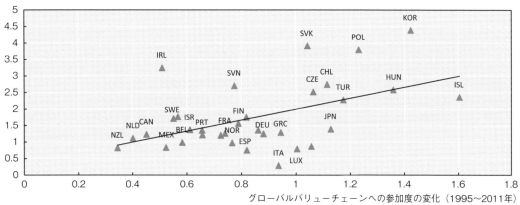

資料：OECD Productivity Database, http://stats.oecd.org/; OECD Trade in Value Added database (TiVA), https://stats.oecd.org/index.aspx?queryid=66237.

StatLink：http://dx.doi.org/10.1787/888933474093

図2.7 産業分業化の可能性

グローバルバリューチェーンにおける最終需要までの距離（OECD諸国平均、産業別）、1995〜2009年

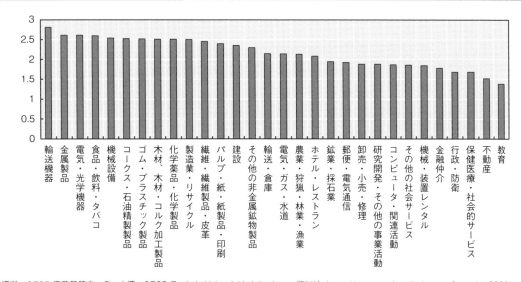

資料：OECD事務局算定。データ源：OECD Trade in Value Added database (TiVA), https://stats.oecd.org/index.aspx?queryid=66237.

StatLink：http://dx.doi.org/10.1787/888933474106

高い産業において高い生産性成長率を持っているかどうかを評価することである（Formai and Vergara Caffarelli, 2015）。どの程度分業化が可能であるかという点は産業ごとに異なっている。その違いは、生産過程に含まれる工程の数によって測定することができ、OECD加盟国における産

業ごとのグローバルバリューチェーンの平均的長さを反映したものである（図2.7）。製造業は高いレベルの分業化を示しており、サービス産業は最も低いレベルである。

経験的な推計によれば、グローバルバリューチェーンの参加度が高まることで労働生産性の成長をもたらすことが示唆される（コラム2.2）。当該期間の初期にグローバルバリューチェーンの参加度がより高かった国は、分業化の可能性の高い産業での生産性の成長も大きかった。産業労働生産性の成長の年ごとの伸びは、最も分業化されていない産業の0.8%ポイントから、最も分業化されている産業の2.2%ポイントまでの幅がある（図2.8）。1995年から2011年の間にグローバルバリューチェーンの参加度を最も大きく変えた国々が経験してきたこととして言えるのは、そのような労働生産性の増大は、後方参加を15%ポイント引き上げることで達成される可能性がある。それゆえ、これらの推計が表しているのは、この期間中に各国が経験したであろう成長の最大値である。

コラム 2.2　グローバルバリューチェーンへの参加と労働生産性の成長：新たな評価

グローバルバリューチェーンへの参加は生産性の伸びの可能性をもたらすと一般的に考えられているが、その二つの間のつながりが経験的に実証されることはめったになかった。その例外として、グローバルバリューチェーンへの参加度がより大きく増した産業において、全要素生産性の伸びが速くなるということを示したひとつの研究がある（Saia, Andrews and Albrizio, 2015）。しかし、生産性の高い企業はグローバルバリューチェーンへの参加を選択する傾向にあるため、この関係は表面的には解釈することはできない。

この問題に対処する試みとして、ここでは、もうひとつの最近の研究（Formai and Vergara Caffarelli, 2015）に基づいた別の方法を提示する。この新しい評価法は、生産過程の分業化の可能性が最も高い産業において、当該期間の初期に最もグローバルバリューチェーンへの参加度が高かった国々が、1995年から2009年（または、2000年から2009年）の間に、より高い生産性の伸びを経験したかどうかを調べるものである。この方法は、その国特有のグローバルバリューチェーン参加策と産業特有のグローバルバリューチェーン参加策の相互作用によって産業の生産性の伸びを説明するものであり、因果性の問題の一部に対処することができる（Rajan and Zingales, 1998）。しかしながら、この方法ですべての因果性の問題を解決できるということはありえないであろう。それゆえ、これは試験的なものであると考えられるべきであって、その結果は注意して解釈されなければならない。

分析にはOECD-WTO付加価値貿易（TiVA）のデータベース、世界投入産出データベース（World Input-Output Database: WIOD）、OECD国際産業関連表（Inter-Country Input-Output: ICIO）からのデータを用い、35か国、30産業、1995年から2009年の期間のサンプルを用いて各国のグローバルバリューチェーンへの参加度と産業の生産性の伸びの関係を分

析している。産業の生産過程の分業化の可能性は、当該期間中のすべての年のOECD加盟国の産業のグローバルバリューチェーンの平均的長さによって近似値が算出された（図2.7）。労働生産性を測る二つの尺度として、雇用者と時間の変数が考慮されている。他の変数には、その産業が国の付加価値に占める割合、国または産業の資本、国または産業の高度なスキルと中程度のスキルを持った労働者の割合が含まれており、すべて当該期間中の初期の数値が採用されている。また、国と産業ごとの固定的な効果も含まれる。

この分析の結果は、本章の二つの節で示される。図2.8は、分業化の可能性に基づいた、国レベルでのグローバルバリューチェーンの参加度の増大がもたらす産業生産性の伸びへの影響を示している。図2.15は、産業によってはこの評価期間の初期から高度そして中程度のスキルを持った労働者の割合が高い産業があるが、そのことに起因する生産性の伸びの試験的な推計を提示している。この結果は、国のグローバルバリューチェーンへの参加が産業の生産性の伸びに与える影響の推計を、産業のスキル強度が考慮された場合と考慮されない場合とで比較することによって得られたものである。

資料
Formai, S. and F. Vergara Caffarelli (2015), "Quantifying the productivity effects of global value chains", *Cambridge Working Paper in Economics*, No. 1564.
Rajan, R.G. and L. Zingales (1998), "Financial dependence and growth", *The American Economic Review*, Vol. 88, No. 3.
Saia, A., D. Andrews and S. Albrizio (2015), "Public policy and spillovers from the global productivity frontier: Industry level evidence", *OECD Economics Department Working Papers*, No. 1238.

図2.8　グローバルバリューチェーンへの参加度による労働生産性の向上（産業分業化別）
労働生産性の年平均増加率（1995～2009年）

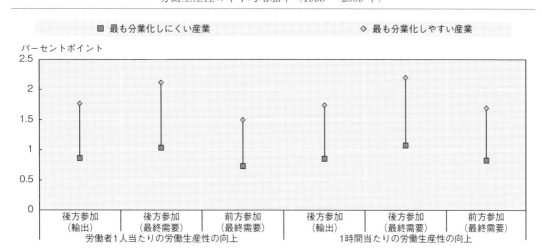

注：生産性向上の利益は、統合分布の25パーセントから75パーセントへの増加からもたらされる。これは、輸出の後方参加による15パーセントポイントの増加、最終需要の後方参加による13パーセントポイント、最終需要の前方参加による12パーセントポイントの増加に相当する。コラム2.2参照。
資料：OECD事務局算定。データ源：OECD Trade in Value Added Database (TiVA), https://stats.oecd.org/index.aspx?queryid=66237; World Input-Output Database (WIOD), www.wiod.org/home.

StatLink：http://dx.doi.org/10.1787/888933474113

図 2.9　外国の最終需要によって支えられているビジネスセクターの雇用（需要地域別）
ビジネスセクター全体の雇用に占める割合（2011 年）

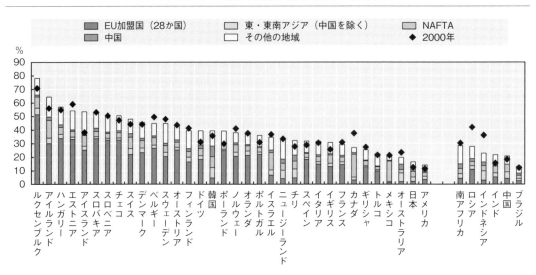

注：ビジネスセクターは、ISIC Rev.3 Division 10-74 の定義に基づいたものである。経済全体は、農業・林業・漁業（Divisions 01-05）、行政（75）、教育（80）、保健（85）、その他の地域社会、社会サービスおよび個人サービス（90~95）を除く。東・東南アジア（中国を除く）は、ブルネイ・ダルサラーム、カンボジア、インドネシア、香港、日本、韓国、マレーシア、フィリピン、シンガポール、台湾、タイ、ベトナムを含む。
資料：OECD（2015b）, *OECD Science, Technology and Industry Scoreboard 2015: Innovation for Growth and Society*, http://dx.doi.org/10.1787/sti_scoreboard-2015-en.

StatLink：http://dx.doi.org/10.1787/888933474123

グローバルバリューチェーンと雇用

　多くの雇用がグローバルバリューチェーンと結び付いており、それゆえ、他国の消費に依存している。グローバルバリューチェーンの発展は、経済間の依存を深めてきた（OECD/World Bank, 2015）。どのくらい多くの雇用が国外の最終需要によって維持されているかを表す推計は、国がどの程度世界経済に入り込んでいるのか、ひいては、その国の労働市場がどの程度外的な衝撃にさらされているのか、を示している（図 2.9）。

　2011 年には、大部分の OECD 加盟国の企業部門の 30％ 以上の雇用が国外の市場の消費によって維持されていた。ヨーロッパの小さな一部の国では、この割合は 50％ 以上に到達していた。日本とアメリカでは、その割合は低いが、それは、両国の経済規模が大きいことと輸出／輸入への依存度が低いことを反映している。OECD 諸国全体でみれば、貿易パートナー国との直接的なつながりがあるため、または、第三国の輸出を通して製品が最終消費者に届く場合には間接的なつながりがあるため、高い割合の雇用が国外の需要に依存している。

　作業の特化を促進することで、グローバルバリューチェーンへの参加は雇用のレベルに影響を与えるが、この影響はあまり多く研究されてこなかった。雇用の伸びと他国に由来する財やサービスの使用の変化との間の関係は、単純なものではない。グローバルバリューチェーンは、雇用の破壊

と雇用の創出をもたらすと予想される。いくつかの研究によれば、2000年代初頭、中国製品の輸入から生じる競争により、アメリカの製造部門の雇用が急激に減ったことが示されている（Autor, Dorn and Hanson, 2015）。しかし、賃金の低い国との競争は、グローバルバリューチェーンへの参加のひとつの側面にすぎない。国外の投入財を使用することはまた、企業に新しい活動を進めることを可能にし、それゆえ、雇用を創出することをも可能にする。

グローバルバリューチェーンの進展は経済における雇用のあり方にも影響を与える。グローバルバリューチェーンの全体的な雇用への影響についてはまだ議論されているところであるが（Timmer *et al.*, 2014）、大部分のグローバルバリューチェーンでは、価値が資本によって付加される方向へ、そして、高スキルの労働に向かい、低スキルの労働から離れていこうとする方向への強い流れの変化がみられる[1]。先進国は、ますます、高スキルの労働者によってなされる活動に特化するようになっている。新興経済国は、資本と低スキルの活動に特化が進んでいる。

グローバルバリューチェーンと各国内の不平等

参照貿易モデル（reference trade model）（別名、ヘクシャー＝オーリンモデル）によれば、先進国では、スキルのある労働者の需要が増し、低スキルの労働者の需要が減るため、スキルのある労働者の賃金がスキルのない労働者の賃金と比べて上昇するはずであり、貿易と連動して賃金の不平等が起こるものとの予想が成り立つ。一方、スキルのない労働力が豊富にある開発途上国では、低スキルの労働者の賃金が上昇するはずであり、不平等は減るはずである。

しかしながら、貿易が賃金の不平等拡大の主たる原因であるという経験的な証拠はほとんどない（OECD, 2011）。スキル偏向的技術進歩――スキルのある労働者をスキルのない労働者よりも好む変化――と、組織のあり方などの他の要因の方が、国内の不平等を説明するのに大きな役割を果たしている可能性がある。

オフショアリングの発達と賃金の低い国との輸入の競争の高まりにより、貿易と不平等の議論が再燃している。生産の分業化は、北半球と南半球の両方において、スキルのある労働力の需要を増加させてきている。北は、スキルのない労働力を必要とする活動を排除したいという考えであり、南も、スキルが集中する活動を得たいという考えだからである（Markusen, 2005; Feenstra and Hanson, 1996）。オフショアリングは、低スキルの労働者の一部を不要にすることで、低スキルの労働者の賃金をさらに下げるか、彼らを解雇することにつながる。このことが、おそらく、先進国と開発途上国の両方において不平等が増していることを説明しているのだろう。

オフショアリングは、低スキルの労働者の脆弱性を高めることで不平等を悪化させうるが、それはまた、低スキルの労働者が非生産的な作業をやめることを可能にし、企業が特定の作業への特化を強めることも可能にする。これにより、少なくとも一部の低スキルの労働者に、より高い賃金という生産性による恩恵がもたらされうる（Grossman and Rossi-Hansberg, 2008）。この生産性効果は、グローバルバリューチェーンへの後方参加の度合いが高い国において、なぜ労働者人口の賃金

図2.10　所得格差の推移とグローバルバリューチェーンへの参加
2000～12年

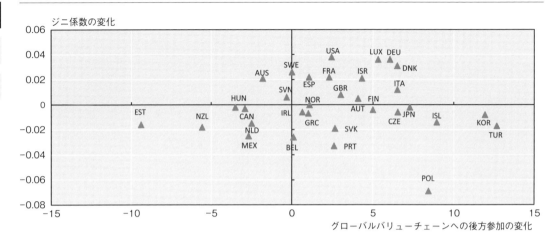

注：可処分所得および労働年齢層のジニ係数。後方参加は、総輸出額に占める外国付加価値額の割合として測定される。
資料：OECD Trade in Value Added Database（TiVA），https://stats.oecd.org/index.aspx?queryid=66237; OECD Income Distribution Database,www.oecd.org/social/income-distribution-database.htm.

StatLink：http://dx.doi.org/10.1787/888933474132

不平等のレベルが低い傾向にあるのかについて説明している（Lopez Gonzalez, Kowalski and Achard, 2015）。

　スキル偏向的技術進歩は、オフショアリングよりも不平等に影響を与えるようである。アメリカでは、低賃金の国との輸入競争は、すべての職業集団の雇用を減らすようだが、一方でスキルは、中間層によるルーティーン業務や作業集約型業務に最大のマイナスの効果を与える（Autor, Dorn and Hanson, 2015）。ヨーロッパでも、雇用の二極化の証拠がある。低い賃金と高い賃金の職業の割合が増え、一方で中程度の賃金の職業の割合は低下している（Breemersch, Damijan and Konings, forthcoming）。科学スキルの変化と、より程度は下がるものの中国製品の輸入がこの二極化の原因となってきた。これには後方参加の増加はあまり重要な役割を果たしていない。また別の研究では、科学スキルの変化と脱組織化が、1980年代と1990年代の賃金の分布を説明するのに中心的な役割を果たしていたが、1990年代以降についてはオフショアリングが重要な要素となった、ということが明らかにされている（Firpo, Fortin and Lemieux, 2012）。

　開発途上経済と新興経済では、グローバル化と同時に不平等が起こったとする証拠がある（Pavcnik, 2011）。しかし、オフショアリングやグローバルバリューチェーンへの参加がこういった国々で不平等に与えた影響を評価しようとしている研究は極めて少ない。これらの国々は、国外の中間財の購入者として、そして、オフショア活動のホスト国としての両方の意味で、オフショアリングにさらされている。

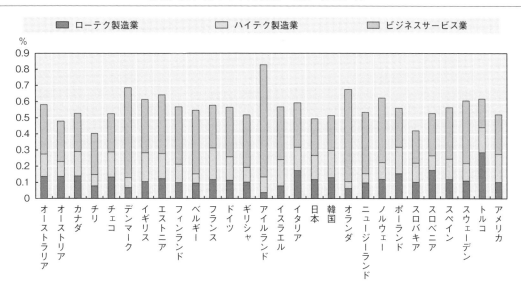

図 2.11 外国の中間投入の使用（産業グループ別）
総輸入量に占める中間製品の割合（2011 年）

注：ローテク製造業は、ISIC Rev.3 コード 15-22, 36-37 に該当する部門として定義されたものである。ビジネスサービス業は ISIC Rev.3 コード 50-74、ハイテク製造業は ISIC Rev.3 コード 24, 30, 32-33, 35 に該当する。
資料：OECD（2016b），*OECD Employment Outlook 2016*, http://dx.doi.org/10.1787/empl_outlook-2016-en.
StatLink：http://dx.doi.org/10.1787/888933474144

　単純な相関関係をみただけでは、どんなものであれ、後方参加と不平等の間の明らかなつながりを知ることはできない。国外付加価値を含む輸出内容を基に測ったものによれば、2000 年以来、大部分の OECD 加盟国はオフショアリングを発展させており、収入の不平等がそれと同時に起こっている国もあれば不平等が小さくなっている国もある（図 2.10）。

　国外の中間投入財の使用は、ハイテク製造業やビジネスサービス業よりも低スキル製造業の方が多いかというと、そういうことはない（図 2.11）。このこともまた、低スキルと高スキルの業務がオフショアリングの関心の対象となる可能性があることを示しており、後方参加の増加が、不平等の変化に、弱くしか関連していないことの説明となっている。

2.3　グローバルバリューチェーンを最大限に活用するための条件としてのスキル

スキルはグローバルバリューチェーンにおける各国の比較優位を決めるのに役立つ

　国際貿易に関するヘクシャー＝オーリンモデルといくつかの経験的研究（Chor, 2010）によれば、他国と比べてスキルの高い労働力はある国を高スキルの活動に特化することを可能にする比較優位の源である。

図2.12　教育達成の長期的傾向

パネルA　全人口における平均就学年数

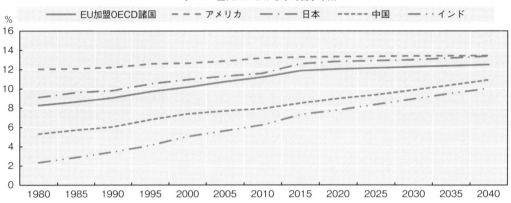

パネルB　全人口における教育到達度の不平等（0＝平等）

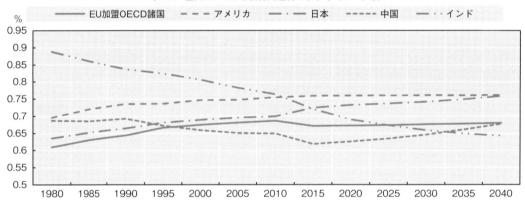

パネルC　全人口における高等教育を受けた人の割合

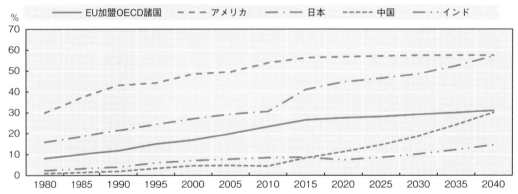

注：全人口のデータは2010年までは15歳以上のデータであり、2010年以降の人口は15〜64歳の推計データである。教育到達度の不平等は、学校教育の平均年数における変動係数によって測定される。
資料：OECD事務局算定。データ源：Barro and Lee（2013），"A new data set of educational attainment in the world, 1950-2010.", *Journal of Development Economics*, Vol. 104.

StatLink：http://dx.doi.org/10.1787/888933474153

図 2.13 グローバルバリューチェーンにおける教育到達度と前方参加
外国の最終需要に占める国内価値の割合（％）（2000〜11年）

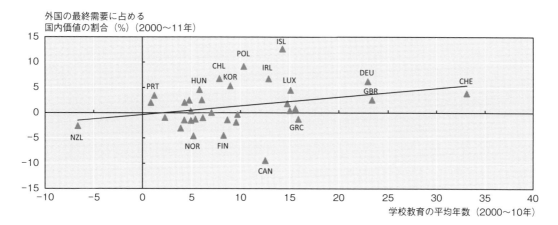

資料：Barro and Lee（2013）, "A new data set of educational attainment in the world, 1950-2010." *Journal of Development Economics*, Vol. 104; OECD Trade in Value Added Database（TiVA）, https://stats.oecd.org/index.aspx?queryid=66237.

StatLink：http://dx.doi.org/10.1787/888933474160

　教育到達度は、最も一般的なスキルの尺度であるが、大部分の国で過去数十年上昇してきた。中国や日本を含めて多くの国で、高等教育までを受けた人口の割合が1980年代以来倍増したが、OECD加盟国で最も高いのは変わらない（図2.12）。同時に、最も低い教育到達度と最も高い到達度の人との間の差は、例えばインドや、程度はそれより下がるものの中国など、始まりの時点で差が大きかった国々では縮小しているが、日本やアメリカを含むいくつかのOECD加盟国では広がっている。

　こういった傾向は、教育を受けた労働者という点で大部分のOECD加盟国の比較優位は下がっているし、これからも下がり続けるだろう、ということを示唆している。ただ、教育到達度の予想（Barro and Lee, 2013）によると、これらの国々では教育を受けた労働者の数は依然として豊富なままであろうとのことである。

　グローバルバリューチェーンへの参加の移り変わりは、教育到達度の移り変わりと関連しているようである。国外の最終需要における国内付加価値の割合は、その国の輸出（前方参加）を通して最終消費者に届く度合いを測るものであるが、その国の国民の平均教育到達度の変化との間には、明確な相関関係がある（図2.13）。

　しかしながら、教育到達度は初期教育の後に獲得したスキルと経験を説明することはできない。さらに、学校で習得したスキルを直接的に測るものではないので、各国間の教育システムの質の違いを表してもいない。いくつかの研究では、利用可能な国際的な数学と科学のテストの結果をスキルの代わりとして用いることで、教育システムの質の違いを表している（Hanushek and Woessmann, 2009）。OECDの国際成人力調査（Programme for International Assessment of Adult

図2.14 読解スキルの傾向
IALS、ALL、PIAAC の各調査で評価される読解スキルのスコア

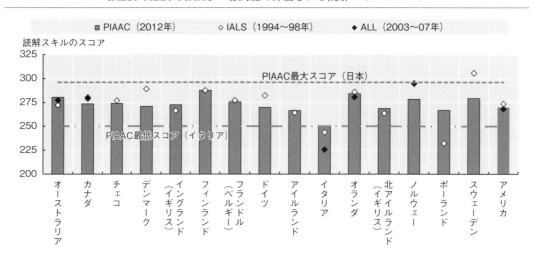

注：国際成人リテラシー調査（IALS）、成人リテラシーとライフスキル調査（ALL）、国際成人力調査（PIAAC）で観察された各国の習熟度については、各国間および時間の経過に伴う相違が各調査の比較可能性に影響を及ぼすため、その解釈には注意する必要がある。ILAS のデータ、およびイタリア、イングランド（イギリス）、北アイルランド（イギリス）、ポーランドの ALL のデータについては、信頼性には特に懸念がある。
資料：Paccagnella (2016), "Literacy and numeracy proficiency in IALS, ALL and PIAAC", *OECD Education Working Papers*, No. 132, http://dx.doi.org/10.1787/5jlpq7qglx5g-en.

StatLink：http://dx.doi.org/10.1787/888933474170

Competencies: PIAAC）の所産である成人スキル調査（Survey of Adult Skills）は、成人人口の一部の認知スキルを直接測っており、そこから教育の質とスキルの発達の他の経路を説明している。しかしながら、ここから得られるスキルの発達に関する情報は限られたものにすぎない。

スキルの発達にみられる傾向は教育到達度の傾向よりもはるかに明確度が下がる。2011年に行われた成人スキルの調査に先立って、成人のスキルに関する二つの国際的な評価が OECD 加盟国で行われた。1994年から1998年の国際成人リテラシー調査（International Adult Literacy Survey: IALS）と、2003年から2007年の成人のリテラシーとライフスキル調査（Adult Literacy and Life Skills Survey: ALL）である。成人スキル調査は、読解力の面で IALS と ALL に関連付けられるよう、そして数的リテラシーの面で ALL と関連付けられるよう意図されていたが、調査の実施状況の違いがデータの比較可能性に影響を与えた可能性がある。IALS と PIAAC の比較と ALL と PIAAC の比較は、様々な要素が入り混じった様相を呈している（Paccagnella, 2016; 図2.14）。

読解スキルは、いくつかの国（カナダ、デンマーク、ドイツ、ノルウェー、スウェーデン）では下がり、ごく少数の国（オーストラリア、イタリア、ポーランド）で上がり、また別のグループ（ベルギー、チェコ、フィンランド、アイルランド、オランダ、イギリス、アメリカ）では停滞しているようである。若者の間で変化が最も小さく、最も高年齢のグループで変化は最大であった。これは、教育到達度の上昇の弱まりと一致している。大部分の国で、後期中等教育や高等教育の資

格を持つ個人のスキルが、過去数十年で低下している。それは、教育の質が悪くなっているか、または、高レベルの教育到達度がスキルの習得の必要条件を引き下げることで達成されているか、のいずれかが理由である。

国レベルの単純な相関関係では、スキルとグローバルバリューチェーンの間の関係のごく表面しかわからない。第3章で、成人スキル調査と付加価値貿易（TiVA）データベースに基づいて、これらの関係を調べる。これらの関係性はこれまで分析されたことがない。というのも、過去の研究はすべて、付加価値を基準としたものではなく、輸出総額をもとに定義された輸出に関する貿易活動を対象としていたからである。

スキルはグローバルバリューチェーンによる生産性の伸びを達成するのに不可欠である

スキルは、グローバルバリューチェーンへの参加が生産性の伸びを意味することを確実にするのに重要な役割を果たす要素のひとつである。労働者が技術と知識を吸収するのを可能にすることで、スキルは、グローバルバリューチェーンの一部となっている企業へだけではなく、経済の他の部分へも、知識を広げるのに役立つ（Morisson, Pietrobelli and Rabellotti, 2008; OECD, 2015c）。

スキルは、技術の定着、その適用と改善、品質や在庫数の管理、生産性の監視、様々な生産工程間の調整、基礎的な研究活動に関連するプロセスと製品の革新のために必要である（コラム 2.3）。特定のスキルはまた、サービスのサプライヤー、科学技術関連の組織とともに、企業間の技術的連携を構築するのにも必要とされている。

コラム 2.3　知識に基づく資本とグローバルバリューチェーンへの参加

各種のスキルは、組み合わさって企業の実績に貢献する無形資本を作り出す。それは通常、「知識に基づく資本」と呼ばれている。一般的には、3つのタイプの知識に基づく資本財産が考えられている。コンピュータ化された情報（ソフトウェアとデータベース）、革新的な財産（特許、著作権、設計、登録商標）、経済的コンピテンシー（ブランド資産、企業特有の人的資本、企業の効率を上げる組織的なノウハウを含む）（Corrado, Hulten and Sichel, 2005）。

知識に基づく資本とグローバルバリューチェーンとの関係は双方向的に機能している。知識に基づく資本に投資することは、企業の能力を伸ばす可能性がある。そういった企業の能力とは、サプライヤーとの調整やサプライヤーの監視、異なる品質やスキル内容を持った投入財を生産に組み込むこと、そして、生産に労働者をより適切に割り当てること、である。それゆえ、知識に基づく資本に投資することは、グローバルバリューチェーンへの後方参加から得られる恩恵を増やす可能性がある。もうひとつの方向では、グローバルバリューチェーンへの参加が、より多様な投入財の入手可能性をもたらすこと、コストを削減することで投資に充てられる財源を確保すること、そして、セクター内やセクター間の再配置のペースが競争により速められることで、知

識に基づく資本への投資を刺激しうる。

それでもなお、他の場所での生産を優先することで組織内の生産が縮小される可能性があることから、そういった、知識に基づく資本への投資と国外の中間財の使用の間の、相互に強化し合うダイナミクスが弱められ、知識に基づく資本への投資が、究極的には本拠地において削減されてしまうこともありうる。

最近のOECDの経験的研究では、知識に基づく二つの資本——ソフトウェアと組織的能力への投資——と、グローバルバリューチェーンへの後方参加との間のつながりを調査している(Marcolin, Le Mouel and Squicciarini, forthcoming)。組織能力への投資は、経営面や組織面に業務が集中している労働者への報酬として産業が充てている量をとらえたものである(Squicciarini and Le Mouel, 2012; Le Mouel, Marcolin and Squicciarini, 2016)。

この研究では、一方を組織能力とソフトウェアへの投資、そしてまた一方をグローバルバリューチェーンへの後方参加とするこの関係が実に双方向的に機能していることが示されている。そして、知識に基づく資本への投資が、生産過程の一部のオフショアリングを補完するものになっていることを示唆している。このような補充性は、特にオフショア化された投入財が国内生産とは異なる品質やスキル内容である場合に、生産過程と労働力を上手く順応させる企業の能力の向上により生まれうる。投入財のオフショアリングが進むと、今度は、国外の投入財市場により強まる競争や、向上した生産スキルといった分野を通して、組織能力とソフトウェアへの投資が拡大する可能性がある。

研究開発(R&D)、スキル、組織的ノウハウへの投資は、企業が新たなスキルと生産の分業化による完全な恩恵を得ることに役立つ。知識に基づく資本への投資のこういった特徴は、経済における知識の創造と吸収を継続するための政策の重要性と、イノベーション、スキル、そして貿易政策をうまく調和させる必要性を強調している。

資料
Corrado, C., C. Hulten and D. Sichel (2005), "Measuring capital and technology: An expanded framework", in *Measuring Capital in the New Economy*.
Le Mouel, M., L. Marcolin and M. Squicciarini (2016), "Investment in organisational capital: Methodology and panel estimates", *SPINTAN Working Paper*, No. 2016/21.
Marcolin, L., M. Le Mouel and M. Squicciarini (forthcoming), "Investment in knowledge-based capital and backward linkages in global value chains", *OECD Science, Technology and Industry Working Papers*.
Squicciarini, M. and M. Le Mouel (2012), "Defining and measuring investment in organisational capital: Using US microdata to develop a task-based approach", *OECD Science, Technology and Industry Working Papers*, No. 2012/5, http://dx.doi.org/10.1787/5k92n2t3045b-en.

国際的な連携が、テクノロジーに関する知識を入手するのに、また、学習や革新を拡大するのに極めて重要な役割を果たすという考えは、「経済的アップグレーディング」という概念の中核に位置付けられる。これは、「バリューチェーンを進めること」、つまり、ほとんど付加価値を作り出さない活動からもっと複雑で精巧な活動へと移行することを一般的には意味する(図2.1)。

国際開発、経済地理学、そして社会学の分野の非常に多くの文献が、より多くの付加価値を作り

図2.15　スキルチャネルを通じたグローバルバリューチェーン参加による労働生産性の成長率（産業分業化別）

労働生産性の年平均成長率（産業分業化別）、1995～2009年

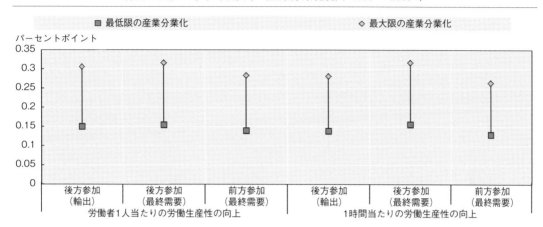

注：労働生産性の成長率は、産業分業化からもたらされるグローバルバリューチェーン参加指標の分布の25パーセンタイルから75パーセンタイルへの増加から得られる。これは、輸出の後方参加の15パーセントポイント、最終需要の後方参加の13パーセントポイント、最終需要の前方参加の12パーセントポイントの増加に相当する。評価は、グローバルバリューチェーンへの参加の影響を産業スキルの強さが説明されている場合とそうではない場合の生産性向上の比較によって得られる。コラム2.2参照。
資料：OECD事務局算定。データ源：OECD Trade in Value Added Database（TiVA）, https://stats.oecd.org/index.aspx?queryid=66237; World Input-Output Database（WIOD）, www.wiod.org/home.

StatLink：http://dx.doi.org/10.1787/888933474180

出す活動を通したグローバルバリューチェーンへの参加におけるスキルの役割について述べてきた。こういった文献は経済的アップグレーディングのはっきりとした定義にまで至っていないし、それをどのように測定するのかを提示してはいないものの、グローバル化が雇用を減らし不平等を増やすというリスクに対抗する支えに、スキルがなりうるという考えを支持している。全体的に、入手可能なデータベースを活用しつつ経済的アップグレーディングという概念を適用するために、より明確な定義を採用する必要がある。

　産業と国のレベルにおいて、経済的アップグレーディングは、スキルの開発や革新を通してグローバルバリューチェーンへの参加から生産性の伸びを達成することと定義することができる（コラム2.4）。この定義は、経済的アップグレーディングが、付加価値の創出と生産過程に関わるスキルとその発達の両方をみることで測ることができることを示唆している。これはまた、スキルが経済的アップグレーディングの要であることも示唆している。グローバルバリューチェーンへの参加により得られる産業レベルの潜在的な生産性の伸びの一部（図2.8）は、グローバルバリューチェーンへの参加を増大させてきた国々が、当該期間の初期の頃に、教育のレベルで代わりとして測られていたスキルのレベルも高かった、という事実に由来する（図2.15）。この試験的な推計は、生産性の伸びが、スキル開発とグローバルバリューチェーンへの参加が同時に進んでいるときに最も大きいということを示している。

コラム 2.4　経済的アップグレーディングは何を意味するか？

　経済的アップグレーディングという概念は、低スキルの活動を通してグローバルバリューチェーンに参加している国や企業が、テクノロジー、知識、スキルの向上により、もっと高い付加価値活動へと移行する際に従うプロセスとして、開発途上経済に関する文脈で主として使われてきた（例えば、Barrientos, Gereffi and Rossi, 2011）。これは主に国際開発、経済地理学、社会学の分野で使われている (Gereffi, 1994, 1999; Giuliani, Pietrobelli and Rabellotti, 2005; Kaplinsky, 2000; Humphrey and Schmitz, 2002; Pietrobelli and Rabellotti, 2007)。

　アップグレーディングは、開発途上国の安い労働力を用いて付加価値を得る他の方法と相対するものとして定義される (Rossi, 2013)。それゆえ、アップグレーディングは、一般的に、特定の手段を用いて特定の目標を達成すること、つまり、より多くの知識とスキルを通して付加価値の増加を達成することであると定義されてきた。しかし、アップグレーディングが意味するものについてのコンセンサスはない (Humphrey and Schmitz, 2002; Blažek, 2015)。アップグレーディングは、参加障壁があり、それゆえ、競争の状況下でも収入を維持する、または増やす圧力から分離されている特定市場に参入することにある、と考えている研究もある。他にも、異なる経営モデルとの接触や特定の標準を満たそうとする需要の高まりといった、スキルと革新以外の分野も含まれるべきであるとする研究もある (Ponte and Ewert, 2009)。

　一般的に、4つのタイプのアップグレーディングの分野が提案されている。

- 生産過程のアップグレーディングは、効率を良くすることを目標とした生産過程の変化により達成される。これは、生産の自動化を通して、より高い生産性を達成するための、資本の労働力への置換を含む。生産過程のアップグレーディングは、ルーティーン作業の労働者の需要を減らすと予想される。
- 製品のアップグレーディングは、もっと優れた技術的精巧性と品質を備えた製品が導入されるときに起こる。そういった製品は、作るのにより多くのスキルが要求されることが多い。
- 機能的アップグレーディングは、企業が、グローバルバリューチェーン内の新しい区分や新しい活動において、より高い付加価値を伴う競争力の高い製品やサービスを提供できるようになったときに達成される。これには、スキルの開発が含まれ、また、生産過程内の新しい区分において競争力を高めるような新しいスキルの導入も含まれることもある。
- チェーンアップグレーディングは、企業が、より高い付加価値のある製品やサービスを作り出す新しいグローバルバリューチェーンに参加することが可能な場合に達成される。これには、現在属しているチェーンで習得した知識やスキルが活用されることが多い。

この分類は、具体的な諸状況の複雑性には見合っていないかもしれないが、スキルの役割と、

グローバルバリューチェーンにおける競争力を維持するための様々なタイプのスキルの果たす役割を説明するには有用である。

経済的アップグレーディングを定義する難しさは、それと対応する測定の難しさにもつながる。企業の力学に合った定義を、産業レベルにも、また国レベルにも適用することは不可能である。というのも、産業や国レベルのアップグレーディングは、単に特定の企業の振る舞いの合計として定義することはできないからである。他の企業へのスピルオーバー効果は、その企業が属する産業や国の実績に関連してくる。例えば、一部の企業におけるアップグレーディングは、グローバルバリューチェーン内での他の国内企業のダウングレーディングを代償にしてなされる可能性がある。逆に、グローバルバリューチェーンに参加している企業に、直接的であれ間接的であれ関連する企業が、知識とスキルの普及により恩恵を受けるかもしれない。さらに、グローバルバリューチェーン内における各国の実績は、新しい競争者がグローバルバリューチェーンに参入したり、市場から去っていくものもいるような、企業の動的過程に依存している。

国内付加価値のある輸出の増加はアップグレーディングを示すものだ、とみなされることが多い。しかし、これは常に正しいわけではない。というのも、自国内で作ることができないからという理由ではなく、自分たちが比較優位にある生産過程の一部に焦点を当てるからという理由で、国がある投入財を輸入に頼っている、ということもありうるからだ（Escaith, 2016）。アップグレーディングが、非中核的な投入財のオフショアリングによって全体的な競争力を得ることを意味する場合もある。

概して、経済的アップグレーディングという概念が、例えば政策目標などとして国レベルで用いられる場合、それは、スキル開発と革新を通してグローバルバリューチェーンへの参加から生産性の伸びを達成するものとして、もっと広く解釈されうる。

資料

Barrientos, S., G. Gereffi and A. Rossi (2011), "Economic and Social Upgrading in Global Production Networks: A New Paradigm for a Changing World", *International Labour Review*, Vol. 150, No. 3-4, pp. 319-340.

Blažek, J. (2015), "Towards a typology of repositioning strategies of GVC/GPN suppliers: the case of functional upgrading and downgrading", *Journal of Economic Geography*, Vol. 16/4, pp. 849-869, https://doi.org/10.1093/jeg/lbv044.

Escaith, H. (2016), "Revisiting growth accounting from a trade in value-added perspective", *WTO Working Papers*, ERSD-2016-01.

Gereffi, G. (1994), "The organization of buyer-driven global commodity chains: how US retailers shape overseas production networks", in G. Gereffi and M. Korzeniewicz (Eds), *Commodity Chains and Global Capitalism*.

Gereffi, G. (1999), "International trade and industrial upgrading in the apparel commodity chain", *Journal of International Economics*, Vol. 48, pp. 37-70.

Giuliani, E., C. Pietrobelli and R. Rabellotti (2005), "Upgrading in global value chains: lessons from Latin America clusters", *World Development*, Vol. 33, pp. 549-573.

Humphrey, J. and H. Schmitz (2002), "How does insertion in global value chains affect upgrading industrial clusters?", *Regional Studies*, Vol. 36, pp. 1017-1027.

Kaplinsky, R. (2000), "Globalisation and unequalisation: What can be learned from value chain analysis?", *Journal of Development Studies*, Vol. 37, pp. 117-146.

Pietrobelli, C. and R. Rabellotti (2007), *Upgrading to Compete. Global Value Chains, Clusters and SMEs in Latin America*, Harvard University Press Cambridge, MA.

Ponte, S. and J. Ewert (2009), "Which way is "Up" in upgrading? Trajectories of change in the value chain for South African wine", *World Development*, Vol. 37, pp. 1637-1650.

Rossi, A. (2013), "Does economic upgrading lead to social upgrading in global production networks? Evidence from Morocco", *World Development*, Vol. 46, pp. 223-233.

図2.16　グローバルバリューチェーン内製造業全体における高スキル労働者の割合（国別）

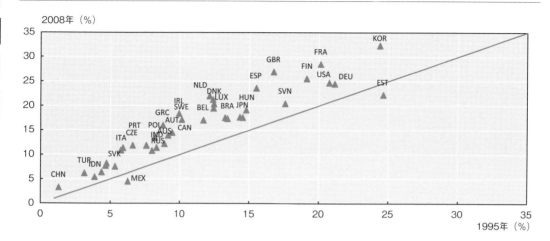

注：労働者のスキルは、国際標準教育分類（ISCED）で定義されている教育到達度に基づいて分類されている。低スキル（ISCED1・2）、中スキル（ISCED 3・4）高スキル（ISCED 5・6）。
資料：Timmer et al. (2014), "Slicing up global value chains", Journal of Economic Perspectives, Vol. 28/2.
StatLink：http://dx.doi.org/10.1787/888933474199

同様に、スキルの内容を明らかにしているグローバルバリューチェーンへの参加に関する諸研究では、スキルが、将来のグローバルバリューチェーン内での産業特化に影響を与えることを示している。高スキルの労働者の初期の割合が高い国ほど、グローバルバリューチェーンにおける高スキルの労働者の割合の増加が速くなる（図2.16）。

スキルは国内の企業を多国籍企業と結び付けることができる

多くのグローバルバリューチェーン活動は多国籍企業を中心に集まっており、多国籍企業自体、各種のスキルを集結させていることもしばしばである。多国籍企業がスキルのある労働者を求めて活動を移転させる中で、強力なスキルを持った労働者集団は対内直接投資（FDI）を引き付けるのに役立つ。

しかし、小規模企業や中規模企業（SMEs）もグローバルバリューチェーンの発展に貢献している。OECD加盟国グループのデータは、輸出に占める国内付加価値への中小企業の貢献が、それらが輸出企業に供給する中間財や中間サービスを考慮に入れた場合、ビジネスサービス部門で50％以上、製造部門で40％以上であるということを示している（OECD/World Bank, 2015）。

中小企業は、他の中小企業を通してではなく、大きな多国籍企業を通して付加価値を輸出に向ける傾向にある。平均して、親会社はコンセプトを練り設計する工程に特化し、その子会社や他の国内のサプライヤーがマーケティングやアフターサービスに特化しているのが普通である（Antras and Yeaple, 2014）。それでも、中小企業の中には、バリューチェーンの上端にある作業、例えば

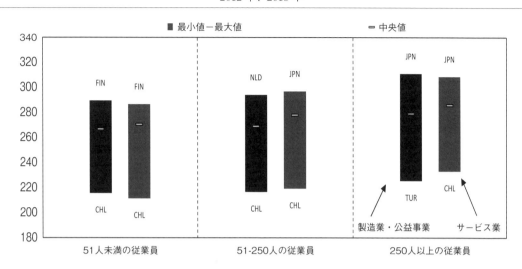

図2.17 労働者の数的スキル（企業規模別）
2012年、2015年

資料：OECD事務局推計。データ源：OECD Survey of Adult Skills（PIAAC）（2012, 2015）, www.oecd.org/skills/piaac/publicdataandanalysis.
StatLink : http://dx.doi.org/10.1787/888933474204

研究開発（R&D）や設計、ブランド化などに強く関与しているものもある。

　グローバルバリューチェーンに直接関わることにより、国内の企業は、進歩したスキルや良好な組織的かつ経営的な慣行を習得することで、生産性を増すことが可能になる（Saia, Andrews and Albrizio, 2015）。主要な企業は、地域のサプライヤーからのより多くのそしてより良い投入財を必要としており、それにより高度に競争力のある環境が作られる。また、国内の企業にとって、より高度な基準条件を満たそうとするインセンティブも生まれ、模倣することを通して学ぶ機会も与えられる。生産過程で国外の中間財を使用することはまた、しばしば、企業がより精巧なスキルを取り入れることを要求する（Keller, 2004）。

　しかしながら、一流企業と他の企業との間の生産性の伸びの格差は、時を経るごとに大きくなる一方であり、そのことは、世界的なつながりを有する企業から国レベルの主要な企業への知識の普及、そして、国レベルの主要な企業から後進の企業への知識の普及が上手く機能していないということを示唆している（Andrews, Criscuolo and Gal, 2015）。このことについてのひとつの説明は、低レベルのスキルが、生産性の高い国レベルの企業が世界的なつながりを持った企業に追いつくのを阻んでいる、ということである。たとえ、国レベルの企業の労働者が強力な認知的スキルや技術的スキルを持っている場合でも、彼らには言語能力、文化理解、またビジネスを行う方法に関する知識が欠如している可能性がある。

　中小企業の労働者のスキルは、経済全体への知識の普及において重要な要素となっている。国外

の投資家は、対面の相互交渉や、もっと反応のすばやいサプライチェーンを望んでいるため、スキルや基準を引き上げることで国内のサプライヤーが競合できるような、コスト効率の良い余地が存在する財やサービスを輸入するのに頼らざるを得ないという状態を好まない（OECD/World Bank, 2015）。自らの知識を基盤とする財産を活用できるようにと、国内の教育や訓練制度の代わりとして、国内の労働者を訓練する多国籍企業もある。開発途上国では、知識の移行が本社と国外の子会社との間で起こっている（Javorcik, 2014）。しかし、多国籍企業は、現地の実務上の仕組みが国際的な基準から遠くかけ離れている場合、時として、自らが必要とするスキル、経営方法、ノウハウを、すべて持ち込み、現地のノウハウに頼ることを選択しないことがある（Baldwin and Lopez Gonzalez, 2013）。成人スキル調査は、規模のより小さい企業の労働者が大規模な企業の労働者よりも認知スキルが低く、それにより、彼らが多国籍企業が必要とするスキルに満たないリスクが高いということを示している（図2.17）。

多国籍企業と子会社（または国内のサプライヤー）との関係——そして、それぞれの交渉力——は、知識とスキルの普及に影響を及ぼし、ひいては、グローバルバリューチェーン内で作り出された価値の、より大きな部分を得るための企業の能力にも影響を与える（Gereffi, 1994, 1999; Giuliani, 2005; Kaplinsky, 2000）。新しいスキルを吸収するスキルの容量を持つことは、中小企業に、知識の普及を促進するタイプの関係を発展させるのに役立つ。

グローバル化による雇用の脆弱化とスキルの持つ意味

業務の内容は、どういった雇用がグローバリゼーションに好まれるか、そしてオフショアリングが労働者を失業のリスクにさらすとき、どういったスキルが労働者の就業力を維持するのかを判断するのに重要な役割を果たしている。

第一の主要な特徴は、ルーティーン性のある業務内容である。アメリカの証拠によれば、ルーティーンの認知的で身体的な作業は1970年以来減少し、一方、非ルーティーンの分析的で双方向的な作業が増えている（Autor, Levy and Murnane, 2003）[2]。この研究によると、ルーティーンの作業が非ルーティーンの労働インプットに置き換わっているのは、あらゆる教育レベルにおいて広範囲にみられるが、グローバル化は、非ルーティーンの作業やスキルに集中する雇用へと向かう労働需要の変化に対する、いくつかある理由のひとつにすぎない。これらの著者は、スキルと生産自動化が、ルーティーン作業に集中する雇用の崩壊の主たる理由であると考えている。他の研究でもまた、ルーティーン作業とそれらがオフショア化される可能性の相関関係は弱いようであると示している（Blinder and Krueger, 2013）。ルーティーン作業は、複雑な思考、判断、人との相互交流を要する作業よりも移転するのが容易であるが、高レベルのスキルと人間による判断が関わる複雑な作業もまた、電話、ファックス、インターネットの使用により移転が可能である。

成人スキル調査は、異なるルーティーン強度の職業ごとに、占められている雇用の平均的割合に大きな差があることを明らかにしている（Marcolin, Miroudot and Squicciarini, 2016; 図2.18）。

図2.18　ルーティーン強度別にみた雇用の割合
ルーティーン強度の四分位別、2000年、2005年、2008-11年の平均

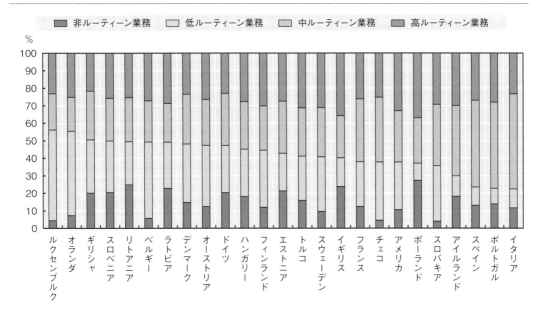

資料：Marcolin, Miroudot and Squicciarini（2016）, "Routine jobs, employment and technological innovation in global value chains", *OECD Science, Technology and Industry Working Papers*, No. 2016/01. http://dx.doi.org/10.1787/5jm5dcz2d26j-en.

StatLink：http://dx.doi.org/10.1787/888933474217

2000年から2011年の間、非ルーティーン作業とルーティーン強度の低い作業の労働者は、ルクセンブルクで約55%、イタリアで20%であった。ルーティーン強度の高い職業に雇われている労働者の割合は、ギリシャの20%強からイギリスの35%まで幅がある。成人スキル調査は今のところ特定の時期におけるものでしかないため、ルーティーン内容を基準とした雇用の経時的変化は、各職業のルーティーン作業内容は変わらないままであるという推測に基づいている[3]。

　雇用内容のルーティーン性とそれらがオフショア化される可能性との間の結びつきに関する成人スキル調査に基づいた証拠は決定的なものではない（Marcolin, Miroudot and Squicciarini, 2016）。これは、職業内容のルーティーン性、テクノロジー、スキル、産業構造、貿易の間の相互作用が複雑であり、グローバルバリューチェーンという文脈の中で「勝者」と「敗者」を特定するのが難しいからである。

　これらの結果は、ルーティーン性が、活動を移転する可能性のあるものにする唯一の特徴ではない、ということを示唆している。その他には、大きな品質の低下を伴わずに遠方で遂行されうる作業の能力がある（Acemoglu and Autor, 2011）。いかなる雇用であれ、本人が直接（つまり、対面で）行う必要がないものならば、究極的にはアウトソースされうるというのも、ありうる話である。それは、その主な作業が抽象的なものであろうが、ルーティーンのものであろうが、手作業であろ

図 2.19　ルーティーン強度の高い仕事における雇用の割合と平均的な労働者スキルの相関
国と産業レベル

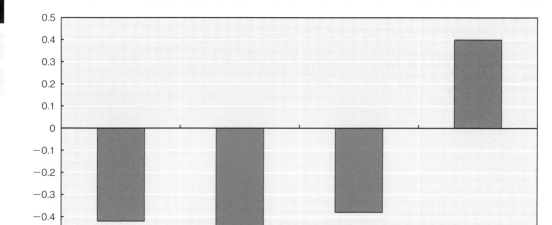

注：ルーティーン強度の高い仕事における雇用の割合は 2000 〜 11 年の平均である。平均的な労働者スキルは 2012 年である。
資料：OECD 事務局算定。データ源：OECD Survey of Adult Skills（PIAAC）（2012）, www.oecd.org/skills/piaac/publicdataandanalysis; Marcolin, Miroudot and Squicciarini (2016), "Routine jobs, employment and technological innovation in global value chains", *OECD Science, Technology and Industry Working Papers*, No. 2016/01, http://dx.doi.org/10.1787/5jm5dcz2d26j-en.
StatLink：http://dx.doi.org/10.1787/888933474228

うが、いずれについても同様の話である（Blinder, 2009; Blinder and Krueger, 2013）。雇用を移転させるのをより難しくするのは、現場で働く必要がある場合や、意思決定が重要な場合であろう（Firpo, Fortin and Lemieux, 2012）。

　ある特定の作業をオフショア化する可能性は、いくつかのスキルの重要性を増大させ、他のスキルを重要ではなくする。ルーティーン強度の低い作業と抽象的な思考の度合いが高い作業はより強い認知スキルを必要とする。実際、OECD のルーティーン強度指標は、成人スキル調査で測定されたのと同様、労働者の認知スキルとの相関関係については否定的であるものの、身体的スキルとは明らかに関連している（図 2.19）。意思決定において必要とされる、マネジメント、コミュニケーション、相互交流のスキルが長けていることはまた、労働者が自分たちの専門性を求める国内の需要を失うリスクを低下させる。

スキルとグローバルバリューチェーンが雇用の質に対して持つ意味

　グローバルバリューチェーンへの参加と経済的アップグレーディングに関する主たる問いは、それらが雇用の質を改善したか、つまり「社会的アップグレーディング」——より良い賃金、労働環

境、社会的保護、そして権利を伴う雇用——をもたらしてきたのか、ということである（Barrientos, Gereffi and Rossi, 2011; Rossi, 2013）。社会的アップグレーディングに関して包括的に評価することを試みたものはない。それは、労働環境や権利の付与など、社会的アップグレーディングの諸側面の中には測定するのが難しいものもあるから、というのが主たる理由である。OECDの雇用の質に関する枠組みは、その諸側面の一部を、以下の3つの項目を基に検証することで評価している。

- 報酬の質：報酬のレベルと報酬の労働力全体の分布
- 労働市場の安定性：失業のリスクと、失業した場合に労働者が得ることができる収入の援助
- 労働環境の質：行われる仕事の特徴と内容、労働時間の配置、職場の関係

グローバルバリューチェーンへの参加が雇用の質に与える影響を測定するひとつの方法は、同一期間における国外最終需要によって維持されている雇用の割合の変化と、雇用の質の様々な側面（報酬の質、労働市場の安定性、労働環境の質）の変化の間の関係を考えることである（図2.20）。これらの関係は脆弱で、雇用がグローバルバリューチェーンにさらされることで報酬の質は最も低くなる。

報酬の質は、2008年の世界経済危機中に失われた雇用が賃金の低いものが圧倒的であったという事実に大きく影響を受けた。それにより、危機とその後の回復期における平均的報酬の質が、見かけ上は向上したことになる（OECD, 2016c）。雇用がグローバルバリューチェーンにさらされる度合いを強めている国は、賃金の安い雇用の減少は小規模で、表面上の報酬の質の向上も小規模であったと思われる。

労働市場の不安定性は、過去10年、大部分の国で高まっているが、このことと、グローバルバリューチェーンに雇用がさらされていることとの強い結び付きはない。雇用リスクは、仕事に求められる要件が高く、労働者の統制力と資質が低い場合に起こるもので、これは労働環境の質を反映している。雇用リスクが増加している国もあれば減少している国もあるが、グローバルバリューチェーンに直接関わる雇用の割合が増えている国では、雇用リスクの増加は他と比べて多くない。このような関連は、注意して解釈する必要がある。なぜなら、対象となっている国の数は限られており、雇用の質とグローバルバリューチェーンへの参加との間のいかなる因果関係も示されていないからである。さらに加えて、組織的要因と国の特徴が、雇用の質を決定する主要な要素となるためである。

教育レベルで測られるスキルのレベルが最も高い労働者は、3つすべての項目——報酬、雇用の安定性、労働環境——において、最も優れた雇用の質を享受している（図2.21）。大部分の国では、高等教育を受けたかどうかが雇用の質に最も大きく影響し、それはとりわけ報酬の面で際立っているが、多くの国で労働市場の安全性や労働環境の面についても言える。

スキルが、グローバルバリューチェーンへの参加が雇用の質を下げることを防ぐことができるの

図 2.20 仕事の質とグローバルバリューチェーンへの参加

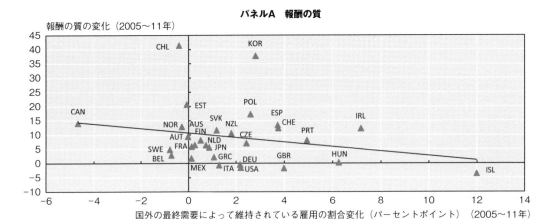

パネルA 報酬の質

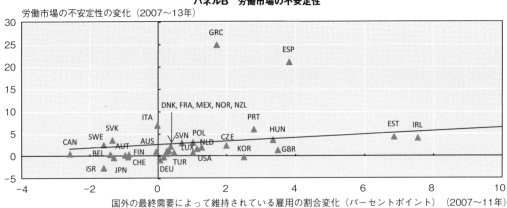

パネルB 労働市場の不安定性

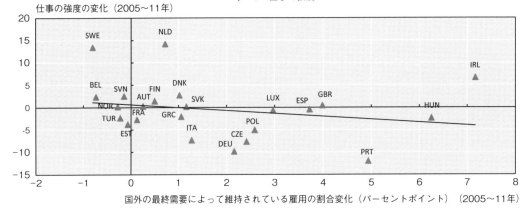

パネルC 仕事の強度

資料：OECD 事務局算定。データ源：OECD Job Quality Database, https://stats.oecd.org/Index.aspx?DataSetCode=JOBQ; OECD Trade in Value Added Database（TiVA）, https://stats.oecd.org/index.aspx?queryid=66237.

StatLink：http://dx.doi.org/10.1787/888933474239

かどうかを判断するために、低スキルの労働者と高スキルの労働者の間の雇用の質の格差を一方とし、もう一方をグローバルバリューチェーンへの参加とし、それらの関係を調べることが可能である。この格差は国ごとに大きく違っている。低スキルの労働者と高スキルの労働者の報酬の質の違いは、オーストリア、ドイツ、スイスで大きく、フランスとスウェーデンではそれよりもかなり小さい。各国で、労働市場組織がこういった格差を生み出すのに一役買っているが、グローバルバリューチェーンへの参加もこれとはまた別のもうひとつの説明になるであろう。低スキルの労働者と高スキルの労働者の間の雇用リスクの格差は、国外の中間財の使用により広まっている。このことは、グローバルバリューチェーンへの参加が低スキルの労働者にとってより強い仕事のプレッシャーを生み出している可能性があるということを示唆している（図2.22）。対照的に、低スキルの労働者と高スキルの労働者の報酬の質の格差は、国外の中間財の使用により小さくなっている。

グローバル化にさらされている開発途上国と新興国では、賃金、労働条件、社会的保護、労働者の権利の変化について懸念が持たれている。こういった懸念が高まったのは、バングラデシュのダッカにある商業ビルであるラナ・プラザの2013年の崩壊で1,100名以上が亡くなったときであった。そのビルには、先進国の小売業者向けの衣類を作る工場が複数入居していた。OECDの雇用の質の枠組みでは、OECD加盟国の平均よりも新興経済国の方が、3つすべての項目において雇用の質が低いと示されている（OECD, 2015d）（図2.23）。

新興国において教育を受けた労働者は、低い雇用の質というリスクにさらされることがより少ない（図2.23）。高レベルの教育到達度の労働者は、教育レベルの低い労働者と比べて、高い報酬のみならず、良い報酬の質も享受している。彼らは労働市場の不安定性にさらされることもより少なく、労働環境の質も良い。

データの限界により、新興経済国の雇用の質の変化を、それらの国々のグローバルバリューチェーンへの参加と結び付けることは不可能である。しかし、産業や企業のケーススタディにより、グローバルバリューチェーンへの参加が雇用の質にどう影響しているか、そして、グローバルバリューチェーン内において労働者がより良い雇用を手に入れることができるようにするのに、スキルがどのような役割を果たしているのかを示すことができる。モロッコの19社の衣類のサプライヤー企業の調査では、これらの企業の付加価値が増えたことですべての労働者の労働条件が向上したわけではないことを示している（Rossi, 2013）。この調査は、様々な形式の経済的アップグレーディングを区別しているが（コラム2.4）、機能的アップグレーディング——企業の活動の変化（例えば、製造から製品のコンセプト形成や包装へ）——が、労働者の間の不平等の広がりにつながっている、ということを示している。高スキルの労働者は責任と賃金の増加だけではなく、訓練を受けることによる恩恵も得ていた。その一方で、低スキルの労働者は、一時的な契約や不規則な雇用であることも多く、より長時間労働し、より劣悪な労働条件を受け入れなければならないプレッシャーにさらされていた。

第 2 章　スキルとグローバルバリューチェーン：利害は何か？

図 2.21　教育水準別の雇用の質（OECD 諸国）

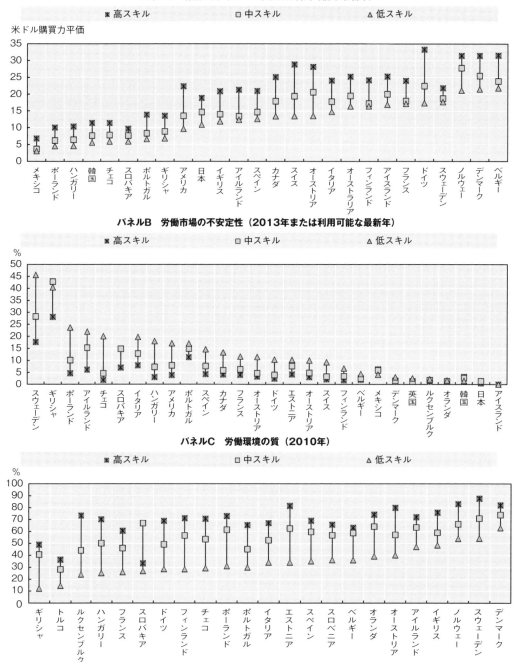

注：スキルの水準は国際標準分類教育（ISCED 1997）に基づいている。低い（スキル）は、前期中等教育以下の教育水準を指し、ISCED の 0・1・2 および 3C 短期プログラムに対応する。中程度の（スキル）は、後期中等教育の教育水準を指し、ISCED の 3A・3B および 3C 長期プログラム、ISCED 4 に対応する。高い（スキル）は、高等教育の教育水準を指し、ISCED の 5A・5B および 6 に対応する。
資料：OECD Job Quality Database, https://stats.oecd.org/Index.aspx?DataSetCode=JOBQ.

StatLink：http://dx.doi.org/10.1787/888933474245

図 2.22 高スキル労働者と低スキル労働者の雇用格差とグローバルバリューチェーンへの参加

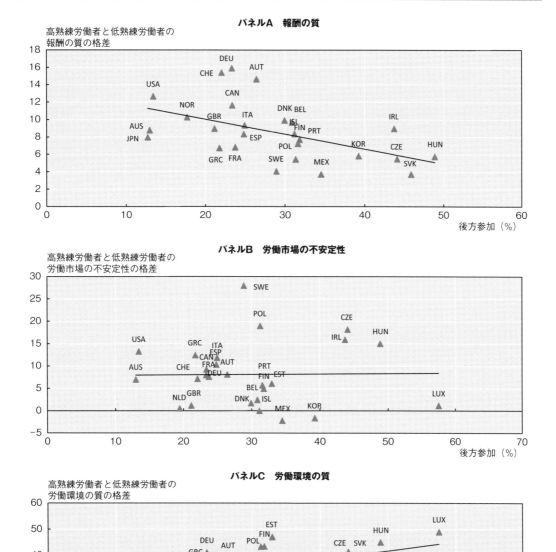

資料：OECD 事務局算定。データ源：OECD Job Quality Database, https://stats.oecd.org/Index.aspx?DataSetCode=JOBQ; OECD Trade in Value Added database（TiVA）, https://stats.oecd.org/index.aspx?queryid=66237.

StatLink：http://dx.doi.org/10.1787/888933474253

第2章 スキルとグローバルバリューチェーン：利害は何か？

図 2.23　新興国における雇用の質

パネルA　報酬の質（購買力平価調整済、国際ドル）

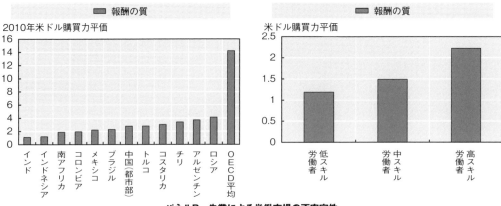

パネルB　失業による労働市場の不安定性

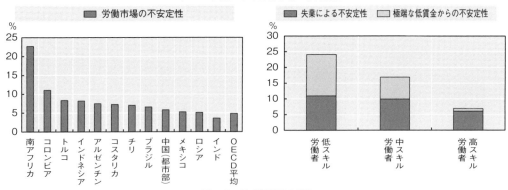

パネルC　長時間労働の発生

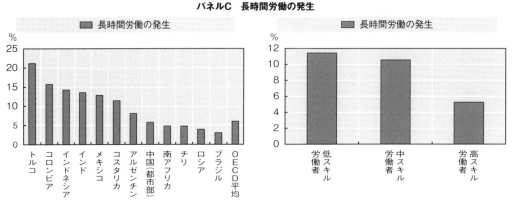

注：収益の質のデータ対象年は 2010 年、労働市場の不安定のデータ対象年は 2010 年から 2012 年（国によって異なる）、長時間労働の発生率のデータ対象年は 2010 年から 2011 年（国によって異なる）。右側の図の対象国については、12 の新興国（アルゼンチン、ブラジル、チリ、中国、コロンビア、コスタリカ、インド、インドネシア、メキシコ、ロシア、南アフリカ、トルコ）のうち中国、インド、インドネシアを除外している。ロシアは、社会構造の変化に関連する情報不足によって、労働市場全体の不安定性のデータから除外されている。
スキル水準は、国際標準分類教育（ISCED 1997）に基づく。低スキルは、ISCED の 0・1・2・3C 短期プログラムに対応している。中スキルは、ISCED の 3A・3B および 3C 長期プログラム、ISCED 4 に対応している。高スキルは、ISCED の 5A・5B・6 に対応している。これらの指標の構成の詳細については、出典資料を参照のこと。
資料：OECD（2015d），*OECD Employment Outlook 2015*, http://dx.doi.org/10.1787/empl_outlook-2015-en.
StatLink：http://dx.doi.org/10.1787/888933474266

2.4 要　約

　グローバルバリューチェーンへの参加は各国に課題と機会を提起している。主たる機会は、より高い生産性の伸びという形式をとる。本章では新しい評価を示したが、それはグローバルバリューチェーンへの参加度が最も高い国は、生産過程の分業化のより大きな可能性のある産業において、生産性の伸びがより大きい、ということである。スキルは、こういった生産性の伸びを実現するのに重要な役割を果たす。グローバルバリューチェーンへの参加が、小規模の企業も含めて、最大数の企業に恩恵を与えるためには、労働者には、作業の特化の増大とより精巧な投入財を直接使用できることによってもたらされる生産性の伸びを、企業が実現できるに十分なほど高いレベルのスキルが必要とされる。

　グローバルバリューチェーンへの参加によって提起される主な課題は、雇用の減少と不平等の高まりである。中国からの輸入製品から生じた競争は、不平等よりも雇用への影響が大きかったようである。なぜなら、低スキルの雇用と高スキルの雇用の両方が国外の中間財から影響を受けるからである。さらに、不平等を説明するには、グローバルバリューチェーンの発展以外の要素がより大きな役割を果たしているようである。しかし、雇用と不平等に対するグローバルバリューチェーンの影響についてわかった様々な事柄は、時にはすり合わせるのが難しいこともあり、概して、グローバルバリューチェーンの側面のひとつでしかない、オフショアリングによるリスクにのみ注目する傾向にある。

　ルーティーン作業の割合が高い雇用は、オフショアリングによるリスクによりさらされている。一方、人との対面のやりとり、現場作業が必要な業務、そして、意思決定過程への関わりといった要素は、その雇用をオフショア化しにくいものとする。全体的に、スキル開発に投資することは、労働者がオフショアリングにさらされる可能性を低下させる。

　グローバルバリューチェーンへの参加はまた雇用の質も低下させる。例えば、労働者をより強いプレッシャーのもとに置くことがあげられる。教育到達度が低レベルまたは中レベルの新興国の労働者は、特にこのリスクにさらされている。しかし、OECD加盟国の労働者もまた、影響を受けている。教育レベルが低い労働者と高い労働者の間の労働環境の質の格差は、グローバルバリューチェーンへの参加度が高まるにつれ、OECD加盟国の間で広がる傾向にある。

　多くの点で、スキルへ投資することは各国がグローバルバリューチェーンの恩恵を享受するのに役立つ。幅広いスキルが必要とされ、それには、新しい技術を吸収するスキル、バリューチェーン内の他の労働者とコミュニケーションをとるスキル、そして、変化に適応するスキルも含まれる。スキルはまた、国のグローバルバリューチェーンにおける位置付けや作業の特化をも形作ることができる（第3章参照）。OECD加盟国の一部は、労働者がより高いレベルの教育水準を保持しているため、明らかな利益を得てきたが、こういった傾向はますます弱まってきている。今、最も重要

なのは、教育の全体的なレベルではなく、教育の質である。国民の全体としてのスキルであり、労働者がそれをどのように使うかなのである。

注

1. データの限界により、これらの調査では、スキルの点でのグローバルバリューチェーンの内容の発展を評価するために、労働者の教育レベルによってスキルを概算している。
2. 作業需要の変化に関する文献は、主にアメリカを対象としている。それは、「職業辞典（Dictionary of Occupational Titles）」（Autor, Levy and Murnane, 2003）や、その後継のデータベースであるO*NET（Acemoglu and Autor, 2010）を数十年にわたり参照することで可能となっている。こういった情報は、職業ごとに雇用データとしてまとめられ、アメリカの各産業、各教育集団、各職業内の作業インプットの変化を分析するのを可能にしている。
3. いくつかの研究が、職業の分布の変化を調べ、スキルの需要の変化に関するいくつかの推測を導き出している。これは、以下のような仮定に基づいている。1) スキルに関する職業内容は変わらないままであり、2) 職業ごとのスキルの強度はO*NETのデータベースでみられるアメリカの状況と同じである（Aedo et al., 2013）。この研究は、非ルーティーンスキルの強度は国々を通じてまた時を経て確かに増えており、増え方はかなり一様であるが、ルーティーンスキルに関しては、その変化は手作業的なものも認知的なものも両方とも一様ではない、ということを見出した。これは、職業事情は国々を通じて似通っており、アメリカのそれと同じであると仮定している。

参考文献・資料

Acemoglu, D. and D. H. Autor (2011), "Skills, tasks and technologies: Implications for employment and earnings", in O. Ashenfelter and D.E. Card (eds.), *Handbook of Labor Economics*, Elsevier, Amsterdam, Vol. 4B, pp. 1043-1171.

Aedo, C. et al. (2013), "From occupations to embedded skills: A cross-country comparison", *Policy Research Working Paper*, No. 6560, The World Bank, Development Economics, Office of the Senior Vice President and Chief Economist, August 2013.

Amiti, M. and S. J. Wei (2006), "Service offshoring and productivity: Evidence from the United States", *NBER Working Papers*, No. 11926, The National Bureau of Economic Research, Cambridge, MA.

Andrews, D., C. Criscuolo and P.N. Gal (2015), "Frontier firms, technology diffusion and public policy: Micro evidence from OECD countries", *OECD Productivity Working Papers*, No. 2, OECD Publishing, Paris, http://dx.doi.org/10.1787/5jrql2q2jj7b-en.

Antràs, P. and E. Rossi-Hansberg (2009), "Organizations and trade", *Annual Review of Economics*, Vol. 1/1, pp. 43-64.

Antràs, P. and S. R Yeaple (2014), "Multinational firms and the structure of international trade", in *Handbook of International Economics*, Vol. 4, pp. 55-130.

Autor, D. H., D. Dorn and G. H. Hanson (2015), "Untangling trade and technology: Evidence from local labour markets", *The Economic Journal*, Vol. 125/584, pp. 621-646.

Autor, D. H., F. Levy and R. J. Murnane (2003), "The skill content of recent technological change: An Empirical exploration", *The Quarterly Journal of Economics*, Vol. 118/4, pp. 1279-1333.

Baldwin, R. and J. Lopez Gonzalez (2013), "Supply-chain trade: A Portrait of global patterns and several testable hypotheses", *NBER Working Papers*, No. 18957, The National Bureau of Economic Research, Cambridge, MA.

Baldwin, J. and B. Yan (2014), "Global value chains and the productivity of canadian manufacturing firms", *Economic Analysis Research Paper Series*, No. 090, Statistics Canada, Analytical Studies Branch.

Barrientos, S., G. Gereffi and A. Rossi (2011), "Economic and Social upgrading in global production networks: A new paradigm for a changing world", *International Labour Review*, Vol. 150/3-4, pp. 319-340.

Barro, R. and J. W. Lee (2013), "A new data set of educational attainment in the world, 1950-2010", *Journal of Development Economics*, Vol. 104, pp. 184-198.

Bernard, A. B. and T. C. Fort (2013), "Factoryless goods producers in the US", *NBER Working Paper*, No. 19396, The National Bureau of Economic Research, Cambridge, MA.

Blažek, J. (2015), "Towards a typology of repositioning strategies of GVC/GPN suppliers: The case of functional upgrading and downgrading", *Journal of Economic Geography*, Vol. 16/4, pp. 849-869, *https://doi.org/10.1093/jeg/lbv044*.

Blinder, A. S. (2009), "How many U.S. jobs might be offshorable?", *World Economics*, Vol. 10/2, pp. 41-78.

Blinder, A. S. and A. B. Krueger (2013), "Alternative measures of offshorability: A survey approach", *Journal of Labor Economics*, Vol. 31, pp. 97-128.

Breemersch, K., J. P. Damijan and J. Konings (forthcoming), "Labour market polarisation in advanced countries: Impact of global value chains, technology, import competition from China and labour market institutions", *OECD Social Migration and Employment Working Papers*, OECD Publishing, Paris.

Corrado, C., C. Hulten and D. Sichel (2005), "Measuring capital and technology: An expanded framework", in C. Corrado, J. Haltiwanger and D. Sichel (eds), *Measuring Capital in the New Economy*, The University of Chicago Press, Chicago, IL, pp. 11-45.

Chor, D. (2010), "Unpacking sources of comparative advantage: A quantitative approach", *Journal of International Economics*, Vol. 82, pp. 152-167.

De Backer, K. and S. Miroudot (2013), "Mapping global value chains", *OECD Trade Policy Papers*, No. 159, OECD Publishing, Paris, *http://dx.doi.org/10.1787/5k3v1trgnbr4-en*.

Escaith, H. (2016), "Revisiting growth accounting from a trade in value-added perspective", *WTO Working Papers*, ERSD-2016-01, World Trade Organization, Geneva.

Feenstra, C. R. and G.H. Hanson (1996), "Foreign investment, outsourcing and relative wages", in R.C. Feenstra, G.M. Grossman and D.A. Irwin (eds.), *The Political Economy of Trade Policy: Papers in Honour of Jagdish Bhagwati*, MIT Press, Cambridge, MA, pp. 89-127.

Firpo, S., N. M. Fortin and T. Lemieux (2012), "Occupational tasks and changes in the wage structure",

IZA Discussion Papers, No. 5542, Institute for the Study of Labor (IZA), Bonn.

Formai, S. and F. Vergara Caffarelli (2015), "Quantifying the productivity effects of global value chains", Cambridge Working Paper in Economics, No. 1564.

Gereffi, G. (1994), "The organization of buyer-driven global commodity chains: How US retailers shape overseas production networks", in G. Gereffi and M. Korzeniewicz (eds), *Commodity Chains and Global Capitalism*, Praeger, London.

Gereffi, G. (1999), "International trade and industrial upgrading in the apparel commodity chain", *Journal of International Economics*, Vol. 48, pp. 37-70.

Gereffi, G., K. Fernandez-Stark and P. Psilos (2011), *Skills for Upgrading: Workforce Development and Global Value Chains in Developing Countries*, Centre on Globalization, Governance and Competitiveness, Duke University, Durham, NC, November 2011.

Giuliani, E. (2005), "The Structure of cluster knowledge networks uneven, not pervasive and collective", *DRUID Working Papers*, No. 05-11, DRUID, Copenhagen Business School, Department of Industrial Economics and Strategy/Aalborg University, Department of Business Studies.

Giuliani, E., C. Pietrobelli and R. Rabellotti (2005), "Upgrading in global value chains: lessons from Latin America clusters", *World Development*, Vol. 33, pp. 549-573.

Grossman, G. M. and E. Rossi-Hansberg (2008), "Trading tasks: A simple theory of offshoring", *American Economic Review*, Vol. 98/5, pp. 1978-1997.

Hanushek, E. A. and L. Woessmann (2009), "Do better schools lead to more growth? Cognitive skills, economic outcomes, and causation", *Journal of Economic Growth*, Vol. 17, pp. 267-321.

Humphrey, J. and H. Schmitz (2002), "How does insertion in global value chains affect upgrading industrial clusters?", *Regional Studies*, Vol. 36, pp. 1017-1027.

Javorcik, B. (2014), "Does FDI bring good jobs to host countries?", *Policy Research Working Papers*, No. 6936, The World Bank,Washington, DC.

Johnson, R.C. (2014), "Five facts about value-added exports and implications for macroeconomics and trade research", *Journal of Economic Perspectives*, American Economic Association, Vol. 28/2, p. 119-42.

Johnson, R. C. and G. Noguera (2012), "Accounting for intermediates: Production sharing and trade in value added", *Journal of International Economics*, Vol. 86/2, pp. 224-236.

Kaplinsky, R. (2000), "Globalisation and unequalisation: What can be learned from value chain analysis?", *Journal of Development Studies*, Vol. 37, pp. 117-146.

Kasahara, H. and B. Lapham (2013), "Productivity and the decision to import and export: Theory and evidence", *Journal of International Economics*, Vol. 89/2, pp. 297-316.

Keller, W. (2004), "International technology diffusion", *Journal of Economic Literature*, Vol. 42, pp. 752-782.

Le Mouel, M., L. Marcolin and M. Squicciarini (2016), "Investment in organisational capital: Methodology and panel estimates", *SPINTAN Working Paper*, No. 2016/21.

Lopez Gonzalez, J., P. Kowalski and P. Achard (2015), "Trade, global value chains and wage-income inequality", *OECD Trade Policy Papers*, No. 182, OECD Publishing, Paris, http://dx.doi.org/10.1787/5js009mzrqd4-en.

Marcolin, L., M. Le Mouel and M. Squicciarini (forthcoming), "Investment in knowledge-based capital and backward linkages in global value chains", *OECD Science, Technology and Industry Working Papers*, OECD Publishing, Paris.

Marcolin, L., S. Miroudot and M. Squicciarini (2016), "GVCs, jobs and routine content of occupations", *OECD Trade Policy Papers*, No. 187, OECD Publishing, Paris, http://dx.doi.org/10.1787/5jm5dcz2d26j-en.

Markusen, J. R. (2005), "Modeling the offshoring of white-collar services: From comparative advantage to the new theories of trade and FDI", *NBER Working Papers*, No. 11827, The National Bureau of Economic Research, Cambridge, MA.

Melitz, M. J. (2003), "The impact of trade on intra-industry reallocations and aggregate industry productivity", *Econometrica*, Vol. 71/6, pp. 1695-1725.

Morrison, A., C. Pietrobelli and R. Rabellotti (2008), "Global value chains and technological capabilities: A framework to study learning and innovation in developing countries", *Oxford Development Studies*, Vol.36/1, pp. 39-58.

OECD (2016a), *OECD Economic Outlook, Volume 2016 Issue 1*, OECD Publishing, Paris, http://dx.doi.org/10.1787/eco_outlook-v2016-1-en.

OECD (2016b), *OECD Employment Outlook 2016*, OECD Publishing, Paris, http://dx.doi.org/10.1787/empl_outlook-2016-en.

OECD (2016c), "How good is your job? Measuring and assessing job quality", in *OECD Employment Outlook* 2014, OECD Publishing, Paris, http://dx.doi.org/10.1787/empl_outlook-2014-6-en.

OECD (2015a), *In It Together: Why Less Inequality Benefits All*, OECD Publishing, Paris, http://dx.doi.org/10.1787/9789264235120-en.

OECD (2015b), *OECD Science, Technology and Industry Scoreboard 2015: Innovation for growth and society*, OECD Publishing, Paris, http://dx.doi.org/10.1787/sti_scoreboard-2015-en.

OECD. (2015c), *The Future of Productivity*, OECD Publishing, Paris, http://dx.doi.org/10.1787/97892 64248533-en.

OECD (2015d), *OECD Employment Outlook 2015*, OECD Publishing, Paris. http://dx.doi.org/10.1787/empl_outlook-2015-en.

OECD (2013), *Interconnected Economies: Benefiting from Global Value Chains*, OECD Publishing, Paris, http://dx.doi.org/10.1787/9789264189560-en.

OECD (2011), *Divided We Stand: Why Inequality Keeps Rising*, OECD Publishing, Paris, http://dx.doi.org/10.1787/9789264119536-en.(『格差拡大の真実：二極化の要因を解き明かす』経済協力開発機構（OECD）編著、小島克久，金子能宏訳、明石書店、2014 年）

OECD/World Bank Group (2015), "Inclusive global value chains: Policy options in trade and complementary areas for GVC integration by small and medium enterprises and low-income developing countries", OECD and World Bank Group report prepared for submission to G20 Trade Ministers Meeting, Istanbul, Turkey, 6 October 2015, *www.oecd.org/trade/OECD-WBG-g20-gvc-*

report-2015.pdf.

Paccagnella, M. (2016), "Age, ageing and skills: Results from the Survey of Adult Skills", *OECD Education Working Papers*, No. 132, OECD Publishing, Paris, *http://dx.doi.org/10.1787/5jm0q1n38lvc-en*.

Pavcnik, N. (2011), "Globalization and within-country income inequality," in M. Bacchetta and M. Jansen (eds), *Making Globalization Socially Sustainable*, International Labor Organization and World Trade Organization, Geneva.

Pietrobelli, C. and R. Rabellotti (2007), *Upgrading to Compete. Global Value Chains, Clusters and SMEs in Latin America*, Harvard University Press Cambridge, MA.

Ponte, S. and J. Ewert (2009), "Which way is "Up" in upgrading? Trajectories of change in the value chain for South African wine", *World Development*, Vol. 37, pp. 1637-1650.

Rajan, R. G. and L. Zingales (1998), "Financial dependence and growth", *The American Economic Review*, Vol. 88/3, pp. 559-586.

Rossi, A. (2013), "Does economic upgrading lead to social upgrading in global production networks? Evidence from Morocco", *World Development*, Vol. 46, pp. 223-233.

Saia, A., D. Andrews and S. Albrizio (2015), "Productivity spillovers from the global frontier and public policy: Industry-level evidence", *OECD Economics Department Working Papers*, No. 1238, OECD Publishing, Paris, *http://dx.doi.org/10.1787/5js03hkvxhmr-en*.

Shih, S. (1996), *Me-Too is Not My Style: Challenge Difficulties, Break through Bottlenecks, Create Values*, The Acer Foundation, Taipei.

Squicciarini, M. and M. Le Mouel (2012), "Defining and measuring investment in organisational capital: Using US microdata to develop a task-based approach", *OECD Science, Technology and Industry Working Papers*, No. 2012/5, OECD Publishing, Paris, *http://dx.doi.org/10.1787/5k92n2t3045b-en*.

Timmer, M.P. *et al.* (2014), "Slicing up global value chains", *Journal of Economic Perspectives*, Vol. 28/2, pp. 99-118.

UNCTAD (2013), *World Investment Report 2013 – Global Value Chains: Investment and Trade for Development*, United Nations Conference on Trade and Development (UNCTAD), Geneva.

第3章

グローバルな優位性を獲得するためには、どのようなスキルが必要か？

　本章では、様々なスキルが輸出とグローバルバリューチェーンへの参加にどのように関係しているかを分析し、スキル特性がグローバルバリューチェーンにおける各国の比較優位をどのように形成しているのかについて調査する。

　スキルとグローバルバリューチェーンとの関連を調査するために、本章では新たに成人スキル調査と付加価値貿易（TiVA）データベースに基づいた一連の経験的分析を用いた。グローバルバリューチェーンは、各国の比較優位を形成する二つの主要なスキル特性（国民のスキルミックスと期待されるレベルで働く労働者プールの役割）によって推進される。また本章では、各国がどのように産業に特化し、国民のスキルを使用し、そして先端技術産業に特化するためには何が必要なのかを示す。

第3章 グローバルな優位性を獲得するためには、どのようなスキルが必要か？

グローバルバリューチェーンでは、スキルがパフォーマンスに重要な貢献をすると信じられている。一方、実際にそのようなパフォーマンスにスキルがどのように影響するのかについての証拠はほとんど示されていない。貿易の専門家は、スキルが各国の貿易と分業に重要な役割を果たすと考えており、熟練労働力は比較優位の源泉であり、高度に熟練した輸出を可能にすると考えている。国際貿易理論の主柱であるヘクシャー＝オーリン（Heckscher-Ohlin）モデルは、高度なスキルは各国の産業特化と国際統合に強い直接的な影響を与える要因のひとつであることを示している。これらの関連を評価しようとする研究からは、データに限界はあるものの、経験的に二つのタイプの傾向があることがわかっている。ひとつは、スキルは学歴によって最もよく近似されるということであり、もうひとつは、この新しい貿易パターン（グローバルバリューチェーン）の出現は考慮されていないということである。

多くのOECD諸国は、国民の教育レベルは高く、かつては比較優位を享受していたが、この優位性は多くの開発途上国や新興国の高等教育が拡大していることにより消失しつつある。各国は国民の教育レベルだけでなく、国民のスキルの質やその効果的な使用と産業への効果的な配分を通して、競争を激化させている。第2章では、幅広いスキルによって各国がグローバルバリューチェーンの便益を受けることができることを示した。本章では、グローバルバリューチェーンへの参加と実現にとって、どのようなスキルが重要なのかを深く考察する。また、グローバルバリューチェーンにおいて、どのようなスキル特性が産業の特化を形成し、輸出に対してこれらの特性がどのように寄与しているのかを示す。スキルとグローバルバリューチェーンの関係を調べるために、本章ではOECD国際成人力調査（PIAAC）の所産である成人スキル調査（Survey of Adult Skills）、そして付加価値貿易（TiVA）データベースに基づいた新たな一連の経験的分析を用いる。

特に本章では、以下の点に重点を置いて検討を進める。

- 成人スキル調査に基づいた新しいスキル指標を作成し、各国の労働者の認知スキルだけでなく、雇用主によって特に評価される、仕事の社会情動的側面に関連したスキルを特徴付ける。
- どのようなタイプのスキルがグローバルバリューチェーンへの参加と輸出実績に関係するのかを分析する。
- グローバルバリューチェーンにおいて、各国の比較優位をスキル特性がどのように形成するのかを調査する。本章では二つの主なスキル特性を提唱する。
    - ❖ **スキルミックス**：各個人が、唯一のスキルに特化するよりも、高いレベルのいくつかのタイプのスキルを組み合わせて持つ必要がある。
    - ❖ **労働者プール**：先端技術産業のほとんどは、スキルを持つ信頼できる労働者プールを必要とする。このようなプールが出現する国では、個々人が教育レベルを含む様々な特性を身に付けることが期待できる。
- スキル特性が産業のスキル要件に適合することを確認する必要があることを説明する。本章は、先進

国がどのようなスキルセットに特化し、各国が先端技術産業に特化するために何をすべきかを示す。

本章の主な知見は以下の通りである。

- 各国の労働者が高い認知スキルと強い学習意欲を持つとき、成人スキル調査による測定によれば、各国は付加価値を加えて輸出しようとし、一層グローバルバリューチェーンに参加するようになる。
- 産業によって、情報通信技術（ICT）スキル、科学・技術・工学・数学（STEM）スキル、マネジメント・コミュニケーションスキル、販売会計スキル、そして自己計画スキルの必要性が異なる。しかし、多くの産業では、特にハイテク産業と複雑なビジネスサービス業では労働者は認知スキルだけではなく社会情動的スキルを必要とするようないくつかの種類のタスクを行う。
- スキル政策によって、例えばハイテク産業と複雑なビジネスサービス業のスキル要件を満たすように各国の一連のより良いスキル特性を見据えることによって、各国の産業特化を推進し、各国にグローバルバリューチェーンにおいて比較優位を付与することができる。同様に、特定の産業を優遇する政策は、スキルのミスマッチを引き起こし、他の産業において、各国の比較優位を低下させてしまい、経済的コストを生じさせる。
- 労働者は、国際的な競争環境で通用する様々なスキルを持つ必要がある。強力な読解スキルと数的スキルだけでは不十分で、労働者は強力なIT活用型問題解決スキルも必要である。スキルミックスの違いは、ひとつの産業における二国間輸出において60%の上昇に結び付く。
- 先端技術産業に特化するために、各国の国民は平均して他のスキルレベルよりも、産業によって必要とされる主要なスキルレベルを高く持つべきである。また、より高い主要なスキルを持つ国民は、適切なスキルミックスを持つべきである。国民が産業のスキル要件を満たす様々な関連するスキルを持つ国は、カナダ、エストニア、イスラエル、韓国、スウェーデンである。
- ハイテク産業と複雑なビジネスサービス業において、他国よりも何を輸出することができるのかを確実に反映する資格を持つ労働者（信頼できる労働者）を各国は必要とする。すべての労働者に期待のレベルで働いてもらうことが求められる。同様の特性（学歴を含む）を持つ個人からなる信頼できる労働者プールは、日本のように同様のスキルを持つ傾向がある。このことは、他の産業と比較した場合に、製造業や複雑なビジネスサービス業を含むハイテク産業では、チリよりもはるかに多くの（付加価値を加えて）輸出をすることができることを示している。日本、チェコ、オランダ、スロバキアは、同様の特性を持つ個人にみられるスキル分散が小さく、信頼できる労働者プールを形成するために役立っている。
- 多くのOECD諸国は、サービス産業とハイテク産業においてすでに比較優位を獲得している。この特性を維持するために、または他の先端技術産業に特化するために、各国は最終的には労働者のスキルが産業のスキル要件に強く適合することを確かめなければならない。スキル特性が先端技術産業のスキル要件によく適合する国々はチェコ、エストニア、日本、韓国、ニュージーランドである。オー

ストラリア、アイルランド、イギリス、アメリカは、産業の特性を維持し深化させるために、産業のスキル要件に対してスキル特性を適合させる必要がある。

3.1 経済行動におけるスキル

スキルの分類法

ジェームス・ヘックマンの先駆的な仕事は称賛に値する。個人のスキル（すなわち多様性）は、今や経済的社会的成功の基本的な決定因子として認識されている。認知スキルは意識的な知的努力に関与し、長期記憶と短期記憶、聴覚的・視覚的プロセス、処理速度、論理と推論を含んでいる。非認知的スキルはソフトスキル、社会情動的スキル、性格特性としても知られており、認知スキルよりは間接的で無意識的な振る舞いにみられるような知性を含み、個人の人柄、気質、態度、律儀さ、そして個々人の交流に関連している。いくつかの分析では、認知スキルと非認知的スキルの両方の重要性が、職業達成と仕事上の実績に強く関連している（例えば、Heckman, Stixrud, and Urzua, 2006; Kautz *et al.*, 2014）。

一部の学習能力を反映するような一般的な認知スキルは、仕事の実績や訓練の恩恵を受ける能力のような、労働者の職業達成レベルを予測するのに役立つ（例えば、Schmidt, 2002; Schmidt and Hunter, 2004）。認知スキルについては、学歴よりも、個人の収益、収入の分配、より一般的な経済成長に影響を及ぼすという経験的な証拠が存在する（Hanushek and Woessmann, 2008）。

数的思考力や数的スキルは、特に先端技術産業では、ビジネスの成功に直接つながる（Hoyles *et al.*, 2002）。急速に成長を遂げる職業と新興産業では、経験的データを理解し分析する能力と同様に、数値計算、科学的・数学的原理を用いて複雑な問題を解決する（UKCES, 2011）。これらのスキルは技術的なブレイクスルーを可能にする。

ICT スキルは企業業績を改善する重要な役割を果たす。高い ICT 能力を持つ企業は、同じ業界の比較可能な企業よりも継続的に優れた業績を上げる傾向がある（Bharadwaj, 2000; Santhanam and Hartono, 2003）。組織学習や ICT 競争力のための ICT 投資は、特定の企業にとっては恩恵を受けるものであるが、他の企業にとってはそうとは限らない（Tippins and Ravipreet, 2003）。

認知スキルの観点からは、幅広い性格特性が経済業績にとって重要である（Heckman and Rubinstein, 2001）。何人かの研究者は、多くの成果にはこれらのスキルが認知スキルと同程度かそれ以上に重要であると主張している（Kautz *et al.*, 2014）。多くの研究者グループが、5つの重要な因子——外向性、協調性、誠実性、情緒安定性、経験への開放性——にを基にして性格特性を調べている（Goldberg, 1990）。協調性には、共感、視野の広さ、協力と競争力のようなスキルを含んでいる。誠実性には、やり抜く力、忍耐、目先の欲求を辛抱する能力、衝動制御、達成努力、野心、仕事倫理を含んでいる。情緒安定性には、自己評価と自尊心、自己効力感と楽観主義を含んでいる。これらの多くは、個人が生まれもった気質であり、時間の経過とともに学び改善できる能力である。

図 3.1　スキル指標：文献レビューと成人スキル調査

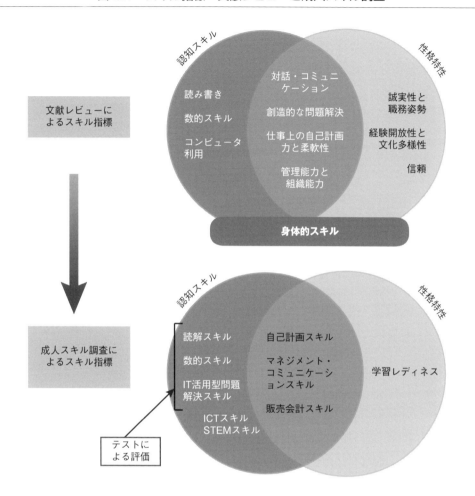

　仕事において雇用主によって高く評価され、企業業績に貢献するのは、コミュニケーション・マネジメントスキル、自己計画スキル、問題解決スキルといった特別なスキルである（Hitt, Ireland and Hoskisson, 2012; Bloom and Van Reenen, 2010; Bloom et al., 2012; Ichiniowski, Shaw and Prennushi, 1997）。これらのスキルは認知スキルと性格特性を組み合わせたものである。

　全体として、仕事の遂行に重要なスキルは、主に性格特性に関連するスキルから主に認知的なスキルまで、その両方を兼ね備えたスキルの度合いによって形成される（図 3.1 上段）。さらに、身体的なスキルは、建設、健康、幸福と芸術のようないくつかの分野にとって重要なものである。

成人スキル調査に基づくスキル指標の構築

　成人スキル調査からは、成人のスキルと彼らが行う仕事に関する幅広い情報を得ることができる。この情報は研究者が、仕事実績と企業業績にとって重要であると考える特定のスキルを測定するた

めに使用される。この調査は、認知スキルの3つの領域（数的スキル、読解スキル、IT 活用型問題解決スキル）について、テスト形式で評価する。さらに背景質問調査では、部分的にはテスト形式で評価される認知スキルに重複するが、個人がどれくらいの頻度で、読書、文書作成、数学、ICT、問題解決などのタスクを行うかを尋ねる。また、この調査では、マネジメント、コミュニケーション、組織と計画、および身体的作業など、他のタイプのタスクが実行される頻度に関する情報も収集される。最後に、この調査は、学習、信頼、健康、その他の問題に対する態度に関する情報も提供する。

　個人のスキルに関係する膨大な情報は、成人スキル調査で評価した3つの認知スキルとともに、統計学的手法によって6つのタスク型スキル指標に要約することができる（コラム 3.1）。ICT スキル、学習レディネス、マネジメント・コミュニケーションスキル、自己計画スキル、販売会計スキル、STEM スキル（図 3.1 下段）の 6 つである。タスク型スキル指標[1]のほとんどは、タスクの実行頻度に関する情報に基づいているため、労働者が持つスキルを直接的に把握したものではない。

コラム 3.1　成人スキル調査に基づいたパフォーマンスに関連するスキル分類法の開発

　第一の段階では、標準的アプローチに従って一連のスキル指標が開発された（Grundke et al., forthcoming a）。業務遂行と企業成果の決定要素に関する包括的な文献調査に基づき、まず成人スキル調査を用いて、5つのカテゴリーにグループ分けした 17 のスキル指標が作成された。このカテゴリー化の背景には、種々のスキルをひとつの連続体（主として認知的なスキルもあれば性格特性に近いスキルもあり、さらにこれら 2 つの性質を組み合わせたスキルからなる大きなグループもある）としてとらえるべきであるという考え方がある。

　その標準的アプローチによってわかりやすいスキル指標が得られる。しかし、成人スキル調査に由来する質問事項の共分散構造に関してそのスキル指標が統計的関連性を有することが、標準的アプローチによって明らかになるわけではない。第二段階においては、このようなデータを基盤とする手法に依拠しつつ、一連の新スキル指標が探索的因子分析から導き出された。探索的因子分析からは、一定の数の因子（当該新スキル指標）と称する非観測型変数の存在を仮定し、その因子の結合変分によってより大きな組み合わせの観測変数の相関パターンがわかる。各因子は、観測変数を重み付けした組み合わせであり、観測変数に対する加重分は「因子負荷」と呼ばれる。因子の数は、そのモデルにおける変数であって、参照文献（Conti et al., 2014; Costello and Osborne 2005）において確立された一定の判断基準を使用して注意深い選択がなされる必要がある。

　古典的探索的因子分析の主な弱点のひとつは、観測変数がすべての因子に関連している可能性があるため、因子の解釈が困難になることにある。この問題に対しては、3段階の手順（例え

ば、Costello and Osborne, 2005参照）に従って取り組むことが可能である。これにより、各観測項目がわずかひとつの因子に寄与していることが確かめられる。この手順の第一段階においては、一定の因子の負荷となる項目が集団を形成するように因子を順に入れ替える。第二段階においては、少なくとも2つの因子に対して類似した負荷（いわゆる二重負荷）をかける項目を除外する。最後に第三段階においては、0.45の閾値を超える負荷を有する項目のみを特定の1因子に割り当てる。

この因子分析の結果として、当初セットされていた57項目から33項目（成人スキル調査の背景質問調査に由来する変数）が残された。その33項目は、標準類型に基づいて解釈できる以下の6因子にグループ分けされた。その6因子とは、ICT（情報通信技術）スキル、学習レディネス、マネジメント・コミュニケーションスキル、自己計画スキル、販売会計スキル、STEMスキルであり、テスト形式で評価されるスキルとは対照的に、これらは本章においてタスク型スキルと呼ばれる。

ICTスキル：これは、極めて大きなプラスの負荷を有する10項目とマイナスの負荷を有する1項目で構成される。プラスの負荷を有する項目は、すべてICTの使用に関連するタスクをイメージさせるものであり、eメールの読み書きからワープロソフトやスプレッドシートソフトの使用、あるいはプログラム言語に及ぶ。この因子は、「身体活動」に対するマイナスの負荷によって示されるように、オフィス業務と強く関連している。

学習レディネス：これは、たとえば「実生活に新しいアイデアを結び付ける」あるいは「新しいことの学習を好む」というような、この指標を測定するために成人スキル調査において設定された項目のみから構成されている。

マネジメント・コミュニケーションスキル：これは、「人々に教える」から「他の人の活動を計画する」に至る、より多様性のある一連の項目の集合である。これらすべての活動は、相手が同僚であるか否かにかかわらず、他の人々とのコミュニケーションや他の人々に対するマネジメントを含んでいる。

自己計画スキル：これは、学習レディネスと同様に、この指標を測定するために成人スキル調査で設定された項目のみから構成されている。これには「作業柔軟性－作業スピード」あるいは「作業柔軟性－実務シーケンス」といった項目が含まれる。

販売会計スキル：これは、標準類型におけるいかなる指標にも対応していない新たに作成された指標である。「計算機を使用する」と同様に、「財務諸表を読む」「費用や予算を計算する」「製品やサービスを販売する」は、この因子と関連している。「計算機を使用する」は「ICTコンテンツ」や「STEMコンテンツ」に関しても負荷となるが（負荷の値は約0.25）、計算機は主として販売会計の目的での使用を想定している。

STEMスキル：これは、標準類型には存在しなかった。販売会計スキルと同様に、これは「単純な代数または数式を使用する」あるいは「高度な数学または統計学を使用する」といった計算タスクを含むが、販売会計スキルに対する負荷と比較して、より複雑であり、かつより具体

性が乏しい。この因子は、科学・技術・工学・数学（STEM）に必要とされるスキルであると広く解されている。

タスク型スキル指標のそれぞれは、0から1までの範囲のスコアを有する。スコアがより高くなれば、そのタスクにおけるこれらの遂行頻度がより高くなる。

資料
Conti, G. *et al.* (2014), "Bayesian exploratory factor analysis", *Journal of Econometrics*.
Costello, A.B. and J.W.Osborne (2005), "Best practices in exploratory factor analysis: Four recommendations for getting the most from your analysis", *Practical Assessment, Research & Evaluation*.
Grundke, R. *et al.* (forthcoming a), "Skills and global value chains: Characterisation and evidence", *OECD Science, Technology and Industry Working Papers*.

概念化されたスキルと実際の測定には常にギャップがあるため、関連する一部のスキルは測定できないが、他のスキルは不完全ではあるが測定することができる。測定の際に、性格特性は認知的要素に含まれる傾向があり、認知スキルは個人の性格特性にも依存する。さらに、成人スキル調査では豊富な情報が提供されているが、仕事で必要とされる様々なスキルを測定することは考慮されていない。スキル指標を開発する際に使用された一連の項目は、この調査で使用可能な項目のリストによって制約を受ける。

特に性格特性の多くは、仕事の成果に影響し、経験を積極的に開拓することは、成人スキル調査から生成される指標である「学習レディネス」によって表されるただひとつの特性である。経験への開放性は、労働者が不慣れな環境に直面したとき、訓練を受け適応するように促すことによって、企業業績を向上させることができる。また、自律性を必要とする複雑な仕事や、慣習的ではない思考を必要とし、高い遂行能力を達成するための新たな行動やアイデアの採用も重要である（Mohan and Mulla, 2013）。

成人スキル調査によって有用になった異なるタイプのスキル指標は、スキルの代わりにしばしば使われ、スキルとタスクの評価において経験的に使われる学歴（読解スキルに含まれる）の指標よりも正確なスキルの測定に役立つ。成人スキル調査によって得られる様々なタイプのスキル指標は、スキルと貿易に関する実証研究の大半を含むスキルの代理指標として頻繁に使用され、学歴の指標よりも正確な指標を提供する。学歴の指標は認知スキルやその他のスキルに貢献するが、各国の教育システムの質の違いを覆い隠してしまう。グローバルバリューチェーン内の各国の業績に影響を及ぼす可能性があるスキルが、職場で開発される方法やスキルの幅広い違いを考慮していないからである。

各国と産業を横断するスキルパターン

各国の労働者のスキルミックスは異なっている。評価された認知スキルの3つの領域では、日本とフィンランドは最も熟練した労働者を有しているが、ギリシャ、トルコ、チリ、イタリアの労働

者は平均して OECD 諸国の中で最も低いスコアである（図3.2）。タスク型スキルの側面においては、大きな混乱が生じている（図3.3）。認知スキルのトップパフォーマーは、タスク型スキルの点でランクが高い傾向にあるが、アメリカのような平均的またはそれ以下の認知スキルを持つ労働者が多い国々でも、これらの指標は高い位置にある。

各国の差異はスキル指標から読み取ることができる（図3.2; 図3.3）。テストを通じて評価される認知スキル（読解スキル、数的スキル、IT 活用型問題解決スキル）と、少なくとも販売会計スキルと STEM スキルの２つのタスク型スキルで最も異なる傾向がみられる。国別の大幅な違いもまた、学習レディネスで現れており、日本と韓国が最も低くなっていることから、文化的規範の重要性が明らかになっている。しかし、この指標が自己申告による情報に基づいているとすれば、実際の学習態度の違いや質問に対する回答から、各国間の違いがどの程度現れるかを知ることは困難である。

グローバルバリューチェーンにおける各国のパフォーマンスに関しては、各国のスキルレベルは重要であり、各産業を結び付ける各国のスキルはいくつかの活動や業種で特化され、業績を上げるための能力が反映されたものとなっている。一方、高いスキルの労働者を必要とする産業と、スキル以外の理由（例えば、歴史的理由や産業特有の資本の入手可能性など）によって業績を上げている産業は、よりスキルの高い労働者を引き付ける必要があるが、これは各国のスキル水準と配分プロセスの効率性に依存する。一方、その国で十分に機能している産業は、訓練を通じて労働者のスキルを高めるために、一層の努力を行っている。

すべてのタイプのスキルについて、ビジネスサービス業の労働者は、他産業の労働者よりも平均的に高いスキルを持っている（図3.4; 図3.5）。ある業界では、各国の労働者のスキルの特質（異質性）は、そのタイプによって異なる。多くの産業では、テスト形式で評価された認知スキルと各国のスキルの分散を反映する学習レディネスについて、各国間において多くの違いが存在している。異質性は、他のタスク型スキルでははるかに低く、これらのスキル配分を決定する際に、産業特性が、その国の特異性よりも大きな役割を果たすことが明らかになっている（図3.5）。

ICT スキルの使用は、業種間で大きな変化が生じており、ビジネスサービス業において最大限に活用されている。（ビジネスサービス産業などの）高いスキルの必要な業種では、先導的な国々における労働者よりも ICT スキルの利用率がはるかに低い国もある。一部の国の産業では、ICT スキルが不十分であるため、現在の先進技術環境において活動を拡大したり、アップグレードしたりする能力が低下する可能性があるという懸念がある。

他のタスク型スキルと同様に、販売会計スキルは、産業間では大きな差異があるが、国家間の差異は小さい。異なる産業を比べたとき、二つのパターンが現れる。第一に、卸売業と小売業を除くサービス業は、建設業と運輸業とともに、販売会計タスクにおいて、より大きな国家間の差異が現れる。第二に、これらのサービス産業間の差異が拡大しているだけでなく、その中央値は製造業間の差異よりもはるかに高い。この結果は、これらの業界では、顧客との密な交流を伴う性質に加え、

第 3 章 グローバルな優位性を獲得するためには、どのようなスキルが必要か？

図 3.2 労働者の認知スキル（成人スキル調査）（国別）
全国平均（2012 年、2015 年）

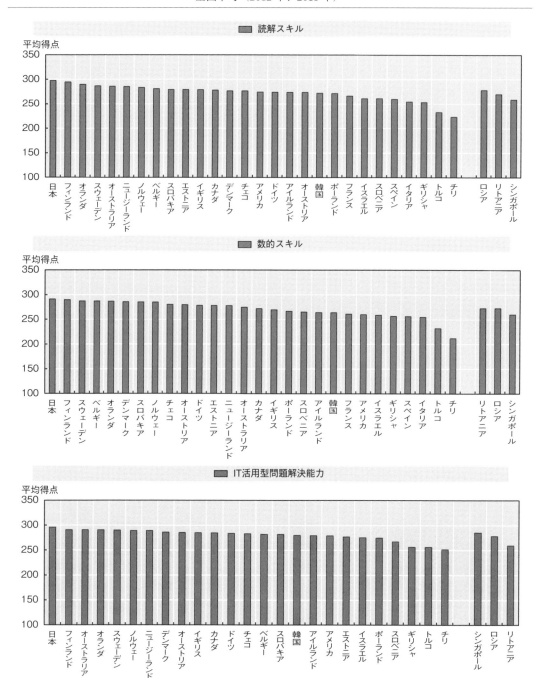

注：チリ、ギリシャ、イスラエル、ニュージーランド、スロベニア、トルコは 2015 年のデータであり、その他の国は 2012 年である。ベルギーのデータはフランドル地域のみ、イギリスのデータはイングランドと北アイルランドを合わせたものである。
資料：Survey of Adult Skills（PIAAC）（2012, 2015）, www.oecd.org/skills/piaac/publicdataandanalysis.
StatLink：http://dx.doi.org/10.1787/888933474273

グローバルな優位性を獲得するためには、どのようなスキルが必要か？　第3章

図 3.3　労働者のタスク型スキル（国別）
全国平均（2012 年、2015 年）

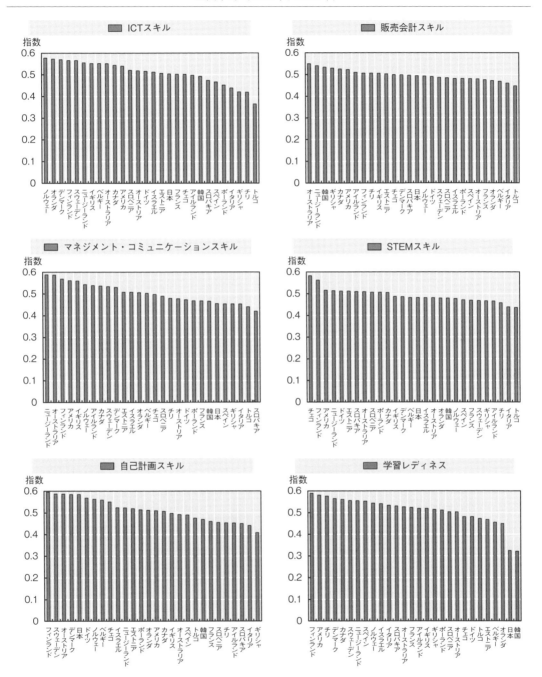

注：スキル指標は、コラム 3.1 で説明した探索的因子分析に基づいている。指数の値が高いほど、仕事でこれらのタスクを実行する頻度が高くなる。チリ、ギリシャ、イスラエル、ニュージーランド、スロベニア、トルコは 2015 年のデータであり、その他の国は 2012 年である。ベルギーのデータはフランドル地域のみ、イギリスのデータはイングランドと北アイルランドを合わせたものである。
資料：OECD 事務局算定。データ源：Survey of Adult Skills（PIAAC）(2012, 2015), www.oecd.org/skills/piaac/publicdataandanalysis.
StatLink : http://dx.doi.org/10.1787/888933474282

第3章 グローバルな優位性を獲得するためには、どのようなスキルが必要か？

図3.4 労働者の認知スキル（成人スキル調査）（産業別）
2012年、2015年

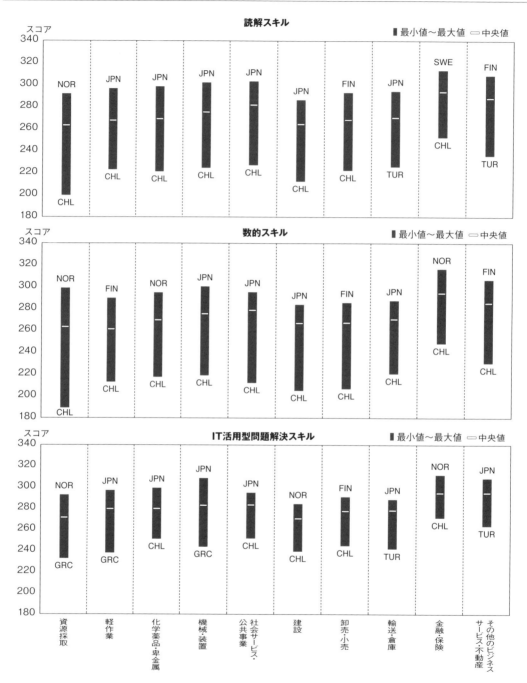

注：チリ、ギリシャ、イスラエル、ニュージーランド、スロベニア、トルコは2015年のデータであり、その他の国は2012年である。ベルギーのデータはフランドル地域のみ、イギリスのデータはイングランドと北アイルランドを合わせたものである。
資料：OECD事務局算定。データ源：Survey of Adult Skills（PIAAC）（2012, 2015), www.oecd.org/skills/piaac/publicdataandanalysis.
StatLink : http://dx.doi.org/10.1787/888933474296

図 3.5　労働者のタスク型スキル（産業別）
2012 年、2015 年

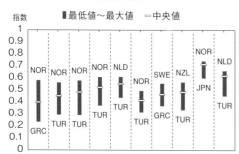

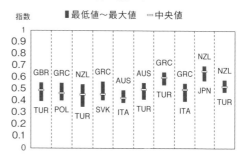

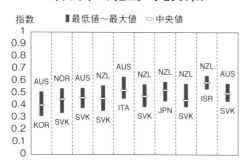

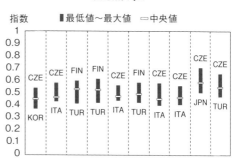

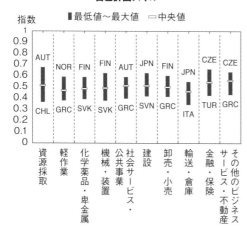

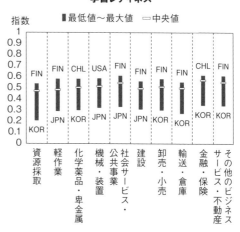

注：スキル指標は、コラム 3.1 で説明した探索的因子分析に基づく。チリ、ギリシャ、イスラエル、ニュージーランド、スロベニア、トルコは 2015 年のデータであり、その他の国は 2012 年である。ベルギーのデータはフランドル地域のみ、イギリスのデータはイングランドと北アイルランドを合わせたものである。

資料：OECD 事務局算定。データ源：Survey of Adult Skills（PIAAC）(2012, 2015), www.oecd.org/skills/piaac/publicdataandanalysis.

StatLink : http://dx.doi.org/10.1787/888933474306

製造業では販売や流通などのサービスを外部委託する傾向があることを示している。

3.2 多様なスキルの必要性

輸出実績とグローバルバリューチェーンへの参加のためのスキルの種類の多様化

労働者のスキルは、その国のグローバルバリューチェーンへの参加や輸出にとって重要であると一般的に考えられているが、グローバルバリューチェーンにおけるそれぞれの輸出のタイプと各種のスキルには、どのスキルが最も関連しているかはほとんどわかっていない。いくつかのスキル、特に認知スキルは、企業の価値創造に直接貢献することができ（Barney, 1991; Wright, McMahan and McWilliams, 1994）、第三国に対する輸出に使われる中間物にさらなる価値を加えることになる。他のスキルは、オフショアリング活動と海外からの中間物の使用を促進することもあるだろう（後方連携または後方参加）。

スキルは、多様性だけでなく労働者の熟練度の変化においても、グローバルバリューチェーンへの統合のために重要である。大規模な国際活動は、同様の平均的なスキルと技術を持つ開発途上国間で生起する。専門家、生産労働者および他の労働者の能力は、他の似たような国々では異なるため、これらの国々が貿易の恩恵を受ける理由を説明する必要があるだろう。

グローバルバリューチェーンへの参加と実績は国や産業によって異なるため、ある国の産業別のスキルレベルと他の国のスキルレベルとの関係を評価することにより、一方では輸出により、もう一方では同じ産業の様々な貿易相手国とのグローバルバリューチェーン活動により、各種スキルと輸出実績の関係を明らかにすることが可能である（コラム 3.2）。

これまでの分析によって、認知スキルと性格特性が輸出総額と付加価値、そしてグローバルバリューチェーンへの参加に重要であることを確認することができた（図 3.6）。読解スキル、数的スキル、IT活用型問題解決スキル、学習意欲は、輸出が大きくなればより強くなる傾向があり、付加価値の高い輸出の場合はなおさらである。これらのスキルは、グローバルバリューチェーンへの参加が前方連携や後方連携を介して強くなる場合にも高くなる可能性が高い。これらの結果は、進化する市場に参加し成長するためには、知識と学習が国際的な統合において基本的な役割を果たすという考えを裏付けるものである。

スキルの異なる労働者グループの認知スキルは、付加価値のある輸出とグローバルバリューチェーンへの参加に、様々な方法で重要である（図 3.7; 図 3.8）。読解スキルについては、最も熟練したスキルが最も重要である。これとは対照的に、数的スキルは業界全般にわたって重要であると思われる（すなわち、分布の中央値）。これは、輸出の革新と価値創造（付加価値のある前方連携や輸出に反映される）だけでなく、国内生産プロセスで付加された外国価値の統合（後方参加）にも数的スキルが必要であることを示唆している。IT活用型問題解決スキルについては、低いスキルの労働者（10 パーセンタイル未満）と高いスキルの労働者（90 パーセンタイル）の両方が、国内市

場の付加価値を国際市場にもたらし（前方参加）、また、組み立てラインでの製造プロセス（後方参加）のためにも熟練している必要がある。

> **コラム 3.2** グローバルバリューチェーンにおける
> 各種スキルと輸出実績の経験的関係
>
> 　ここでの議論は、多様なタイプのスキルが貿易とグローバルバリューチェーンへの参加度にどのように関連しているのかを検証する作業から得られたものである（Grundke et al., forthcoming a）。この目的のために、輸出実績とグローバルバリューチェーンへの参加度に関するいくつかの指標は、平均スキルレベル、スキル分布、ならびにスキル分散の中央値とそれより上位と下位の部分について測定された多様なスキル指標に1対1で結び付けることができる。そのスキル指標は、成人スキル調査で評価された3つの認知スキル（読解スキル、数的スキル、IT活用型問題解決スキル）とコラム3.1に示された因子分析から生じた6種のタスク型スキル指標（ICTスキル、学習レディネス、マネジメント・コミュニケーションスキル、自己計画スキル、販売会計スキル、STEMスキル）を含んでいる。それらは、すべて国ごと、産業ごとに特有の様相を呈している。
>
> 　貿易実績とグローバルバリューチェーンへの参加度に関するすべての指標は、付加価値貿易（TiVA）データベースに由来し、二国間における産業実績のレベルで分析し、対数形式で使用される。輸出は、総額と付加価値額で評価される。グローバルバリューチェーンへの参加度に関する3つの指標が評価されるが、その3つとは、最終需要に関するグローバルバリューチェーンへの前方参加（または前方連携）のための海外最終需要に具体化された国内付加価値、最終需要に関するグローバルバリューチェーンへの後方参加のための国内最終需要に具体化された海外付加価値、および輸出に関するグローバルバリューチェーンへの後方参加のための輸出における海外付加価値である。
>
> 　このモデルはまた、一連の独立した国家・産業変数を含んでいる。その変数とは、物的資本集約度、人的資本集約度（学歴によって測定する）、研究開発支出であり、これらは多様な技術的側面に関する産業要件に各国がいかに良好に適合することができるかを反映している。このモデルにはまた、当該国とその相手国および産業の特性の主な原因となる固定効果と同様に、貿易障壁も含まれている。
>
> 　成人スキル調査における観測が25未満の国家・産業グループは、測定誤差を減らすために除外される。標準誤差は、輸入者・輸出者ペアのレベルで調査単位としてクラスタ化される。
>
> 資料
> Grundke, R. et al (forthcoming a), "Skills and global value chains: Characterisation and evidence", *OECD Science, Technology and Industry Working Papers*.

第3章　グローバルな優位性を獲得するためには、どのようなスキルが必要か？

　学習レディネス[2]は労働者によって様々なタイプがあるが、グローバルバリューチェーンにおける輸出実績が強くなるほど高くなる可能性がある。学習レディネスが最もできている労働者は、グローバルバリューチェーンへの参加と輸出活動に最も強い効果を持つ傾向がある。

　ますます競争が激化するテクノロジー基盤の世界経済においては、特に付加価値の側面からみた場合に、ICTスキルと輸出との間に正の関係があることは驚くべきことではない（図3.6）。一方では、ICTスキルとSTEMスキルとの間の負の関係と、グローバルバリューチェーンへの参加度は曖昧である。考えられる説明では、これらのスキルに集中する産業や職業の特定のタスクは、通常オフショアリングすることは難しい[3]。

　多くの研究では、マネジメント、コミュニケーション、販売、自己計画などの認知特性と性格特性を組み合わせた企業のスキル実績への関連性が強調されている。しかし、これらのスキルの一部は、グローバルバリューチェーンへの参加と輸出実績に対して弱い関係にあるようにみえる。

　マネジメント・コミュニケーションスキルは、付加価値のある輸出と、前方連携の場合の国際的な統合に重要である（図3.6）。コミュニケーションとインタラクションのスキルは、生産における労働者間の相補性を発達させ、産業特化によって得られる利益を促進し、知識移転から得られる利益を奨励し、グローバルバリューチェーンへの前方参加と後方参加に利益をもたらす。戦略的マネジメント能力と組み合わせることによって、コミュニケーションとインタラクションのスキルは、世界市場において持続可能な優位性と競争力を生み出すことができる。

　自己計画スキルと同様に、強力な販売会計スキルは、グローバルバリューチェーンの輸出と統合にとって重要ではないように思われる[4]（図3.6）。自己計画スキルは、オフショアリングとの関連が弱い管理職によって使用されることが多く、後方参加にはマイナスの関連がある可能性がある。これらのスキルはグローバルバリューチェーンでの輸出実績に、それ自体では強く関連しているようには思えないが、他のスキルや企業の能力と融合したときに影響を持つのかもしれない。このような結果が直感的ではないのは、これらの指標が、関連するタスクの実行頻度に関する質問調査に基づいており、労働者の持つスキルには完全には一致していないという事実から始まっているからでもある[5]。

　労働者グループのタスク型スキルは、グローバルバリューチェーン指数に反比例するものもあれば、正比例するものもある（図3.7; 図3.8）。例えば、高いICTスキルと、低いマネジメント・コミュニケーションスキルは、外国の中間製品を輸出に使用する産業で少なくなるが、スキル使用の上位層のスキルが高くなればなるほど、外国の中間製品を使用する産業が増加する。このことは、外国からの輸入品の使用が、ICTスキルとマネジメント・コミュニケーションスキルの低さに代替しうるものであるかもしれないが、上位レベルのスキル使用者にとっては高いレベルのスキルによって補完される必要があることを示唆している。対照的に、STEMスキルが高ければ高いほど、より多くの産業において輸出がなされることは、これらのスキルが国際環境下において低スキル労働者にとって重要であることが示唆される。したがって、一部のスキルはすべての労働者が保持す

図 3.6 各種スキルとグローバルバリューチェーン貿易との関連

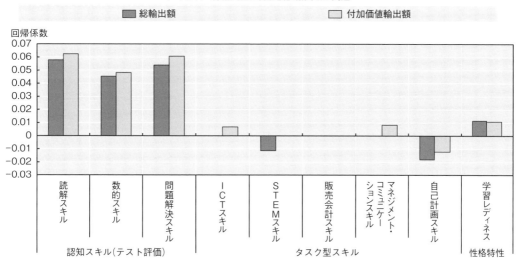

パネルA 総輸出額と付加価値輸出との関連

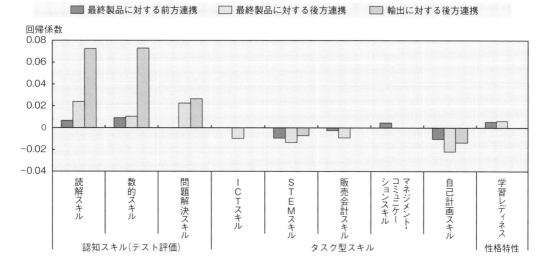

パネルB グローバルバリューチェーン参加度との関連

注：各グラフは、付加価値貿易（TiV）指標とグローバルバリューチェーンへの参加度を、スキル指標の平均値に関連させ、他の変数を制御した単一の係数を示したものである。すべてのTiVA指標は、2011年の二国間産業レベルを対数形式で示している。輸出は総額と付加価値の観点から考慮されている。グローバルバリューチェーンへの参加度の3つの指標が考慮されている。第一に、最終的な需要の観点からの前方連携に対する外国の最終需要に組み入れられた国内価値。第二に、最終的な需要の観点から、国内の最終需要に組み入れられた外貨付加価値。第三に、輸出面での後方連関のために輸出に付加された外貨付加価値。スキル指標は、2012年または2015年の国と産業の平均である。成人スキル調査で25未満の観察を有する国・産業グループは、測定誤差を減少させるために除去されている。標準誤差は、輸入者と輸出者のペアレベルで集計されている。有意水準1%、5%、10%で有意な係数のみが示されている。

資料：OECD事務局算定。データ源：Survey of Adult Skills（PIAAC）（2012, 2015）, www.oecd.org/skills/piaac/publicdataandanalysis; OECD Trade in Value Added database（TiVA）, https://stats.oecd.org/index.aspx?queryid=66237; OECD Annual National Accounts, SNA93, http://stats.oecd.org/; OECD STAN STructural ANalysis Database, http://stats.oecd.org/; Mayer and Zignago（2011）, "Notes on CEPII's distances measures: the GeoDist Database", *CEPII Working Paper* 2011-25; World Input-Output Database（WIOD）, www.wiod.org/home.

StatLink：http://dx.doi.org/10.1787/888933474318

第3章　グローバルな優位性を獲得するためには、どのようなスキルが必要か？

図 3.7　スキル分布と輸出総額・付加価値額の関連

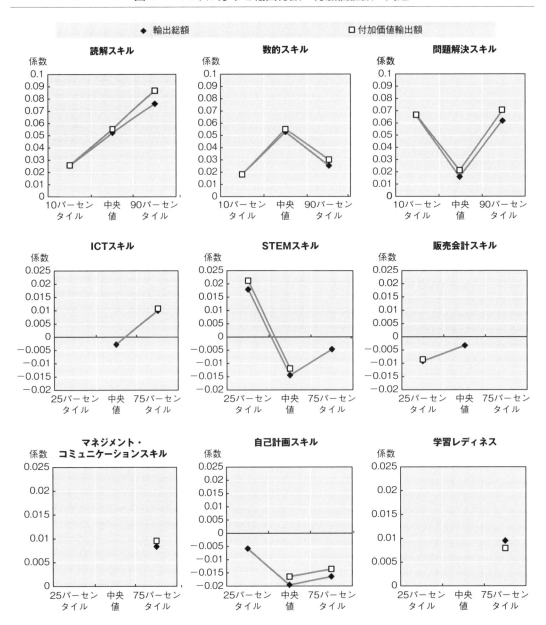

注：各図中の記号は、指示されたスキル指標および他の変数分布に関連する単一の係数を示している（コラム 3.2）。25 パーセンタイル、中央値、75 パーセンタイルのみが考慮されている。有意水準 1％、5％、10％で有意な係数のみが示されている。例えば、販売会計スキルに関して、25 パーセンタイルでは総額と付加価値税で輸出に対してマイナスの影響を及ぼし、中央値では輸出に対してマイナスの影響を及ぼす。他には有意な関係はみられない。

資料：OECD 事務局算定。データ源：Survey of Adult Skills (PIAAC) (2012, 2015), www.oecd.org/skills/piaac/publicdataandanalysis; OECD Trade in Value Added database (TiVA), https://stats.oecd.org/index.aspx?queryid=66237; OECD Annual National Accounts, SNA93, http://stats.oecd.org/; OECD STAN STructural ANalysis Database, http://stats.oecd.org/; Mayer and Zignago (2011), "Notes on CEPII's distances measures: the GeoDist Database", *CEPII Working Paper* 2011-25; World Input-Output Database (WIOD), www.wiod.org/home.

StatLink：http://dx.doi.org/10.1787/888933474323

図 3.8 スキル分布とグローバルバリューチェーン参加度との関連

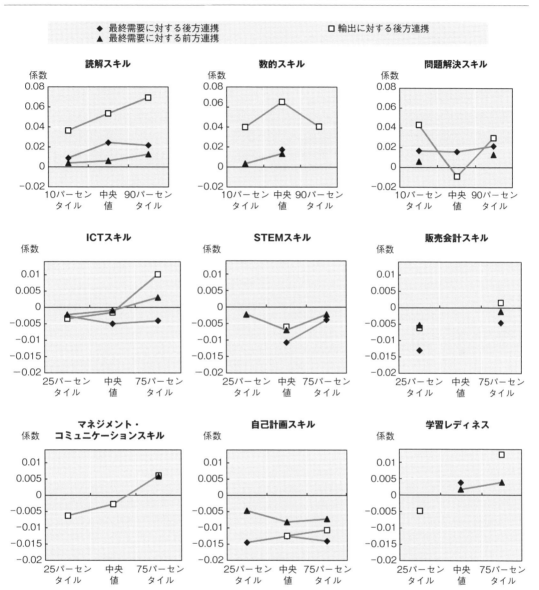

注：各図中の記号は、グローバルバリューチェーンへの参加度を示すスキル指標および他の変数分布に関連する単一の係数を示したものである（コラム 3.2）。グローバルバリューチェーンへの参加度を示す 25 パーセンタイル、中央値、75 パーセンタイルのみが考慮されている。有意水準 1％、5％、10％で有意な係数のみが示されている。最終需要の観点から見て、海外の付加価値が国内の最終需要に含まれている。輸出の観点からの後方連携のための輸出に付加される外国の価値 1％、5％、10％のレベルで有意な係数のみが示されている。例えば、販売会計スキルに関して、25 パーセンタイルは最終需要に対しては前方連携および後方連携は否定的に関連し、輸出に対しては前方連携に否定的に関連している。それ以外の場合には、有意な関係はない。付加価値貿易（TiVA）指標は 2011 年、スキル指標は 2012 年または 2015 年のものである。
資料：OECD 事務局算定。データ源：Survey of Adult Skills (PIAAC) (2012, 2015), www.oecd.org/skills/piaac/publicdataandanalysis; OECD Trade in Value Added database (TiVA), https://stats.oecd.org/index.aspx?queryid=66237; OECD Annual National Accounts, SNA93, http://stats.oecd.org/; OECD STAN STructural ANalysis Database, http://stats.oecd.org/; Mayer and Zignago (2011), "Notes on CEPII's distances measures: the GeoDist Database", *CEPII Working Paper* 2011-25; World Input-Output Database (WIOD), www.wiod.org/home.

StatLink：http://dx.doi.org/10.1787/888933474335

る必要があるが、他のスキルは低スキルかまたは高スキルの労働者にとっては特に重要である。

ここで示された結果は、特定の労働者の様々なスキルのレベルを高める政策が、グローバルバリューチェーンへの参加を促進する上で重要な役割を果たすことを示唆している。しかし、これらの結果は、グローバルバリューチェーンにおける産業の実績に、国家レベルで提供されるスキルとの因果関係を示してはいない。労働者は産業間で移動可能であるため、企業の経済実績の変化とこれらの産業のグローバルバリューチェーンへの参加は、特定の国の産業間での労働者配分に強い影響を及ぼし、その結果、国・産業レベルでのスキル——特に、タスク型スキル——の供給に強く影響を与える。

産業によって異なるスキル要件

産業レベルでのスキル要件をみた場合、ICT スキル、STEM スキル、マネジメント・コミュニケーションスキル、販売会計スキル、自己計画スキル（コラム 3.1 参照）など、成人スキル調査から算出されたタスク型スキル指標によれば、産業はこれらのタスクの多くを必要とするため、より多くのスキルを必要とする。これらの指標によると、ほとんどの産業では幅広い仕事に集中する必要があることから、幅広いスキルを持つ労働者が必要であることが示唆されている（図 3.9）。

予想されるように、より複雑なビジネスサービス業やハイテク企業は、あまり複雑でないビジネスサービス業やローテク製造業よりも、タスク型スキルを集中的に使用する。しかし、それほど複雑でないビジネスサービス業やローテク産業では、マネジメント・コミュニケーションスキル、自己計画スキルなどの幅広いスキルを使用する。ハイテク産業は、STEM タスクではより集中的であるが、マネジメント・コミュニケーションのような「ソフト」スキルを必要とするタスクとも頻繁に関係する。全体として、特定のタスクの実績によって産業を特徴付けることは困難である。様々な異なるタイプの産業が ICT スキルと STEM スキルを使うタスクに集中的である。

異なる産業が特定のスキルを必要とする割合を測定するために、産業のスキル要件をより明確に把握することを目的として、同じタスク型スキル指数を使用して、特定のタスクの頻度を他のタスクの頻度と比較することができる（図 3.10）。多くのハイテク製造業は、マネジメント・コミュニケーションタスク、あるいは販売会計タスクよりも、自己計画タスクに高く集中している[6]。ビジネスサービス業は、コミュニケーションタスクよりも販売会計タスクに集中する傾向があり、複雑なビジネスサービス業では自己計画タスクにも集中する。ビジネスサービス業はコミュニケーションタスクよりは販売会計スキルに集中する傾向があり、複雑なビジネスサービス業もまた自己計画タスクに集中する。これらの結果は、幅広いスキルが産業によって必要とされ、産業がこれらのタスクの実績における相対的な強さによって特徴付けられると考えられる。

図 3.9 産業のタスク強度
34 業種、2012 年

複雑でないビジネスサービス業
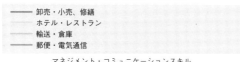
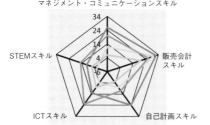

複雑なビジネスサービス業

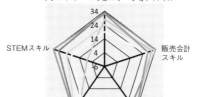

ハイテク産業（中程度ハイテク産業も含む）
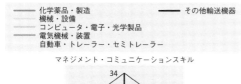

ローテク産業（中程度ローテク産業も含む）

個人向けサービス業
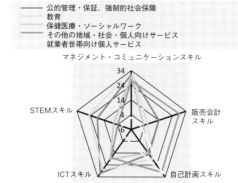

その他の産業
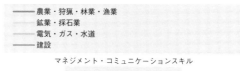
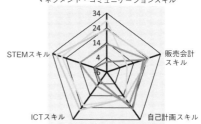

注：各産業は、スキル型タスクの指標に対応する強度によってランク付けされている（コラム3.1）。最高ランクは最も高いタスク強度の産業に対応し、最低ランクは最も低いタスク強度の産業に対応している。図中の各パネルは、5つの次元のタスク強度に応じて産業グループがどのようにランク付けされるかを示している。
資料：OECD 事務局算定。データ源：Survey of Adult Skills（PIAAC）（2012）, www.oecd.org/skills/piaac/publicdataandanalysis.
StatLink : http://dx.doi.org/10.1787/888933474340

第 3 章　グローバルな優位性を獲得するためには、どのようなスキルが必要か？

図 3.10　産業間における相対的タスク強度（各国平均）
34 業種、2012 年

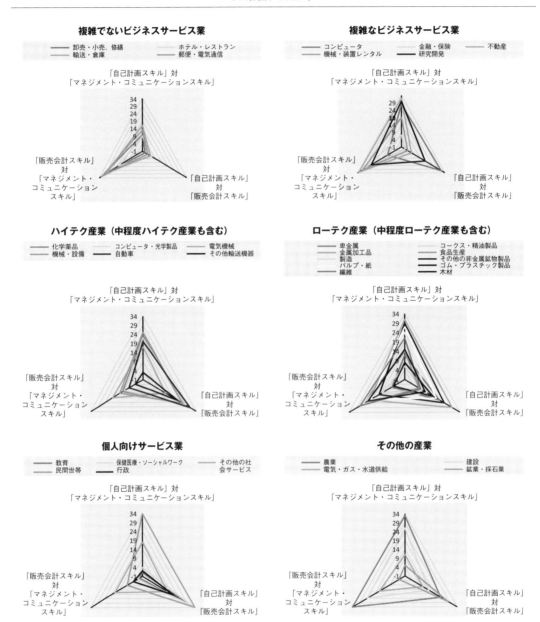

注：各産業は、2 つのタスク間の相対強度に従ってランク付けされ、業種に対応する最高ランクが最も高い相対タスク強度を示し、最低ランクが 2 つのタスク間の最も低い相対タスク強度を持つ産業に対応している。各図は、3 次元の相対強度に基づいて産業グループがどのようにランク付けされるかを示している。各相対タスク強度は、産業レベルでの 2 つのタスク型スキルのスキル指標それぞれの平均値、「自己計画スキル」対「マネジメント・コミュニケーションスキル」、「自己計画スキル」対「販売会計スキル」、および「販売会計スキル」対「マネジメント・コミュニケーションスキル」からなる。
資料：OECD 事務局算定・データ源：Survey of Adult Skills（PIAAC）（2012）, www.oecd.org/skills/piaac/publicdataandanalysis.
StatLink：http://dx.doi.org/10.1787/888933474350

3.3 グローバルバリューチェーンにおける各国の産業特化の理解

各国のスキルの基盤は異なる一方で、産業のスキル要件は異なる。本節では、グローバルバリューチェーン内のいくつかの業種において、各国のスキル特性と産業のスキル要件との相互作用が、どのようにしてより優れた成果をもたらすかを検討する。スキルに重点が置かれているが、グローバルバリューチェーンの専門分野にも影響を及ぼす物理的資本や取引コストなどといった、他の要因も考慮されている。

適切なスキルミックスを持つこと

雇用主は、労働者にスキルミックスがあることを期待しており、企業業績はスキルの多様性に依存している。グローバルバリューチェーン内では、労働者は技術的な作業を行うだけでなく、外国の同僚とのコミュニケーションをとる必要があり、スキルとコミュニケーション能力が求められる。労働者が様々なスキルを適切に組み合わせる度合いは、グローバルバリューチェーン内の国々の業績に影響を及ぼす。例えば、インドの調査では、ほとんどの場合、技術的なスキル、英語力、チームで働く能力、基本的な口頭発表を行う能力のうち、少なくともひとつが不足しているにすぎないのに、エンジニアリングスクールの卒業生の4人に1人しか雇用されていないことがわかった（Ohnsorge and Treffler, 2007）[7]。インドの卒業生のスキルについての懸念は、先進国からのオフショアリングの増加と外国投資誘致の競争の中で起きたものである。同様に、ヨーロッパで行われた雇用主調査に基づく研究によると、企業のパフォーマンスのための技術的なスキルや認知スキル、社会情動的スキルの組み合わせの役割が提唱されている（Humburg, van der Velden and Verhagen, 2013）。対人関係スキルの欠如は、特に高いスキルを必要としない仕事の場合、雇用に強い障壁になっている（Heckman and Kautz, 2013）。これらの研究は、企業がひとつのスキルを専門とする労働者の集団を有するよりは、それぞれの労働者が適切なスキルの組み合わせを持つことが重要であることを示している。

適切なスキルミックスが就業力と企業業績にとって重要であるという広い総意がある一方、スキルミックスに関する国々の関与の特性を決定し、グローバルバリューチェーンでの輸出実績におけるスキルミックスの影響を評価しようとする研究はほとんどない。

スキルミックスがグローバルバリューチェーンにおける各国の産業特化をどのように形成するのか、また、これが経験的にどのように評価されるのかを理解するには、二つのスキル（例えば、数的スキルと読解スキル、または数量的スキルとコミュニケーションスキル）を検討することが有用である。労働者を、これらの二つのスキルの絶対値、絶対的スキル優位、およびスキルが他のスキルより優れているかどうか、つまり相対的スキル優位によって特徴付けることができる。図3.10に示すように、産業は相対的なスキル要件によって異なる。業種間での労働者の配分は、労働者が

各タイプのスキルをどの程度身に付けているかによって決まるものではなく、あるスキルと他のスキルとの比率（従業員の相対的スキル優位）によって決定される。例えば、読解スキルに対して数的スキルの比率が高い労働者は、数量的なタスクへの集中的が高い産業で働く。スキルの絶対値は、業種間での労働者の選別には影響しないが、実際には数的スキルと読解スキルの両方を必要とする労働者の生産性に影響を及ぼす。

特定の産業において国際的に競争力を持ち、これらの産業に特化した国の能力は、人口全体の相対的スキル優位と絶対的スキル優位の国家間の関係に依存する。上記のような、読解スキルに対する数的スキルの高い比率によって測定された相対的スキル優位の場合や、強い読解スキルと数的スキルとして測定された絶対的スキル優位の場合に、二つのスキル間の高い正比例の関係を持つ国は数量的スキル集約的産業に特化される。最良の労働者——二つのスキルで絶対的優位を持つ労働者——は、数量的スキル集約的産業に区分され、相対的に関連の低い国々と比較してこの産業の絶対的生産性を増加させる。逆に、相対的に関連の低い国は、他の国々と比較してコミュニケーション集約的産業で絶対的優位を持つことから、コミュニケーションスキルに集中するように読解スキルを必要とする産業で特化される（コラム3.3）。

コラム3.3 各国のスキルミックスとグローバルバリューチェーンにおける産業特化との経験的関係

本節と次節における議論は、グローバルバリューチェーン内の特定の産業における各国の特化において各国のスキルミックスが演じている役割を検証したOECDの作業に基づいている（Grundke et al., forthcoming b）。実証面では、労働者は不均質であって、二つのスキル（たとえば、数量的スキルとコミュニケーションスキル）のスキルミックスを備えていると仮定された理論モデルに基づいている（Ohnsorge and Treffler, 2007）。各産業は、そのスキル要件において相違があり、他方で特定のスキルミックスの限界生産は、産業全般において相違がある。特定の産業における各国の特化を説明する主要変数は、その国の人口全体に関する相対的スキル優位と絶対的スキル優位の間の国全体での相関関係である。この相関指標は、相対的スキル賦存と相まって、各国のグローバルバリューチェーン内の比較優位を説明する。

本書では、成人スキル調査において評価された読解力、数的思考力、IT活用型問題解決能力に関するスキルを用いて、国全体にわたるスキルミックスを測定する。スキルミックスに関して考えられうる3つすべての組み合わせ（数的スキルと読解スキル、IT活用型問題解決スキルと数的スキル、IT活用型問題解決スキルと読解スキル）が検証されている。これら3つのタイプのスキルにおける産業の相対的タスク強度は、評価されたスキルと、これら特定のスキルに関連するタスクにおける産業の強度との間の対応を特定した上で（表3.1）、産業レベルの因子分析に由来するタスク型スキル指標を使用して計算される（コラム3.1）。成人スキル調査の「テク

ニカルレポート」における認知評価テストの説明に基づけば、読解スキルは、タスク型スキル指標によって測定されたマネジメント・コミュニケーションタスクに集約的な産業においてより必要性が高いと考えるのが合理的である。同様に、数的スキルは、販売会計スキルというタスク型スキルと結び付けうるし、IT活用型問題解決スキルは自己計画スキルというタスク型スキルと結び付けることができる。

　グローバルバリューチェーン内の各国の産業特化に関するスキルミックスの重要性を検証するために、その実証的分析により、ある国の各産業における貿易相手に向けた付加価値輸出額が説明できる。この説明では、（二つの認知スキルに対応した）二つの特定のタスクにおける産業の相対的強度に関連して、（その二つのタイプの認知スキルにおける）労働者の相対的スキル優位と絶対的スキル優位についてのその国特有の相関関係を用いる。もう一つの主要な説明変数は、相対的スキル優位と各産業の相対的強度に関する国家・産業の相互作用である。それぞれのスペックは、二つの評価されたスキルの可能な組み合わせ（数的スキルと読解スキル、IT活用型問題解決スキルと数的スキル、IT活用型問題解決スキルと読解スキル）に関して、各々に対応する産業の相対的タスク強度（販売会計とマネジメント・コミュニケーション、自己計画と販売会計、自己計画とマネジメント・コミュニケーション）により評価される。

　その実証的分析には、比較優位に関する実証的文献（Romalis 2004, Nunn 2007, Levshenko 2007, Chor 2010）において使われた二国間貿易フローのための典型的部門別重力モデルを使用する。そこで作成された二国間産業レベルデータセットは、23の輸出国、62の輸入国（世界の残りの国を含む）および34の付加価値貿易産業を含んでいる。付加価値輸出額は、2011年の値を付加価値貿易（TiVA）データベース2015年版から得ている。分析面でのスペックのすべてには、独立変数として輸入産業レベルにおける最終需要が含まれている。追加的説明変数は、すべての捨象された統合部門のために輸出国および輸入国に関する特性を制御するダミー変数と同様に（34の産業が3つの部門、つまり資源採集、製造・ユーティリティ、サービスに統合されている）、物的資本と人的資本の相対的賦存に関する伝統的ヘクシャー＝オリーンの国家・産業評価尺度、CEPII GeoDistデータベースから得た二国間貿易コスト変数（Mayer and Zignago, 2011）、ならびに輸出者、輸入者および産業の特性の主な原因となる固定効果を含んでいる。ロバスト標準誤差は、輸出者・輸入者レベルでクラスタ化される。

資料

Chor, D. (2010), "Unpacking sources of comparative advantage: A quantitative approach", *Journal of International Economics*.

Grundke, R. et al. (forthcoming b), "Having the right mix: The role of skills bundles for comparative advantage and industry performance in GVCs", *OECD Science, Technology and Industry Working Papers*.

Levshenko, A.A. (2007), "Institutional quality and international trade", *Review of Economic Studies*.

Nunn, N. (2007), "Relationship-specificity, incomplete contracts, and the pattern of trade", *The Quarterly Journal of Economics*.

Mayer, T. and S. Zignago (2011), "Notes on CEPII's distances measures: the GeoDist Database", *CEPII Working Paper 2011-25*.

Ohnsorge, F. and D. Treffler (2007), "Sorting it out: International trade with heterogeneous workers", *Journal of Political Economy*.

Romalis, J. (2004), "Factor proportions and the structure of commodity trade", *American Economic Review*.

成人スキル調査により、人口のスキルミックスに関する情報を得ることができる。読解スキル、数的スキル、IT活用型問題解決スキルの3つのスキルの熟達度の評価を含んでおり、これらのスキルが相互にどのように関連しているかを調査することが可能である。

それぞれの国では、人口のスキルミックスが異なる（図3.11）。アメリカなどの国々のグループでは、読解スキル（数的スキルにおける相対的スキル優位）よりも数的スキルに熟達している労働者は、読解スキル（絶対的スキル優位）においても高いスキルを持つ。一方、チェコなどの国では、これとは逆のことが当てはまる。つまり、アメリカでは数的スキル（読解スキルよりも数的スキルが高い）で比較優位を持つ市民の一部はまた、両方の認知スキル、例えば数的スキルと読解スキルでもスキル絶対値が高い。一方、チェコでは、数的スキルで比較優位を持つ労働者は両方のスキルでスキル絶対値が低い。すべての国々で、数的スキルや読解スキルよりも相対的に高いIT活用型問題解決スキルを持つ労働者は、スキル絶対値で高い数的スキルや読解スキルを欠くが、国によって違いがある。

労働者が産業間でどのように分布しているかを理解するために、労働者の認知スキルと産業のスキル要件の間の対応が確立される必要がある（コラム3.3;表3.1）。成人スキル調査で測定された認知スキルは多くの能力をとらえているので、産業のスキル要件に合わせることができる。読解スキルは、複雑な社会的状況を分析し、マネジメント・コミュニケーションのタスクに集中する産業で必要だと思われる言葉を使った社会との関わりを扱う能力をさらに広く測定する。数的スキルは数学情報を理解し使いそしてコミュニケーションをとる能力を測定するものであり、販売会計のタスクに集中する企業では必要と考えられている。IT活用型問題解決スキルは、答えを見いだすために、問題を見いだし、目標を定め、そして自己をマネジメントする。このスキルは、自己計画タスクに集中する産業では重要である。

産業によってはそのタスクの強さは様々であり、そして国々は、この産業特異的なスキル要件（グローバルバリューチェーンでの比較優位は国—産業マッチに由来する）を与えるためにそのスキルミックスが異なる。成人スキル調査と付加価値貿易（TiVA）データを使った推計からは以下のようなことがわかる。

表3.1　産業のタスク強度とスキル要件との対応

産業のタスク強度	認知スキル要件との対応
マネジメント・コミュニケーションスキル	読解スキル
販売会計スキル	数的スキル
自己計画スキル	IT活用型問題解決スキル

資料：OECD事務局算定。データ源：Survey of Adult Skills（PIAAC）（2012), www.oecd.org/skills/piaac/publicdataandanalysis.

グローバルな優位性を獲得するためには、どのようなスキルが必要か？　第3章

図3.11　相対的スキル優位と絶対的スキル優位との相関
2012年、2015年

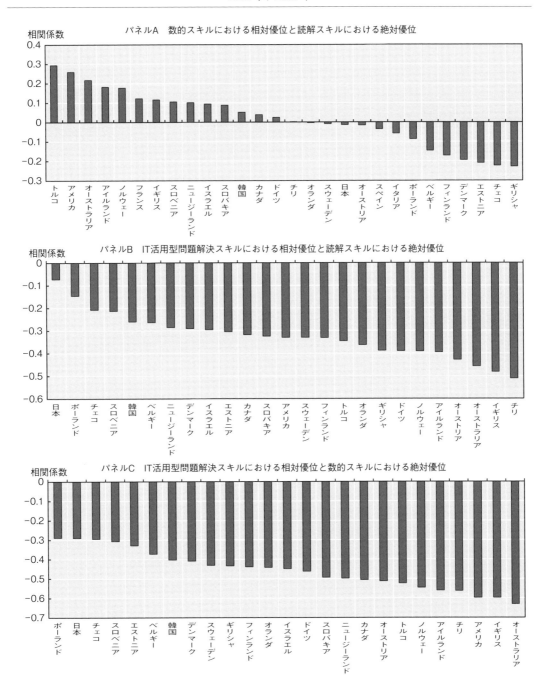

注：チリ、ギリシャ、イスラエル、ニュージーランド、スロベニア、トルコは2015年、その他の国は2012年のデータを使用。ベルギーのデータはフランドル地域、イギリスのデータはイングランドと北アイルランドを指す。
資料：OECD事務局算定。データ源：Survey of Adult Skills（PIAAC）（2012, 2015），www.oecd.org/skills/piaac/publicdataandanalysis.
StatLink：http://dx.doi.org/10.1787/888933474365

第3章 グローバルな優位性を獲得するためには、どのようなスキルが必要か？

図3.12［1/2］ 労働者のスキルミックスに起因する国内付加価値からみた輸出の増加（国別）

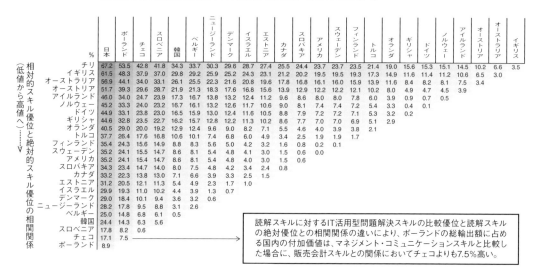

図3.12 [2/2] 労働者のスキルミックスに起因する国内付加価値からみた輸出の増加(国別)

パネルC　高い数的スキルと相対的に高いIT活用型問題解決スキルを持つ労働
相対的スキル優位と絶対的スキル優位の相関関係(高値から低値へ)

相対的スキル優位と絶対的スキル優位の相関関係（低値から高値へ）↓

%	ポーランド	日本	チェコ	スロベニア	エストニア	ベルギー	韓国	デンマーク	スウェーデン	ギリシャ	フィンランド	オランダ	イスラエル	ドイツ	スロバキア	ニュージーランド	カナダ	オーストリア	トルコ	ノルウェー	アイルランド	チリ	アメリカ	イギリス
オーストラリア	47.8	47.5	46.7	44.6	41.0	34.2	29.7	28.9	25.6	25.2	24.5	24.0	23.1	21.2	17.0	16.3	15.4	14.5	13.1	10.2	8.4	8.1	3.8	3.8
イギリス	42.4	42.2	41.4	39.3	35.9	29.3	25.0	24.2	21.0	20.6	20.0	19.5	18.6	16.8	12.7	12.1	11.2	10.3	9.0	6.2	4.5	4.2	0.0	
アメリカ	42.4	42.2	41.3	39.3	35.9	29.3	25.0	24.2	21.0	20.6	20.0	19.5	18.6	16.8	12.7	12.1	11.2	10.3	8.9	6.2	4.4	4.2		
チリ	36.7	36.5	35.7	33.7	30.4	24.1	20.0	19.2	16.2	15.8	15.2	14.7	13.8	12.1	8.2	7.6	6.7	5.9	4.6	1.9	0.3			
アイルランド	36.4	36.1	35.3	33.4	30.1	23.8	19.7	18.9	15.9	15.5	14.9	14.4	13.6	11.8	7.9	7.3	6.4	5.6	4.3	1.7				
ノルウェー	36.4	33.9	33.1	31.2	28.0	21.7	17.7	16.9	13.9	13.6	13.0	12.6	11.7	10.0	6.1	5.5	4.7	3.9	2.6					
トルコ	30.7	30.5	29.8	27.9	24.7	18.7	14.7	14.0	11.1	10.7	10.1	9.7	8.9	7.2	3.5	2.9	2.0	1.3						
オーストリア	29.1	28.9	28.1	26.3	23.2	17.2	13.3	12.5	9.7	9.3	8.8	8.3	7.5	5.9	2.7	2.2	1.6	0.8						
カナダ	28.1	27.9	27.1	25.3	22.2	16.3	12.4	11.7	8.8	8.5	7.9	7.5	6.7	5.1	1.4	0.8								
ニュージーランド	27.1	26.8	26.1	24.3	21.2	15.3	11.5	10.8	8.0	7.6	7.1	6.6	5.8	4.2	0.6									
スロバキア	26.4	26.1	25.4	23.6	20.5	14.7	10.9	10.1	7.3	7.0	6.5	6.0	5.2	3.6										
ドイツ	21.9	21.7	21.0	19.2	16.3	10.7	7.0	6.3	3.6	3.3	2.7	2.3	1.5											
イスラエル	20.1	19.9	19.2	17.5	14.6	9.0	5.4	4.7	2.0	1.7	1.2	0.8												
オランダ	19.2	18.9	18.3	16.5	13.7	8.2	4.6	3.9	1.2	0.9	0.4													
フィンランド	18.7	18.5	17.8	16.1	13.2	7.7	4.2	3.5	0.8	0.5														
ギリシャ	18.1	17.9	17.2	15.5	12.6	7.2	3.6	2.9	0.3															
スウェーデン	17.7	17.5	16.8	15.1	12.3	6.8	3.3	2.6																
デンマーク	14.7	14.5	13.9	12.2	9.4	4.1	0.7																	
韓国	14.0	13.7	13.1	11.5	8.7	3.4																		
ベルギー	10.2	10.0	9.3	7.7	5.1																			
エストニア	4.8	4.6	4.0	2.5																				
スロベニア	2.2	2.1	1.5																					
チェコ	0.8	0.6																						
日本	0.2																							

> IT活用型問題解決スキルに対する数的スキルの比較優位と数的スキルの絶対優位との相関関係の違いにより、ポーランドの総輸出額に占める国内の付加価値は、販売会計スキルと比較した場合に、自己計画スキルとの関係において日本よりも0.2%高い。

注：推定値はコラム3.3で説明したモデルから取得される。列で示される国は、絶対的スキル優位と相対的スキル優位の間の相関の降順でランク付けされ、行で示される国は同じ指標の昇順でランク付けされている。それぞれの推定値(セル)は、関連するスキルが比較的高い強度を持つ産業における絶対的スキル優位と相対的スキル優位との間の相関における両国間の差に起因する付加価値項目における輸出の増加を示している。他のスキルと比較して特定のスキルの強度が高い(低い)業界は、2つのスキルの強度の比率でランク付けされた業界の75 (25)パーセンタイルにある。相対的なスキル強度の違いは、図に示されている結果よりも大きくなる(低くなる)。付加価値貿易(TiVA)指標は2011年、スキル指標は2012年または2015年のものである。スキルに関するデータについては、ベルギーはフランドル地域、イギリスはイングランドと北アイルランドを指す。
資料：OECD事務局算定。データ源：Survey of Adult Skills (PIAAC) (2012, 2015), www.oecd.org/skills/piaac/publicdataandanalysis; OECD Trade in Value Added database (TiVA), https://stats.oecd.org/index.aspx?queryid=66237; OECD (Annual National Accounts, SNA93, http://stats.oecd.org/; OECD STAN STructural ANalysis Database, http://stats.oecd.org/; Mayer and Zignago (2011), "Notes on CEPII's distances measures: the GeoDist Database", *CEPII Working Paper* 2011-25; World Input-Output Database (WIOD), www.wiod.org/home.

StatLink : http://dx.doi.org/10.1787/888933474372

- 読解スキルと比較して数的スキルの相対的スキル優位の相関が高く、これらのスキルの絶対的優位を持つ国々は、マネジメント・コミュニケーションタスクに比べて販売会計タスクに集中した産業では輸出がより多い(図3.12パネルA)。このケースには、例えば、オーストラリア、アイルランド、ノルウェー、トルコ、アメリカが当てはまる。それらの国々でも、読解スキルよりも高い数的スキルを持つ労働者は、絶対値で高い読解スキルを持つ。そのスキルミックスはこの国々の多くの、複雑な業務(金融、保険、研究開発など)とそれほど複雑ではない業務(卸売り、小売りなど)の双方のビジネスサービス産業に、貿易比較優位を与える(図3.10)。
- 読解スキルと比較してIT活用型問題解決スキルの相対的優位の相関が高く、これらのスキルの絶対的優位を持つ国々は、マネジメント・コミュニケーションタスクよりも自己計画タスクに集中する産業

ではより多く輸出することができる(図3.12パネルB)。このケースは、チェコ、日本、韓国、ポーランドとスロベニアが当てはまる。彼らのスキルミックスはこの国々に多数の複雑なビジネスサービス産業で貿易比較優位を与える。製薬産業やコンピュータ産業のような高度な先端技術産業と同様に、コンピュータと関連する活動、そして金融と保険を含む(図3.10)。

- 数的スキルと比較してIT活用型問題解決スキルの相対的スキル優位の相関が高く、これらのスキルの絶対的優位を持つ国々は、販売会計タスクよりも自己計画タスクが集中している産業ではより多く輸出することができる(図3.13パネルC)。例えば、このケースは、チェコ、エストニア、日本、ポーランドとスロベニアが当てはまる。高いIT活用型問題解決スキルが数的スキルよりも高い労働者もまた絶対値で高い数的スキルを持つ。そのスキルミックスは、パルプ製紙のようなローテク産業と同様に、製薬企業のような多くのビジネスサービス業で貿易比較優位を各国に与える(図3.10)。

相対的スキル賦存の役割

各国の産業特化の傾向は適切なスキルミックス持つことだけではなく、相対的スキル賦存にも依存する。より集中的に豊富なスキルを使う産業が発展することで、グローバルバリューチェーンでの製造と貿易において世界的に巨大なシェアをつかむことができる。学歴が比較優位にどのように貢献するのかを調査した研究では、高い教育を受けた労働者が豊富な国々は集中的にこの因子を使う産業に特化することを示している(Romalis, 2004)。そのような研究では、データ制限のために、スキルの代わりとして学歴を用いている。

成人スキル調査は、高いスキルの労働者か低いスキルの労働者かを区別するよりも、様々なタイプのスキルで相対的スキル賦存の役割を調査するのに役立てることができる。もし二つのスキル、数的スキルと読解スキル、そして二つのタスク、数量的タスクとコミュニケーションタスク、を考慮するならば、読解スキルよりも数的スキルの高い国民のいる国は、コミュニケーションタスクよりも数量的タスクに集中する産業ではより多く輸出することができる。読解スキルよりも数的スキルの低い国民のいる国は、逆に、コミュニケーションタスクに集中した産業でより多く輸出することができる。成人スキル調査のデータを用いて、数的スキルと読解スキルの平均スコア比、あるいは数的スキルと読解力に対するIT活用型問題解決スキルの平均スコア比をみることで、ある国の相対的スキル賦存を測定できる。

他国と比較した場合の国民のスキル優位は次のようである。1)オーストリア、ベルギー、デンマークでは読解スキルよりは数的スキル、2)チリ、ドイツ、イスラエル、トルコ[8]では読解スキルよりはIT活用型問題解決スキル、3)チリ、トルコ、イギリスとアメリカでは数的スキルよりはIT活用型問題解決スキル(図3.13)。

相対的スキル優位と絶対的スキル優位の間の関係で各国をみると、労働者の相対的スキル賦存の違いは、そのスキル特化に依存している産業ではグローバルバリューチェーン内での比較優位を生み出す。

グローバルな優位性を獲得するためには、どのようなスキルが必要か？　第3章

図3.13　相対的スキル優位（国別）
2012年、2015年

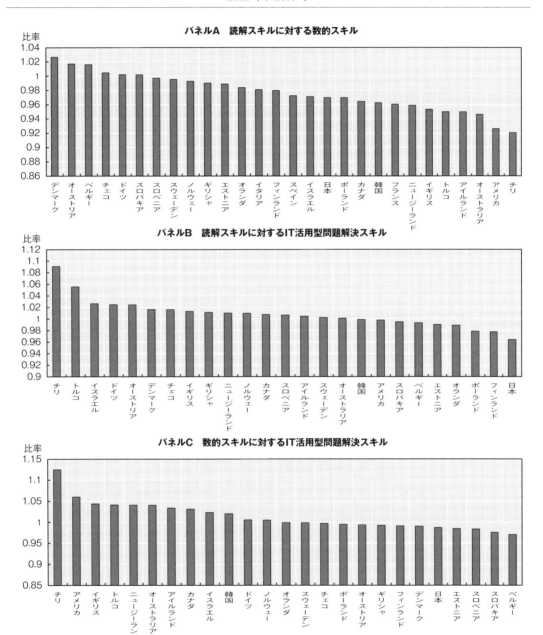

注：数字は全人口における2つのスキルに関するスコアの平均割合を示している。スコアが1を下回ったり上回ったりしても、平均して個人のスキルが他のスキルよりも高いことを意味するわけではない。この図は、相対的スキルにおける国の順位を示している。デンマークの個人は、調査の対象となっている他のすべての国よりも、平均して読解スキルに対する数的スキルが優れている。チリ、ギリシャ、イスラエル、ニュージーランド、スロベニア、トルコは2015年、その他の国は2012年のデータを使用。ベルギーのデータはフランドル地域、イギリスのデータはイングランドと北アイルランドを指す。

資料：OECD事務局算定。データ源：Survey of Adult Skills (PIAAC) (2012, 2015), www.oecd.org/skills/piaac/publicdataandanalysis.
StatLink：http://dx.doi.org/10.1787/888933474382

第3章　グローバルな優位性を獲得するためには、どのようなスキルが必要か？

図3.14 [1/2]　労働者の相対的スキル優位に起因する国内付加価値からみた輸出の増加（国別）

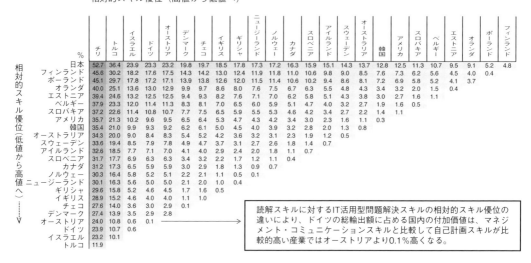

図 3.14 [2/2] 労働者の相対的スキル優位に起因する国内付加価値からみた輸出の増加（国別）

パネルC 数的スキルに対して相対的に高いIT活用型問題解決スキルを持つ労働者

相対的スキル優位（高値から低値へ）

%	チリ	アメリカ	イギリス	トルコ	ニュージーランド	オーストラリア	アイルランド	カナダ	イスラエル	韓国	ドイツ	ノルウェー	オランダ	スウェーデン	チェコ	ポーランド	オーストリア	ギリシャ	フィンランド	デンマーク	日本	エストニア	スロベニア	スロバキア
ベルギー	13.3	7.8	6.1	6.1	6.1	6.1	5.5	5.3	4.6	4.3	3.1	3.0	2.4	2.5	2.3	2.1	2.0	1.9	1.8	1.7	1.4	1.2	1.1	0.4
スロバキア	12.8	7.3	5.9	5.7	5.7	5.6	5.0	4.8	4.1	3.9	2.6	2.6	2.1	2.1	1.9	1.7	1.6	1.4	1.3	1.3	1.0	0.8	0.7	
スロベニア	12.1	6.6	5.2	5.0	5.0	4.9	4.3	4.1	3.4	3.2	1.9	1.9	1.4	1.3	1.2	1.0	0.9	0.8	0.7	0.6	0.3	0.1		
エストニア	12.0	6.5	5.1	4.8	4.8	4.8	4.2	4.0	3.3	3.0	1.8	1.8	1.2	1.2	1.1	0.9	0.9	0.8	0.6	0.6	0.3	0.1		
日本	11.7	6.3	4.9	4.6	4.6	4.6	4.0	3.8	3.1	2.8	1.6	1.6	1.1	1.0	0.9	0.7	0.6	0.5	0.4	0.3				
デンマーク	11.4	6.0	4.6	4.3	4.3	4.3	3.7	3.5	2.8	2.5	1.3	1.3	0.8	0.7	0.6	0.4	0.3	0.2	0.1					
フィンランド	11.3	5.9	4.5	4.3	4.3	4.2	3.6	3.4	2.7	2.5	1.2	1.2	0.7	0.7	0.5	0.3	0.2	0.1						
ギリシャ	11.2	5.8	4.4	4.2	4.2	4.1	3.5	3.3	2.6	2.4	1.2	1.1	0.6	0.6	0.4	0.2	0.1							
オーストリア	11.1	5.7	4.3	4.0	4.0	4.0	3.4	3.2	2.5	2.3	1.0	1.0	0.5	0.5	0.3	0.1								
ポーランド	11.0	5.5	4.1	3.9	3.9	3.9	3.3	3.1	2.4	2.1	0.9	0.9	0.4	0.4	0.2									
チェコ	10.8	5.3	4.0	3.7	3.7	3.7	3.1	2.9	2.2	2.0	0.7	0.7	0.2	0.2										
スウェーデン	10.6	5.2	3.8	3.6	3.6	3.5	2.9	2.7	2.0	1.8	0.6	0.5	0.0											
オランダ	10.6	5.1	3.8	3.5	3.5	3.5	2.9	2.7	2.0	1.8	0.5	0.5												
ノルウェー	10.0	4.6	3.3	3.0	3.0	3.0	2.4	2.2	1.5	1.3	0.1													
ドイツ	10.0	4.6	3.2	3.0	3.0	2.9	2.3	2.1	1.5	1.2														
韓国	8.7	3.3	2.0	1.7	1.7	1.7	1.1	0.9	0.2															
イスラエル	8.4	3.1	1.7	1.5	1.5	1.5	0.9	0.7																
カナダ	7.7	2.4	1.0	0.8	0.8	0.8	0.2																	
アイルランド	7.4	2.2	0.8	0.6	0.6	0.6																		
オーストラリア	6.8	1.6	0.3	0.0	0.0																			
ニュージーランド	6.8	1.6	0.2	0.0																				
トルコ	6.8	1.5	0.2																					
イギリス	6.5	1.3																						
アメリカ	5.2	0.0																						

相対的スキル優位（低値から高値へ）

> 数的スキルに対するIT活用型問題解決スキルの相対的スキル優位の違いにより、アメリカの総輸出額に占める国内の付加価値は、マーケティング・アカウンティングスキルと比較して自己計画スキルが比較的集中している産業では、イギリスより1.3%高い。

注：推定値はコラム3.3で説明したモデルから得られる。
列の国は相対的スキルの優位性が高い順にランク付けされ、行の国は同じ指標の昇順でランク付けされている。各推定値（セル）は、関連するスキルの比較的高い強度を持つ産業における相対的スキルの優位性における両国間の差から生じる付加価値項目における輸出の増加を示している。他のスキルと比較して特定のスキルの強度が高い（低い）業界は、2つのスキルの強度の割合でランク付けされた業界の75パーセンタイルに位置づけられる。相対的スキル強度の差がより高い（より低い）2つの産業における相対的な輸出は、図に示されている結果よりも大きい（より低い）と考えられる。付加価値貿易（TiVA）指標は2011年、スキル指標は2012年または2015年のものである。チリ、ギリシャ、イスラエル、ニュージーランド、スロベニア、トルコは2015年、その他の国は2012年のデータを使用。ベルギーのデータはフランドル地域、イギリスのデータはイングランドと北アイルランドを指す。
資料：OECD事務局算定。データ源：Survey of Adult Skills (PIAAC) (2012, 2015), www.oecd.org/skills/piaac/publicdataandanalysis; OECD Trade in Value Added database (TiVA), https://stats.oecd.org/index.aspx?queryid=66237; OECD Annual National Accounts, SNA93, http://stats.oecd.org/; OECD STAN STructural ANalysis Database, http://stats.oecd.org/; Mayer and Zignago (2011), "Notes on CEPII's distances measures: the GeoDist Database", *CEPII Working Paper* 2011-25; World Input-Output Database (WIOD), www.wiod.org/home.

StatLink : http://dx.doi.org/10.1787/888933474395

- 数的スキルが読解スキルよりも高い国々では、マネジメント・コミュニケーションタスクよりも、販売会計タスクに集中する産業のほうが多くの付加価値を加えて輸出することができる（図3.14パネルA）。
- IT活用型問題解決スキルが読解スキルよりも高い国々では、マネジメント・コミュニケーションタスクよりも自己計画タスクに集中する産業のほうが多くの付加価値を加えて輸出することができる（図3.14パネルB）。
- IT活用型問題解決スキルが数的スキルよりも高い国々では、販売会計タスクよりも自己計画タスクに集中する産業のほうが多くの付加価値を加えて輸出することができる（図3.14パネルC）。

相対的スキル賦存と相対的スキル優位、および絶対的スキル優位との間の関係はグローバルバリューチェーンにおける各国の産業特化に貢献する。ある特定の産業に特化することができるようにするためには、当該産業によって必要とされる非常に高いレベルの主要スキルを持つべきであり、そうしたスキルは他国の別のスキルよりもレベルが高いものでなければならない。非常に高いレベルの主要スキルを持つ国々はまた、この産業によって必要とされる別のスキルも持つべきであろう。読解スキルと数的スキルの組み合わせを除いて、国民の相対的スキルから生じるグローバルバリューチェーンでの比較優位は適切なスキルミックスを持つことから生じるのと似ている。二つの特化の決定因子はすべてのスキルミックスの効果と組み合わすことができる（コラム 3.5）。

各国のスキル分散の役割：信頼できる労働者プールを用意すること

各国のスキル分散は競争パターンと同様に産業の特化に影響する。たとえ二つの国が平均して同一のスキル賦存を持つとしても、人的資本の分布の割合に応じて、相互に貿易をするだろう（Asuyama, 2012; Bombardini, Gallipoli and Pupato, 2009; Bougheas and Riezman, 2007; Grossman, 2004 and 2013; Grossman and Magi, 2000）。本報告書はスキル分散のグローバルバリューチェーン内における特化パターンへの役割を研究した最初のものである（コラム 3.4）。

スキルの分散とスキルの平均値だけがなぜ貿易に重要なのか説明するのかを提唱する主な理由は、労働者のスキルと、労働者がペアを組む他のグループの人々のスキルの間の相補性の程度である（Grossman, 2013）。製造過程でのタスクを横断した労働者のスキルの相補性は産業によって異なる。

コラム 3.4　グローバルバリューチェーン内における産業特化に関する各国の非観察的スキル分散の分析

ここでの議論は、グローバルバリューチェーン内の産業特化に関する各国のスキル分散効果を評価した OECD 文献に基づいている（Grundke et al., forthcoming b）。実証面では、労働者が不均質であって生産には労働者のチームを必要とすると仮定する理論モデルに基づいている（Bombardini, Gallipoli and Pupato, 2009, 2012）。各産業は、生産チームにおける労働者のスキルの相補性または代替性の程度に関して相違がある。いくつかの産業、特に経路の長い流れ作業を含む産業においては、すべての労働者が期待されるレベルで業務を遂行することが必要とされるのに対して、他の産業においてはスキルが比較的容易に代替されうるため、業務遂行能力の低い労働者でやっていくことができる。特定の産業における各国の特化を説明する主要変数は、観察可能なスキル決定要素を区分した上でのスキル分散であり、したがって非観察的スキル分散ということになる。このモデルによれば、非観察的スキル分散の小さい国では、生産プロセスにおける労働者のスキル相補性が比較的高いという特徴を有する産業の方が、スキル相補性が比較的低い産業よりも多く輸出する。

各国の非観察的スキル分散や各産業の相補性の測定は、成人スキル調査から得られる情報に基づいている。非観察的スキルは、各労働者ごとに、その人の読解力スコアと（教育、年齢、性別、移民背景、調査時点から 12 か月前の成人教育・研修プログラムへの参加に関してその人と類似した特性を有する労働者の）推定読解力スコアの差を取り出すことによって計算されている。この非観察的スキル分散によって、各国の特性によっては説明することのできないスキル分散がわかる。各産業の相補性の程度は、因子分析（コラム 3.1）に由来するマネジメント・コミュニケーションについてのタスク型スキル指標を個々の産業別にすべての国の値を平均して近似値を得ている。このアプローチは、O*NET データベースを使って各産業におけるスキル相補性の程度を推計した他の研究を踏襲したものである（Bombardini, Gallipoli and Pupato, 2009, 2012）。マネジメント・コミュニケーションタスクの頻度は、所与のレベルのアウトプット品質を達成するためのコーディネートタスクの重要性を反映しており、したがってこの頻度によって各産業の相補性の程度がわかる。各産業は、相補性指数に従ってランク付けされている。

　その実証面でのスペックは、過去の研究を踏襲している（Bombardini, Gallipoli and Pupato, 2009, 2012）。その目的は、各国のグローバルバリューチェーン内の産業特化に関する非観察的スキル分散の重要性を検証することである。その実証的分析により、産業の相補性の程度に関連するその国特有の（読解スキルに関する）非観察的スキル分散を通じて、ある国の各産業からその貿易相手に対する（付加価値）貿易額がわかる。相補性の程度は、成人スキル調査に参加したすべての国における産業レベルで算定されたマネジメント・コミュニケーションのタスク型スキル指標によって測定される。

　その実証的分析は、グローバルバリューチェーン内の産業特化に関するスキルミックスの役割の評価（コラム 3.3 参照）と同じアプローチを踏襲し、これと同じデータを使用している。その分析では、二国間貿易フローに関する典型的部門別重力モデルが使用されている。すべてのスペックには、独立変数として輸入産業レベルにおける最終需要が含まれている。追加的説明変数は、すべての捨象された統合部門のために輸出国および輸入国に関する特性を制御するダミー変数と同様に、物的資本と人的資本の相対的賦存に関する伝統的ヘクシャー＝オリーンの国家・産業評価尺度、CEPII GeoDist データベースから得た二国間貿易コスト変数（Mayer and Zignago, 2011）、ならびに輸出者、輸入者および産業の特性の主な原因となる固定効果を含んでいる。ロバスト標準誤差は、輸出者・輸入者レベルでクラスタ化される。

資料
Bombardini, M., G. Gallipoli and G. Pupato (2012), "Skill dispersion and trade flows", *American Economic Review*.
Bombardini, M., G. Gallipoli and G. Pupato (2009), "Skill dispersion and trade flows", *NBER Working Papers*.
Grundke, R. *et al.* (forthcoming b), "Having the right mix: The role of skills bundles for comparative advantage and industry performance in GVCs". *OECD Science, Technology and Industry Working Papers*.
Mayer, T. and S. Zignago (2011), "Notes on CEPII's distances measures: the GeoDist Database", *CEPII Working Paper 2011-25*.

第3章　グローバルな優位性を獲得するためには、どのようなスキルが必要か？

　航空宇宙産業やエンジニア産業などの産業は長い流れ作業を完成させる必要があり、あらゆるプロセスのどのひとつの段階においても、低い実績は出力値を大いに低下させる。このような産業は、「Oリングモデル」として知られる高いスキル相補性を持ち、すべての生産過程で同じスキルを有する労働者が雇用されることで効率を向上させることができる（Kremer, 1993）。製紙企業のような他の産業では、スキルはより容易に代替可能であり（低スキル相補性）、ある業務の低い実績は他の非常に優れた実績によって緩和される。

　産業のスキル相補性の程度は、産業におけるコミュニケーション、コンタクト、チームワークの程度から近似値を得ることができる（Bombardini, Gallipoli and Pupato, 2012）。ある労働者のスキルとチームの他のメンバーのスキルの間に相補性があればあるほど、彼らは相互にもっとコミュニケーションをとる必要がある。成人スキル調査では、このテーマを扱った問いはタスク型スキル指標のマネジメント・コミュニケーションスキルで要約される（コラム 3.1）。この指標によれば、すべての複雑なビジネスサービス業と先端技術産業は高いレベルのスキル相補性を示す（図 3.9）。

　生産のすべての段階で良好な業績を必要とする産業は、高いスキル相補性を必要とし、信頼できる労働者プールや期待されるレベルで作業する労働者プールから恩恵を得るだろう。一方、スキル相補性の低い産業は、不均一のスキルを持つ労働者に対処することになる。採用するとき、企業は応募者のスキルを十分には観察することができない。しかし、教育と訓練のレベル、そして年齢のような多くの特性を観察することはできる。これらの観察可能なスキル決定因子を基に採用を決定できる。信頼できる労働者プールは、個人が期待されるレベルで実績を上げる国々、そして教育レベルを含む様々な特性が説明されることで、個人のスキルが不要な驚きを与えることのない国々で現れる。これら国々には小さな非観察的スキル分散がある。結局、小さな非観察的スキル分散を持つ国々が、生産過程でより大きな相補性によって特徴付けられた産業で貿易比較優位を持つ。大きな非観察的スキルの相補性を持つ国々は産業において、生産過程でより大きな代替性によって特徴付けられる貿易比較優位を持つ。

　成人スキル調査は国々によってスキル分散が、例えば読解スキルに関して、どのように異なるのかを示す（表 3.2 最初の 2 列）[9]。いくつかの因子は国民のスキル、したがってスキル分散に貢献する。あるものは、教育レベル、訓練への参加、年齢と性別のように、観察可能である。しかし、同様の観察できる特性を持つ個人は、全く同一のスキルを持つわけではない。同様に、各国のスキル分散は二つの部分に分けることができる。ひとつは教育レベルと人口構造の違いのように観察可能な特性の分布に由来する。そしてもうひとつは観察可能な特性の違いによって説明することのできないもので、表 3.2 で非観察的スキル分散と呼ばれるものである。各国のランキングは、読解スコアの通常の標準偏差、そして非観察的スキル分散では異なるものとなる。非観察的スキル分散は、同一レベルの教育で教育プログラムの質に違いがあるときか、観察するのが非常に難しい特性が重要な役割を担うときに大きくなりうる。小さな非観察的スキル分散を持つ国々は、同一の観察できる特性が同一のレベルで実績を生む傾向で、信頼できる労働者プールを持つことができる。

表3.2 読解スキル分散の特徴
2012年、2015年

国名	読解スキル（スコア）の標準偏差		非観察的スキル分散	
	順位	値	順位	値
オーストラリア	24	50.47	22	0.18
オーストリア	5	43.96	6	0.15
ベルギー	11	47.08	7	0.15
カナダ	23	50.41	20	0.17
チリ	27	52.65	28	0.22
チェコ	3	40.79	4	0.14
デンマーク	15	47.72	17	0.17
エストニア	7	44.40	9	0.15
フィンランド	26	50.67	8	0.15
フランス	20	49.02	19	0.17
ドイツ	14	47.40	10	0.15
ギリシャ	9	46.65	25	0.18
アイルランド	12	47.19	18	0.17
イスラエル	28	55.55	27	0.22
イタリア	8	44.69	16	0.17
日本	1	39.71	1	0.12
韓国	4	41.69	2	0.13
オランダ	18	48.39	5	0.15
ニュージーランド	13	47.39	12	0.16
ノルウェー	10	47.02	11	0.16
ポーランド	16	47.98	21	0.17
スロバキア	2	40.07	3	0.14
スロベニア	17	48.15	24	0.18
スペイン	21	49.03	23	0.18
スウェーデン	25	50.56	14	0.16
トルコ	6	44.11	26	0.19
イギリス	19	48.97	15	0.17
アメリカ	22	49.19	13	0.16

注：ここで示される数値は、各国の全人口を対象としたものである。
非観察的スキル分散の算定方法は次の通りである。1）教育、年齢、性別、移民、訓練に関する読解スキル（スコア）の対数回帰を推定し、2）個人ごとに回帰の残差（読解スキルの対数から近似値を引いた値）を計算し、3）国ごとに残差の標準偏差を算定する。これにより、低いランクは低スキルの分散と高い平均を示し、高いランクは高いスキルの分散と低い平均を示します。低い順位は、小さなスキル分散と高い平均スコアを示し、高い順位は、大きなスキル分散と低い平均スコアを示す。チリ、ギリシャ、イスラエル、ニュージーランド、スロベニア、トルコは2015年、その他の国は2012年のデータを使用。ベルギーのデータはフランドル地域、イギリスのデータはイングランドと北アイルランドを指す。
資料：OECD事務局算定。データ源：Survey of Adult Skills（PIAAC）（2012, 2015），www.oecd.org/skills/piaac/publicdataandanalysis.

　信頼できる労働者プール（または小さな非観察的スキル分散）を持つことで各国は、高いスキル相補性で特性を決定できる産業において貿易比較優位を獲得できる（図3.15）。非観察的スキル分散で大きな違いを示す国々では、付加価値の面で輸出に非常に大きな違いがある。例えば日本は、

図3.15 信頼できる労働者プールに起因する高い技術的相補性を有する産業における輸出の相対的増加

輸出における国内付加価値

読解スキルのスコアの非観察的スキル分散（低値から高値へ）

読解スキルのスコアの非観察的スキル分散（高値から低値へ）／％	日本	韓国	スロバキア	チェコ	オランダ	オーストリア	ベルギー	フィンランド	エストニア	ドイツ	ノルウェー	ニュージーランド	アメリカ	スウェーデン	イギリス	イタリア	デンマーク	アイルランド	フランス	カナダ	ポーランド	オーストラリア	スペイン	スロベニア	ギリシャ	トルコ	イスラエル
チリ	23.3	20.1	18.6	18.0	17.6	16.9	16.5	16.4	16.4	14.7	14.4	14.3	14.1	14.0	13.9	13.9	13.6	13.3	11.9	11.6	11.5	11.4	11.4	11.1	11.0	10.9	10.8	10.8	10.6	10.2	10.0	9.4	9.5	8.9	8.6	8.9	8.1	7.8	7.3	6.4	0.5	5.9
イスラエル	22.7	19.5	18.0	17.0	16.4	15.9	15.8	14.7	14.4	14.3	13.6	14.0	13.3		11.1	11.0	10.9	10.8	
トルコ	15.9	12.9	11.5	10.5	9.9	9.5	9.4	8.3	8.1	8.0	7.3	7.1	7.0	5.7	5.0	4.8	4.7	4.5	4.1	3.4	2.9	2.8	2.1	1.3			
ギリシャ	14.3	11.4	10.0	9.1	8.5	8.0	8.0	6.9	6.4	6.1	5.9	5.7	5.6	4.3	3.6	3.5	3.3	3.3	3.1	2.8	2.0	1.5	1.5	0.7			
スロベニア	13.5	10.6	9.2	8.3	7.7	7.3	7.2	6.1	5.9	5.4	5.0	4.9	3.5	2.8	2.7	2.6	2.5	2.3	2.0	1.3	0.8	0.7					
スペイン	12.7	9.8	8.5	7.5	6.9	6.6	6.4	5.3	5.1	5.0	4.3	4.2	4.1	2.8	2.1	2.0	1.9	1.8	1.6	1.3	0.6	0.1					
オーストラリア	12.6	9.7	8.4	7.5	6.8	6.4	6.3	5.3	5.0	5.0	4.2	4.1	2.7	2.0	1.9	1.8	1.5	1.2	0.5								
ポーランド	12.1	9.2	7.8	6.9	6.3	5.9	5.8	4.7	4.5	4.4	3.8	3.6	3.5	2.2	1.5	1.4	1.3	1.2	1.0	0.7							
カナダ	11.3	8.4	7.1	6.2	5.6	5.1	5.1	4.0	3.8	3.7	3.0	2.9	2.6	1.2	0.7	0.6	0.3	0.2									
フランス	10.9	8.1	6.7	5.8	5.2	4.7	4.7	3.7	3.4	3.4	2.7	2.6	2.5	1.2	0.5	0.4	0.3	0.0									
アイルランド	10.7	7.8	6.5	5.6	5.0	4.5	4.5	3.5	3.2	3.1	2.5	2.4	2.3	1.0	0.3	0.1											
デンマーク	10.6	7.7	6.4	5.5	5.0	4.5	4.5	3.5	3.1	3.1	2.4	2.3	2.2	0.9	0.2	0.1											
イタリア	10.5	7.7	6.4	5.4	4.8	4.4	4.3	3.3	3.1	3.0	2.3	2.2	2.1	0.8	0.1												
イギリス	10.4	7.5	6.2	5.3	4.7	4.3	4.2	3.2	2.9	2.9	2.2	2.1	2.0	0.7													
スウェーデン	9.6	6.8	5.5	4.6	4.0	3.6	3.5	2.5	2.2	2.2	1.5	1.4	1.3														
アメリカ	8.2	5.4	4.2	3.2	2.7	2.3	2.2	1.2	1.0	0.9	0.2	0.1															
ニュージーランド	8.2	5.4	4.1	3.2	2.6	2.2	2.1	1.1	0.9	0.8	0.1	0.1															
ノルウェー	8.1	5.3	4.0	3.1	2.5	2.1	2.0	1.0	0.7	0.7																	
ドイツ	7.3	4.6	3.3	2.4	1.8	1.4	1.3	0.3	0.1																		
エストニア	7.2	4.3	3.0	2.1	1.7	1.3	1.2	0.2																			
フィンランド	7.0	4.2	3.0	2.1	1.5	1.1	1.0																				
ベルギー	5.9	3.2	1.9	1.0	0.5	0.1																					
オーストリア	5.8	3.1	1.8	1.0	0.4																						
オランダ	5.4	2.7	1.4	0.6																							
チェコ	4.8	2.1	0.9																								
スロバキア	3.9	1.2																									
韓国	2.6																										

> 読解スキルの非観察的スキル分散の違いにより、スキルの相補性が低い場合と比較して高い方が相補性が高い。韓国の総輸出額の国内付加価値はスロバキアより1.2%高い。

注：推定値はコラム3.4で説明したモデルから得られる。
列に示される国は非観察的な読解スキルの分散の昇順でランク付けされ、行に示される国は非観察的な読解スキルの分散の降順でランク付けされている。各推定値（セル）は、スキルの相補性が低い産業と比べてスキルの相補性が高い産業における両国間の非観察的スキルの分散の違いから生じる付加価値の高い国々における輸出の増加を示している。高い（低い）相補性を持つ業界は、相補性の度合いでランク付けされた業界の75パーセンタイルに位置付けられる。モデルで使用されているスキル相補性指標によると、電気機械および装置と比較して、化学製品および化学製品に比較優位性がある。スキルの相補性の差が高い（低い）2つの業界の相対的な比較優位は、図に示されている結果よりも大きく（低く）なる。付加価値貿易（TiVA）指標は2011年、スキル指標は2012年または2015年のものである。スキルに関するデータは、ベルギーはフランドル地域、イギリスはイングランドと北アイルランドを指す。
資料：OECD事務局算定。データ源：Survey of Adult Skills（PIAAC）（2012, 2015），www.oecd.org/skills/piaac/publicdataandanalysis; OECD Trade in Value Added database（TiVA），https://stats.oecd.org/index.aspx?queryid=66237; OECD Annual National Accounts, SNA93, http://stats.oecd.org/; OECD STAN STructural ANalysis Database, http://stats.oecd.org/; Mayer and Zignago（2011），"Notes on CEPII's distances measures: the GeoDist Database", *CEPII Working Paper* 2011-25; World Input-Output Database（WIOD），www.wiod.org/home.

StatLink：http://dx.doi.org/10.1787/888933474403

　小さな非観察的スキル分散を持ち、信頼できる労働者プールを得ていることで、高いスキル相補性を持つ産業では、（低いスキル相補性を持つ産業に比べて）チリよりも（付加価値額で）23%多く輸出できる。これらの結果は対照的である。同様に、チリの場合は、大きな非観察的スキル分散を持つために、低いスキル相補性を持つ産業（高いスキル相補性を持つ産業と比べて）の輸出は日本に比べて23%高い。韓国もまた小さな非観察的スキル分散を持つので、高いスキル相補性を持つ産業における日本の輸出は韓国よりも2.6%高いだけである。

3.4　特化の機会

　国々によってそのスキル賦存は様々である。その国民のスキルミックスと非観察的スキル分散は信頼できる労働者プールを用意することを可能にする。同時に、産業によって、そのスキル要件は様々である。各国のスキル賦存と産業特化の間の相関関係は各国の比較優位に寄与し、各国にあるグローバルバリューチェーンで良好な実績を残すことを可能にする。

　実際の産業特化がこの20年以上にわたりどのように進化してきたのかと、各国におけるスキル賦存から生じる特化の潜在能力を比較することで、そのスキルを資本化することによってグローバルバリューチェーン内で各国はどのように特化することができるのかを示すことができる。この分析では貿易比較優位のすべての他の潜在的原因は一定に保たれていることを前提とする。

　グローバルバリューチェーン内での各国の産業特化は、明らかな比較優位をみることによって、観察することができる。比較優位指標は、貿易フローによって証明されたように、ある種類の財とサービスをみることで、ある国の比較優位と比較不利を示す。貿易付加価値（TiVA）データベースは付加価値に関して比較優位を計算することと、グローバルバリューチェーン内における各国の産業特化をとらえることを可能にする。伝統的に、比較優位分析はある国の特定の製品の世界輸出のシェアを全輸出のシェアと比べることを基にしている。しかし、グローバルバリューチェーン内での特化の度合いをみる最善の方法は、比較優位が輸入のインプットではなく付加価値製品の一次因子から生じるので、輸出よりも最終製品の生産でグローバルバリューチェーン収入の基礎に比較優位を計算することである。ある産業の比較優位指標が1よりも大きい値を示す場合は、その国のその産業のグローバルバリューチェーン内での付加価値に由来するグローバルバリューチェーン収入のシェアが他国よりも高いことを示す。

　この15年以上、OECD諸国はサービス業の特化を高め続けてきた一方、その比較優位は多くの産業セクターと同様に資源抽出セクターで低下してきた（表3.3）。しかし、そうした中でも変化は存在する。ドイツ、アイルランド、イスラエル、韓国に加えて東欧諸国では、電気、光学や製薬などの先端技術産業への統合が促進されてきた。ギリシャ、日本、オランダなどの国では、食品産業、木材、製紙といった低技術セクターで比較優位が上昇してきた。

　スキル特性から生じるグローバルバリューチェーン内で各国の比較優位は各国のスキル特性が産業スキル要件に見合うかどうかを観察することによって要約することができる（コラム3.5）。様々なスキル特性は様々な産業で比較優位を与えることができる。例えば、スキルミックスでみれば、イスラエルはすべての先端技術産業と複雑なビジネスサービス業に特化することができるが、大きな非観察的スキル分散を持つため、低技術と中程度の技術産業において比較優位を与えることができる（表3.4）。

　多くのOECD諸国は技術フロンティアに届くように努力しており、また技術的に洗練された産

第3章　グローバルな優位性を獲得するためには、どのようなスキルが必要か？

表 3.3　グローバルバリューチェーンにおける比較優位の推移（2000〜11 年）

● 顕示比較優位が増加した　　● 顕示比較優位　　○ 2011 年の顕示比較優位（>1）

資料：OECD 事務局算定。データ源：OECD Trade in Value Added database（TiVA），https://stats.oecd.org/index.aspx?queryid=66237

表3.4 グローバルバリューチェーンの各国の比較優位（スキル特性別、産業別）

産業のスキル要件	相補性 (1)		「マネジメント・コミュニケーションスキル」に対する「販売会計スキル」の強度 (2)		「マネジメント・コミュニケーションスキル」に対する「自己計画スキル」強度 (3)		「販売会計スキル」に対する「自己計画スキル」の強度 (4)	
	高い	低い	高い	低い	高い	低い	高い	低い
産業の例	すべての複雑なビジネスサービスとハイテク製造	ほとんどのローテクおよびミドルテク製造およびそれほど複雑でないビジネスサービス	ほとんどのビジネスサービスとローテク製造	ほとんどのハイテクおよびミドルテク製造業	一部の複雑なビジネスサービスとさまざまな製造業	それほど複雑でないビジネスサービスとさまざまな製造業	ハイテクおよびミディアムハイテク製造	ほとんどのビジネスサービスとローテク製造
チャネル	非観察的スキル分散	非観察的スキル分散	ミックス　賦存	ミックス　賦存	ミックス　賦存	ミックス　賦存	ミックス　賦存	ミックス　賦存
オーストラリア		**	**			**	**	*		**	**
オーストリア	**			**		**	**	**			*	*
ベルギー	**		**	**		**		**	**	**		**
カナダ		*	*			*				*	*	
チリ		**			**	**		**		**	**	
チェコ	**			**	**	**	**			**		*
デンマーク		**	**	**		*			*			**
エストニア	*			*		*			**	**		**
フィンランド	*			**	**				**	**		
フランス		*	**			*						
ドイツ	**		**				*		**			
ギリシャ		**					*					
アイルランド		*	**			**	**					
イスラエル		**				*						
イタリア			*									
日本	**			**	**				**	**		**
韓国	**			*			**		*			
オランダ	**						**	**				
ノルウェー	*		**			**		**	**		**	
ニュージーランド	*			*		**				**	*	
ポーランド			*		**	**	**	**	**			
スロバキア	**			**	**			*		*		*
スロベニア		**		**	**					**	**	**
スペイン		**			*	*						
スウェーデン	*							*			*	
トルコ		**	**		**		*			**	**	
イギリス		**	**	**	**	**		**	**	**	**	
アメリカ	*		**		**	*		*		**	**	

注：結果はコラム3.3および3.4に示されたモデルに由来する。

「**」と「*」は、その国のスキル分布の特性を考慮すると、選択した業種の付加価値の点で、輸出国の75パーセンタイルまたは50パーセンタイルの国にあることを示している。

(1) グローバルバリューチェーンの比較優位は、読解スキルにおける各国の非観察的スキル分散によって与えられる。

(2) グローバルバリューチェーンの比較優位は、各国の個人の比較優位とスキルミックスチャネルの読解スキルの絶対的優位との間の相関と、スキルの賦存チャネルの数的スキルおよび読解スキルのスコアの平均比率によって与えられる。

(3) グローバルバリューチェーンの比較優位は、IT活用型問題解決スキルにおける労働者の相対的優位とスキルミックスチャネルに対する読解スキルにおける絶対的優位との間の相関関係、およびIT活用型問題解決スキルにおける得点の平均比率とスキル賦存チャネルのための読解スキルによって与えられる。

(4) グローバルバリューチェーンの比較優位は、IT活用型問題解決スキルにおける労働者の相対的優位とスキルミックスチャネルに対する数的スキルにおける絶対的優位との間の相関関係、およびIT活用型問題解決スキルにおける得点の平均比率とスキル賦存チャネルのための数的スキルによって与えられる。チリ、ギリシャ、イスラエル、ニュージーランド、スロベニア、トルコは2015年、その他の国は2012年のデータを使用。ベルギーのデータはフランドル地域、イギリスのデータはイングランドと北アイルランドを指す。

資料：OECD事務局算定。データ源：Survey of Adult Skills (PIAAC) (2012, 2015), www.oecd.org/skills/piaac/publicdataandanalysis; OECD Trade in Value Added database (TiVA), https://stats.oecd.org/index.aspx?queryid=66237; OECD Annual National Accounts, SNA93, http://stats.oecd.org/; OECD STAN STructural ANalysis Database, http://stats.oecd.org/; Mayer and Zignago (2011), "Notes on CEPII's distances measures: the GeoDist Database", *CEPII Working Paper* 2011-25; World Input-Output Database (WIOD), www.wiod.org/home.

業、中程度から高度の先端技術製造産業や複雑なビジネスサービス業に特化するよう努力している。各国によって、スキル特性を得るかもしれない多数の特化機会が異なる（表 3.5）。ある国々（例えばエストニア、日本、韓国、ニュージーランド）は様々な先端技術セクターを横断して、幅広い特化機会を探ることができ、他の国々ではサービス業のみ（例えば、オーストリア、オランダ、ノルウェー、スロバキア、スロベニア）や製造業のみ（カナダ、チリ、フィンランド）で良いスキルミックスを持つ。ある国のスキル特性は、先端技術セクターのスキル要件に見合うように努力している（オーストラリア、アイルランド、トルコ、イギリスとアメリカ）（表 3.5）。複雑なビジネスサービス業、先端技術産業と中程度の技術産業での特化機会は産業のスキル要件を持つ各国のスキル特性の組み合わせから生じる。

　各国のグローバルバリューチェーン内における比較優位でとらえられたように現在の産業特化を各国のスキル特性から生じる特化機会と比較することから多くの知見を導くことができる。

- いくつかの国では、スキル特性が各国に特化機会を与えるような、産業の比較優位が増加する（例えば、日本のコンピュータ産業）。このことは、スキル政策はグローバルバリューチェーン内での特化パターンと目的にそっていることを示す。
- ある国は比較優位をある産業で増加させている。しかしこの変化はスキル特性から明らかになるものではない（例えば、カナダとアメリカの多くの複雑なビジネスサービス業）。産業のスキル要件との適合性が低い場合にはその比較優位を維持することが難しくなるだろう。
- 他の国々はいくつかの産業でスキル特性による特化機会を持っている。しかし、これらの産業では比較優位を低下させているように思われる（例えば、スウェーデンの電子機器産業）。これは、時の産業の特化にはもはや最適ではないからかもしれない。各国の懸念は、他の産業でのアップグレードにあるかもしれない。スキルとは別の要因が産業特化を妨げているとの説明もありうる。
- 最後に、ある場合においては、スキル特性は特化機会を与えることはなく各国の比較優位は低下する（例えば、オーストラリア、カナダ、ノルウェー、イギリスのいくつかの先端技術産業）。これはサービス産業のような他の産業で、今まさに特化が進んでいることを示しているかもしれない。しかし、それはまた、この産業で特化するために、各国が国民のスキルをアップグレードし、当該産業のスキル要件と国民のスキルのより良い適合性を達成する必要があることを示している。

コラム 3.5　各国の多様なスキルミックスから生まれる特化機会の獲得

　ここでは、いくつかのスキル特性が各国のグローバルバリューチェーン内の産業特化を形成しうることを説明する。そのスキル特性とは、純粋スキルミックス効果と相対的スキル賦存効果を伴ったスキルミックス、そして非観察的スキル分散である。ここでは、種々の結果を統合して、

各国が複雑なビジネス業やハイテク製造業に特化する機会を得る可能性が全体的にみてどの程度あるのかを評価する。次に、これらの特化機会を各国の顕示比較優位指数によって測定された特化の実態と比較する。

本章で議論されたモデルに従えば、いくつかのスキル特性は特化機会を形成することがわかる。そのスキル特性とは、1）非観察的スキル分散、2）数的スキルと読解スキルのスキルミックス、3）IT活用型問題解決スキルと読解スキルのスキルミックス、4）IT活用型問題解決スキルと数的スキルのスキルミックスである。このようなスキルミックスは、二つの側面を有する。その側面とは、相対的スキル優位と絶対的スキル優位との間の相関関係によって測定された純粋スキルミックス効果と、二つのスキルの各々の平均割合によって測定された相対的スキル賦存効果である。その方法論は、以下のいくつかステップを含む。

1) 純粋スキルミックス効果と相対的スキル賦存効果を結合した全体的スキルミックス効果を、前記の3組のスキルペアのそれぞれに関するモデルに基づいて計算する（Grundke et al., forthcoming b）。
2) 読解スキル、数的スキル、IT活用型問題解決スキルに関する非観察的スキル分散の平均を計算する。
3) 国家・産業ペアのそれぞれ、および各スキル特性に関して、各国のスキル特性と各産業のスキル要件との適合度を計算する。この計算では、各国を4つのスキル特性に関してランク付けし、他方で各産業をそのスキル要件に関してランク付けし、これらのランクの間の距離に注目する。その距離が小さいほど、ある国のスキルがこの産業のスキル要件に適合していることになる。例えば、非観察的スキル分散が最も低い国は、マネジメント・コミュニケーションのタスクに最も高い集約度を示した産業との間の距離が最も短い（このことは、スキル相補性の程度が強く、最も適合度が強くなることを示している）。数的スキルと読解スキルにおいて最も強いスキルミックスを有する国は、販売会計タスクとマネジメント・コミュニケーションタスクの相対強度が最も高い産業との間の距離が最も短い（このことは、相対的数的スキルと絶対的読解スキルの間の相関関係が高く、加えて相対的数的スキルが高い場合には、それぞれのタスクとの適合度が最も強くなることを示している）。
4) 各国のスキル特性と特定の産業のスキル要件の全般的な適合度は、前記の4つのスキル特性と産業のスキル要件に関する適合度の平均をとって計算する。この数値によってその統合適合度を測定することができる。
5) 産業特化の機会につながる最小限度の適合度について判断するために、閾値を適用する必要がある。サンプリングされたすべての国と産業を通じて上位25パーセンタイルの適合分布に属する適合性を有する国のみが特化機会を有すると考えられる。

第 3 章　グローバルな優位性を獲得するためには、どのようなスキルが必要か？

表 3.5 は、各国のスキル特性から生まれる特化機会と比較優位に反映された各国の特化の現状を示している。

資料
Grundke, R. *et al.* (forthcoming b), "Having the right mix: The role of skills bundles for comparative advantage and industry performance in GVCs", *OECD Science, Technology and Industry Working Papers*.

各国の様々なスキル特性が先端技術産業のスキル要件にどのようによく合うかを厳密にみることで、各国が特化目的に達するためにスキルに関して何を行うかを示すことができる（図3.16）。いくつかのパターンをみてとることができる。

- 最初のグループの国々（カナダ、チリ、ギリシャ、イスラエル、ポーランド、スロベニア、トルコ）は、当該産業のスキル要件とそのスキルの強い適合性を有するが、大きな非観察的スキル分散があるため、産業で必要とされる信頼できる労働者プールを持つことができていない。このグループの国々は非観察的スキル分散を小さくし、先端技術産業での特化を増加し強めるために良好なスキルミックスを改善し維持する必要がある。イスラエルはスキルミックスに関して非常に強い適合性を有するが、非観察的スキルに関する適合性は非常に低い。このグループの国々は様々なスキルミックスを持っている。イスラエル、スロベニア、ポーランド、ニュージーランドはIT活用型問題解決スキルにおける強いスキルミックスを持つ。他のスキルよりも強いIT活用型問題解決スキルを持つ国々は、強い数的スキルと読解スキルも持っている。IT活用型問題解決スキルにおける強いスキルミックスはいくつかの先端技術製造業と複雑なビジネスサービス業によって必要とされる。
- 二番目のグループの国々（オーストラリア、アイルランド、イギリス、アメリカ）はスキル特性の適合性――主にはスキルミックス、それに加えてある程度の非観察的スキル分散――を、先端技術産業のスキル要件で持つ。これらの国々は、この産業で比較優位を増加し維持するために、より強いスキルミックスを開発し非観察的スキル分散を小さくする必要があるだろう。
- 最も大きなグループの国々は小さな非観察的スキル分散によって特性が決定され、信頼できる労働者プールそして先端技術産業のスキル要件に幅広く対応するスキルミックスを持つことができる。スキル特性と先端技術産業のスキル要件の適合性が良好であれば、この産業のひとつもしくはいくつかで特化の機会をもたらす。とはいえ、各国による違いもある。ニュージーランドは、この産業の特化を増加し強めるために、非観察的スキル分散を小さくする必要があるだろう。また、オーストリア、デンマーク、ノルウェーはより強いスキルミックスを開発する必要があるだろう。

政策は、先端技術産業のスキル要件に適合する強いスキルミックスを開発させるのに役立つ。それらはまた非観察的スキル分散を小さくすることもできる。大きな非観察的スキル分散は様々な因

グローバルな優位性を獲得するためには、どのようなスキルが必要か？　第3章

表 3.5　スキル特性と産業スキル要件との適合性からみた、複雑なビジネスサービス業・ハイテク産業・中程度ハイテク産業の特化機会

● 顕示比較優位が増加した　　● 顕示比較優位　　○ 2011年の比較優位（＞1）　　☐ スキル特性は特化機会を提供した
○ 顕示比較優位が減少した

注：特化機会の概要はコラム3.5を参照。各国のスキル特性から生じる特化機会は、灰色で強調表示されている。スキル指標については、チリ、ギリシャ、イスラエル、ニュージーランド、スロベニア、トルコは2015年のデータであり、その他の国は2012年のデータである。ベルギーのデータはフランドル地域のみ。イギリスのデータはイングランドと北アイルランドを合わせたものである。
資料：OECD事務局算定。データ源：Survey of Adult Skills（PIAAC）（2012, 2015）, www.oecd.org/skills/piaac/publicdataandanalysis; OECD STAN STructural ANalysis Database, SNA93 http://stats.oecd.org/; OECD Annual National Accounts, http://stats.oecd.org/; OECD Trade in Value Added database (TiVA), https://stats.oecd.org/index.aspx?querysid=66237; World Input-Output Database (WIOD), www.wiod.org/home. Mayer and Zignago (2011), "Notes on CEPII's distances measures: the GeoDist Database", CEPII Working Paper 2011-25;

137

第3章　グローバルな優位性を獲得するためには、どのようなスキルが必要か？

図 3.16　各国のスキル特性と産業のスキル要件との適合性（ハイテク製造業・複雑なビジネスサービス業）

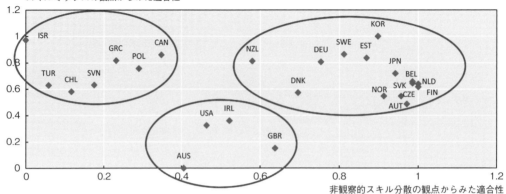

注：図中の各国配置は、5つの複雑なビジネスサービス業と3つのハイテク製造業のスキル要件と、スキルミックスの調整平均スコア（縦軸）およびスキル分散（横軸）によって決定される。ゼロは、各国のスキル特性と業界のスキル要件間の適合性が弱いことを示し、1は強いことを示す。スキル指標については、チリ、ギリシャ、イスラエル、ニュージーランド、スロベニア、トルコは2015年のデータであり、その他の国は2012年である。ベルギーのデータはフランドル地域のみ、イギリスのデータはイングランドと北アイルランドを合わせたものである。

資料：OECD事務局算定。データ源：Survey of Adult Skills（PIAAC）（2012, 2015), www.oecd.org/skills/piaac/publicdataandanalysis; OECD Trade in Value Added database（TiVA）, https://stats.oecd.org/index.aspx?queryid=66237; OECD Annual National Accounts, SNA93, http://stats.oecd.org/; OECD STAN STructural ANalysis Database, http://stats.oecd.org/; Mayer and Zignago（2011）, "Notes on CEPII's distances measures: the GeoDist Database", *CEPII Working Paper* 2011-25; World Input-Output Database（WIOD）, www.wiod.org/home.

StatLink：http://dx.doi.org/10.1787/888933474410

子に反映することができる。教育プログラムの質が同一レベルの教育で広く変化するならば、個人は同一のタイプの正式な学位と様々なレベルのスキルを持つことができる。先端企業は多くのノンフォーマルな訓練と最新技術へのアプローチとを提供する一方、他の企業は知識に関して遅れをとるという、断片化された経済や労働者のスキル格差を生み出すだろう。結果として、同様のプロフィールを持つ個人は同一のレベルで作業することはなく、雇用主に不要な驚きを与え、生産過程の効率を弱めるだろう。政策は事前に、例えば教育システムを通して同一の質を得るために、または事後に、例えば個人のスキルにより良い特徴を与えるために、測定を通して非観察的スキル分散を低下させることができる。訓練政策は期待されるレベルで働かない個人が追いつくことを手助けすることができる。第4章ではこの政策について議論を展開する。

　上記で示された結果は、これまで推定され、多くの仮定に依存し、データの有用性によって制約されたモデルからのものである。それらは、ある産業で特化するための各国の機会において、特定のスキル——読解スキル、数的スキル、IT活用型問題解決スキル——の効果を測定するために、成人スキル調査の情報を使った。しかし結果は、強いスキルミックスを持ち小さな非観察的スキル分散を持つことの重要性は、成人スキル調査で評価された一連のスキルだけでは測れないことを示

している。強いスキルミックスもまた強い認知スキルと性格特性を持つことを意味する。

データの制限のために、この分析は、成人スキル調査で対象となった輸出国のうち小さなグループを対象としたものである。このグループのある国は、スキル特性によって同一のグループの他の国よりは付加価値額で（世界に）より多く輸出できる。この分析はこのグループのある国のスキル特性から生じる比較優位を、中国のようなグループ外の国の優位性と比較することはできない。しかし、明らかになった比較優位とその進化の結果は世界中のすべての国について言えることである。

3.5 要　約

広範なスキルはグローバルバリューチェーン内における参加と産業特化にとって重要である。それらには認知スキル、性格特性、相互にコミュニケーションをとる能力などを組み合わせたようなスキルを含む。最も高いレベルのスキルを持つ国々もまたグローバルバリューチェーン内での参加度が高く、多くを輸出している。

各国はグローバルバリューチェーン内で、産業のスキル要件に適合するスキル特性を発達させることによって、その特化を形作ることができる。この結果によれば、スキル特性によって国々はグローバルバリューチェーン内において多くを作れるよう発展することができる。ただし、この結果からは、各国のスキルと適合性のない産業特化の目標を取り入れることで発生する潜在的コストも示している。もし各国のスキルが産業のスキル要件に合っていないならば、特定の産業を手助けする政策は非効率なものとなる。そして、スキルのミスマッチに至ることによって、各国が産業で持つ比較優位を低下させることになる。

多くのOECD諸国は先端技術セクターで抜きんでるように努力している。しかし、ある国の特化の経路はより多くの努力を必要とし、この現在の生産構造やスキル特性、他の能力に頼るには時間がかかるだろう。二つの産業が能力をシェアすればするほど、ひとつの産業で価値を生み出すことに成功した国はまたもうひとつの産業で特化するようになるように思われる。ハイテク産業と複雑なビジネスサービス業に必要なスキル特性を欠く国の中には、必要なスキルミックスを発展させながら、まず有益なスキルを使用する産業で特化することができる国がある。他の国々は、洗練された産業で特化する機会を与えるスキル特性を持つ。しかし、他の要因がこの産業での特化を妨げるかもしれない。特化戦略の成功のためには、スキル政策を他のタイプの政策に沿って実装させる必要がある。

産業によってはスキル要件が大いに異なる。しかし、技術上の洗練の低いレベルの産業でさえ、幅広い範囲のスキルを必要とする。経験的な分析ではグローバルバリューチェーンでの輸出実績のための適切なスキルミックスを持つ重要性を示している。このスキルミックスは産業に特異的であるが、それらはすべて様々な認知スキルと「ソフトスキル」を含む。若者、成人、学生、労働者と失業者のための教育訓練政策はこれらのスキルミックスを発展させるには重要である。国民は、国

際レベルで必要とされる他のタイプのスキルと同様に産業のスキル要件に適合したスキルを持つ必要がある。この知見は、特に、特定の分野で先端技術を発展させる目的で行われるSTEMプログラムのような教育プログラムのデザインに意味を持たすことができる。

各国は、期待できるレベルで働ける信頼できる労働者プールを用意することができれば、先端技術産業で特化することができる。そのためには、小さな非観察的スキル分散が必要とされる。しかし、いくつかのOECD諸国は非観察的スキルの大きな分散を示す。同様の教育プログラムを横断して同程度の質を獲得する事前政策、そして期待されるレベルで働かない労働者を訓練することや労働者のスキルにより良い特徴を与えるような事後政策によって複雑なサービス業と先端技術製造業で特化することを可能にすることが重要である。

注

1. 学習意欲の指標は除く。
2. 輸出における後方参加の25パーセンタイルは除く。
3. 例えば、ビジネスサービス業はICTスキルとSTEMスキルに集中しているが、平均して低い後方参加である。同様に、ICTスキルとSTEMスキルの使用は職業分類で増加している。このスキルを最も使用する管理職や専門家に対して他の仕事よりもオフショアリングにさらされる機会が少ないかもしれない。
4. この結果は、複雑な世界的環境で仕事をするのに重要なスキルとすれば、読解スキルとは対照的である。実際、グローバル化は、ショックの変化と吸収に適応する絶えず大きな能力を求めている。それゆえ、自己計画スキルと労働者の柔軟性はそれに応じてグローバルバリューチェーン内で優れた企業実績に導くだろう。また、販売スキルは、既存のビジネス文脈を超えた視点から、製品管理に関する新しい見方を提供し、新しい流通業者や供給者と協力し、新しい顧客や競合他社と接触するためにも必要となるため、グローバルバリューチェーンへの企業の参加力を高めることができる。
5. 労働者は自身の持つスキルを彼らの仕事で使わないかもしれない。この議論は、仕事実績（いわゆるタスク型スキル）の頻度の情報に基づいたすべてのスキル指標が、グローバルバリューチェーン変数との関係で、評価された認知スキルと比較すると、なぜ弱いのかを説明することができる。
6. ICTタスクとSTEMタスクの強度が、産業グループを特化するようには思えないので、二つのタスクに関する相対的な強度は図3.10に示されていない。
7. 2006年10月17日のニューヨークタイムズ紙に掲載された記事（www.nytimes.com/2006/10/17/world/asia/17india.html）を基にした。
8. チリとトルコでは、成人の大部分がコンピュータを基にした評価を選択しなかったか、ICTコアテストを通過しなかったか、コンピュータの経験がない。このことは評価を受けた人々が読解スキルや数的スキルよりも、IT活用型問題解決スキルをなぜ持つのかについての一部を説明するかもしれない。
9. 読解スキルは成人スキル調査で、「理解、評価、社会に参加し、目的を達成し、知識と潜在能力を開発するために書かれたテキストの使用と従事」として定義される。したがって、他の二つの評価スキル（数的スキルとIT活用型問題解決スキル）と比較して、読解スキルはユニバーサルなスキル、仕事を

見つけ維持するための、また、企業と国の実績に貢献するための主要な前提条件として考えることができる。

参考文献・資料

Asuyama, Y. (2012), "Skill distribution and comparative advantage: A comparison of China and India", *World Development*, Vol. 40/5, pp. 956-969.

Barney, J. (1991), "Firm resources and sustained competitive advantage", *Journal of Management*, Vol. 17/1, pp. 99-120.

Bharadwaj, A.S. (2000), "A resource-based perspective on information technology capability and firm performance: An empirical investigation", *MIS Quarterly*, Vol. 24/1, Management Information Systems Research Center, University of Minnesota, pp. 169-96, *http://dx.doi.org/10.2307/3250983*.

Bloom, N. and J.V. Reenen (2010), "Why do management practices differ across firms and countries?", *The Journal of Economic Perspectives*, Vol. 24/1, pp. 203-224.

Bloom, N. et al. (2012), "Management practices across firms and countries", *The Academy of Management Perspectives*, Vol. 26/1, pp. 12-33.

Bombardini, M., G. Gallipoli and G. Pupato (2012), "Skill dispersion and trade flows", *American Economic Review*, Vol. 102/5, pp. 2327-2348.

Bombardini, M., G. Gallipoli and G. Pupato (2009), "Skills dispersion and trade flows", *NBER Working Papers*, No. 15097, The National Bureau of Economic Research, Cambridge, MA.

Bougheas, S. and R. Riezman (2007), "Trade and the distribution of human capital", *Journal of International Economics*, Vol. 73/2, pp. 421-433.

Chor, D. (2010), "Unpacking sources of comparative advantage: A quantitative approach", *Journal of International Economics*, Vol. 82, pp. 152-167.

Conti, G. et al. (2014), "Bayesian exploratory factor analysis", *Journal of Econometrics*, Vol. 183/1, pp. 31-57.

Costello, A.B. and J.W. Osborne (2005), "Best practices in exploratory factor analysis: Four recommendations for getting the most from your analysis", *Practical Assessment, Research & Evaluation*, Vol. 10.

Goldberg, L.R. (1990), "An alternative 'description of personality': The big-five factor structure", *Journal of Personality and Social Psychology*, Vol. 59/6, pp. 1216-1229.

Grossman, G. (2013), "Heterogenous workers and international trade", *NBER Working Paper*, No. 18788, The National Bureau of Economic Research, Cambridge, MA.

Grossman, G. (2004), "The distribution of talent and the pattern and consequences of international trade", *Journal of Political Economy*, Vol. 112, pp. 209-39.

Grossman, G. and G. Maggi (2000), "Diversity and trade", *American Economic Review*, Vol. 90/5, pp. 1255-1275.

Grundke, R. et al. (forthcoming a), "Skills and global value chains: Characterisation and evidence", *OECD Science, Technology and Industry Working Papers*, OECD Publishing, Paris.

Grundke, R. et al. (forthcoming b)(2017b), "Having the right mix: The role of skills bundles for comparative advantage and industry performance in GVCs", *OECD Science, Technology and Industry Working Papers*, OECD Publishing, Paris.

Ichniowski, C., K. Shaw and G. Prennushi (1997), "The effects of human resource management practices on productivity: A study of steel finishing lines", *American Economic Review*, Vol. 87, pp. 291-313.

Hanushek, E.A. and L. Woessmann (2008), "The role of cognitive skills in economic development", *Journal of Economic Literature*, Vol. 46/3, pp. 607-668.

Heckman, J.J. and T. Kautz (2013), "Fostering and measuring skills: Interventions that improve character and cognition", *NBER Working Paper*, No. 19656, The National Bureau of Economic Research, Cambridge, MA.

Heckman, J.J. and Y. Rubinstein (2001), "The importance of noncognitive skills: Lessons from the GED testing program", *American Economic Review*, Vol. 91/2, pp. 145-149.

Heckman, J.J., J. Stixrud and S. Urzua (2006), "The effects of cognitive and noncognitive abilities on labor market outcomes and social behaviour", *Journal of Labor Economics*, Vol. 24/3, pp. 411-482.

Hitt, M., R.D. Ireland and R. Hoskisson (2012), *Strategic Management Cases: Competitiveness and Globalization*, Cengage Learning, Boston, MA.

Hoyles, C. et al. (2002), "Mathematical skills in the workplace: Final report to the Science Technology and Mathematics Council", Institute of Education, University of London.

Humburg, M., R. van der Velden and A. Verhagen (2013), "The employability of higher education graduates: The employers' perspective", Publications Office of the European Union, Luxembourg.

Kautz, T. et al. (2014), "Fostering and measuring skills: Improving cognitive and non-cognitive skills to promote lifetime success", *NBER Working Paper*, No. 20749, The National Bureau of Economic Research, Cambridge, MA.

Kremer, M. (1993), "The O-ring theory of economic development", *Quarterly Journal of Economics*, Vol. 108/3, pp. 551-75.

Levchenko, A.A. (2007), "Institutional quality and international trade", *Review of Economic Studies*, Vol. 74/3, pp. 791-819.

Mayer, T. and S. Zignago (2011), "Notes on CEPII's distances measures: the GeoDist database", *CEPII Working Paper*, No. 2011-25.

Mohan, G. and Z.R. Mulla (2013), "Openness to experience and work outcomes: exploring the moderating effects of conscientiousness and job complexity", *Great Lakes Herald*, Vol. 7/2, pp. 18-36.

Nunn, N. (2007), "Relationship-specificity, incomplete contracts, and the pattern of trade", *The Quarterly Journal of Economics*, Vol. 122/2, pp. 569-600.

Ohnsorge, F. and D. Trefler (2007), "Sorting it out: International trade with heterogeneous workers", *Journal of Political Economy*, Vol. 115/5, pp. 868-892.

Romalis, J. (2004), "Factor proportions and the structure of commodity trade", *American Economic Review*, Vol. 94/1, pp. 67-97.

Santhanam, R. and E. Hartono (2003), "Issues in linking Information Technology capability to firm performance", *MIS Quarterly*, Vol. 27/1, Management Information Systems Research Center,

University of Minnesota, pp. 125-53, *www.jstor.org/stable/30036521*.

Schmidt, F.L. (2002), "The role of general cognitive ability and job performance, why there cannot be a debate", *Human Performance*, Vol. 15/1-2, pp. 187-210.

Schmidt, F.L. and J. Hunter (2004), "General mental ability in the world of work: Occupational attainment and job performance", *Journal of Personality and Social Psychology*, Vol. 86/1, pp. 162-173.

Tippins, M.J. and S.S. Ravipreet (2003), "IT competency and firm performance: is organizational learning a missing link?", *Strategic Management Journal*, Vol. 24/8, pp. 745-761.

UKCES (2011), "The supply of and demand for high level STEM skills", *Briefing Paper*, December 2011, UK Commission for Employment and Skills (UKCES).

Wright, P., G. McMahan and A. McWilliams (1994), "Human resources as a source of sustained competitive advantage", *International Journal of Human Resource Management*, Vol. 5, pp. 299-324.

第4章

スキル政策はどのようにして グローバルバリューチェーンを 形成しているのか？

　本章では、各国が効果的でよく調整されたスキル政策を通して、どのようにグローバルバリューチェーンを活用できるかについて議論する。これらの政策において、各国がグローバルバリューチェーンに参加し、その中で特化する必要のあるスキルを発展させなければならない。スキルのプールを効果的に活用し、スキルのニーズの変化を予測し、教育・訓練、イノベーションにおいて国際的な協力を拡張し、オフショアリングのリスクと影響に対処しなければならない。この場合には、雇用保護法制、競業避止義務条項、移民政策といった各種の政策とともに教育・訓練政策を調整する「政府全体」としてのアプローチが必要とされる。

第4章　スキル政策はどのようにしてグローバルバリューチェーンを形成しているのか？

　スキルは、グローバルバリューチェーンへの参加がより良い社会的経済的アウトカムになることを確実にするための重要な役割を担っている（第2章）。また、グローバルバリューチェーンの最も技術的に高度化したセグメントにおいて各国が業績を上げたり、特化するためにスキルは重要な役割を果たしている（第3章）。視野の広い政策によって、それぞれの国は自国のスキルを発達させ、それを利用できるのである。労働市場政策は、産業や職業にスキルをどのように配分するかに影響する。マネジメント政策は、企業においてスキルを効果的に利用するのに貢献する。留学生や熟練した移住者を引き付ける政策は、その国にスキルのプールを増加させるだけでなく、彼らの持つ他文化やネットワークの知識を活用することにもなる。また国のスキルを国際的なイノベーションネットワークに結び付ける政策は、生産工程を国際化することへの助力にもなる。

　本章では、各国がスキル政策を以下の目的においてどのようにデザインできるかについて検討する。

- グローバルバリューチェーンに参加し、特化するために必要とされるスキルを発達させる。
- スキルプールを効果的に活用し、スキル要件の変化を予測する。
- 教育・訓練、イノベーションの国際協力を拡大する。
- オフショアリングのリスクと影響に対処する。

　貿易、競争、インフラ政策を含むスキル領域以外の多くの政策も、各国がグローバルバリューチェーンから便益を得るための能力に影響を与えている。そのような政策を詳細に議論することは本書の範囲を超えているが、本章ではグローバルバリューチェーンを最大限に活用するためのスキル政策と、それ以外の政策を調整することの重要性についていくつかの見通しを示す。こうした調整を可能にするためには、「政府全体」のアプローチが必要となる。

　本章で明らかにされる点は以下のとおりである。

- スキル政策のデザインと質を改善することは、その国がグローバルバリューチェーンからの便益を得ることだけではなく、若者の失業問題に取り組むことにも役立つ。一方で、特定の産業を対象とする、あるいは国外からの直接投資を誘致することを目指した政策は、よりリスクを伴うものであり、「二重配当」を得ることには繋がらない。
- グローバルバリューチェーンからの便益を得るために、様々な政策を整理する必要がある。教育・訓練政策と雇用保護法制、競業避止義務、移民政策との調整には「政府全体」のアプローチが必要となる。例えば、教育・訓練政策へ投資しても、もし移民政策によって留学生を引き付けることができないのであれば、グローバルバリューチェーンの効果を高めることができないかもしれない。
- 新興国と途上国において高等教育が発展するにつれて、OECD諸国はグローバルバリューチェーンの枠組みの中で、教育レベルではなく人口全体が保持するスキルで競争することになる。このことは、

各国が教育・訓練システムの質を拡張する必要があることを示している。第一に、各国は認知スキルの発達に強く焦点を合わせるとともに、学生が社会情動的スキルを身に付け、特定の領域を横断して成長していくような革新的な教育戦略を策定し、高等教育におけるカリキュラム選択に柔軟性を持たせる必要がある。第二に、学校と訓練プログラムにおいて教育の質を保証することが重要になる。多くの国において、学習の成果は社会的背景に強く結び付いており、そのことはスキルプールを制限するだけでなく、雇用主にとっては労働者が実際に持つスキルをとらえにくいものにしてしまっている。

- 各国の貿易における比較優位は、スキルの特徴と産業界からの要求の相互作用から生じており、そのため、各国は教育・訓練システムと民間企業との協力を改善する必要がある。そのような協力には、仕事ベースの強力な学習構成における職業教育や訓練、教育機関と民間部門を結び付ける地域の取り組み、民間企業、大学、研究機関の間の交流を強化していくような特定の政策が含まれる。

- スキルが可能な限り産業に適応するようにしていくことは重要である。このことは、企業に柔軟性を与え、労働者に安心をもたらすような雇用保護法制をデザインし、標準的でない形態の雇用の発展を監視し、スキルの移動を妨げるような競業避止義務の影響やその意味についての知識を向上させることによって可能となる。

- マネジメント政策は、グローバルバリューチェーンの比較優位の源泉となりうる。アントレプレナー教育は、雇用主や労働者の優れた実践に関する認識と知識を強化する。

- グローバルバリューチェーンは、各国が教育投資を抑制することを困難にしている。このハードルを下げるために、同じバリューチェーンに属している国々は、グローバルバリューチェーンからの便益を均等に分配する解決策を達成するために教育プログラムをデザインしたり、その資金調達をしたりする過程において協力することができる。教育プログラムのデザインに関する協力は、質の保証や、オフショア化されているもののいつでも回復可能なスキルの開発に関する知識、そして途上国のスキルを向上させるひとつの方法である。

- 各国は、生産プロセスの国際化を促進することで、そこから利益を得るために、国外であるいはインフォーマルに獲得されたスキルの認知度を向上させることができる。国外で獲得されたスキルを認知することは、留学生や外国人労働者を引き付けることになる。また、インフォーマルに獲得されたスキルを認知することは、オフショアリングのリスクにさらされた労働者がさらなる資格を獲得し、ニーズの変化に自分のキャリアを適応させる手助けになる。

- オフショアリングのリスクとコストを限定させるために、各国は短期の訓練、代替労働者向けの労働市場プログラム、人生の様々な段階でのスキル開発を促進する長期政策との適切なバランスを見つけなければならない。成人教育への障壁を取り除くことは、すなわち、より強力な学習インセンティブを提供するための税制の改善、成人向けのフォーマルな教育へのアクセスの容易化、仕事と訓練との間の時間を共有する柔軟性の拡大のために、貿易パートナーと協力して対処することなど、様々な取り組みを意味している。

4.1 グローバルバリューチェーンへの参加と特化のためのスキル開発

政策を適切にデザインすることで、すべてのレベルにおける質の高い教育と成功のための柔軟な道筋を提供し、学生が中退することを防ぎ、高度なスキルを開発することができる（OECD, 2015a）。本章は、政策が（第3章で明らかにしたように）先端技術産業において、特化する必要があるスキルの特性をどのように開発するのか、また（第2章で議論したように）多くの企業がグローバルバリューチェーンに参加することによって、経済全体にどのような利益をもたらすかについて検討する。

強力なスキルミックスを開発するための教育・訓練政策
理論的根拠

企業や労働者がグローバルバリューチェーンに参加し、成功を収めるためには幅広いスキルが必要である。認知スキルは主導的な役割を果たすが、特定の産業に特化した国においては、認知的側面と同様に社会情動的側面のスキルなど、各種のスキルを適切に組み合わせることが必要になる（第3章参照）。

新興国は教育へのアクセスの拡大、教育・訓練機関の質の向上、スキル教育プログラムの開発を進めている。このような新しい国際的戦略において、高等教育や科学・技術・工学・数学（STEM）スキルは、比較優位の源泉になりつつある。とりわけ、STEMスキルが他の知識分野やコミュニケーション、チームワーク、問題解決などのスキルと組み合わされている場合、STEMスキルは比較優位の源になりうる。例えば、データ分析スキルを備えた人たちのプールはシンガポールがグローバルバリューチェーンへの参加を促進することを可能にしたものの、データ専門家は一般的に、問題解決のスキルが不足しており、シンガポールが技術的に高度な産業に特化することはできていない（UKCES, 2015）。

タスク型スキル指標（第3章; コラム3.1）は、スキルが仕事で使用される強さによって職種が異なることを示している。このことは、職業によるスキルによって、その能力も異なることを示唆している。高スキル職から低スキル職まで様々なタスクの実行頻度が、徐々に低下している（図4.1）。すべてのスキルについて、年齢とともに低下傾向がみられるが、この傾向は認知スキルでより顕著であり、教育の到達度が労働者の認知スキルに及ぼす影響を反映している（図4.2）。

政策

OECD諸国は、職場におけるパフォーマンスに社会情動的スキルが重要であることを認識しており、あらゆる教育レベルにおいてこれらのスキルを開発するための行動に取り組んでいる。自尊心のような社会情動的スキルは、認知能力を発達させたり、使用したりする能力にも影響を及ぼす。

図 4.1　タスク型スキル指標（職業別）
2012 年、2015 年

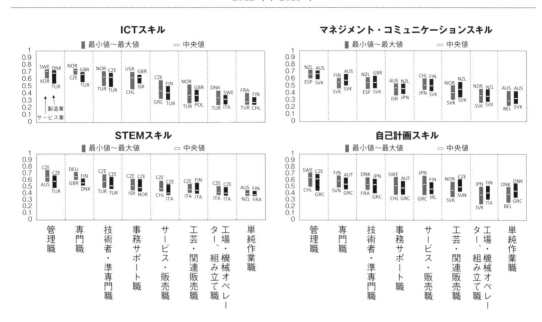

注：チリ、ギリシャ、イスラエル、ニュージーランド、スロベニア、トルコは 2015 年、その他の国は 2012 年のデータを使用。ベルギーのデータはフランドル地域、イギリスのデータはイングランドと北アイルランドを指す。
資料：OECD 事務局算定。データ源：Survey of Adult Skills（PIAAC）(2012, 2015), www.oecd.org/skills/piaac/publicdataandanalysis.
StatLink：http://dx.doi.org/10.1787/888933474421

OECD が実施する生徒の学習到達度調査（Programme for International Student Assessment: PISA）に参加している多くの国々では、数学的リテラシーの成績の高い学生群でみると、女子は男子よりも成績が悪い（OECD, 2015b）。しかし、数学に対する自信や数学に対する不安の度合いが同じくらいの男女を比較すると、成績における男女差は見当たらなくなる。

いくつかの介入プログラムは特に幼児期において、社会情動的スキルの向上に一貫して成功している（Heckman and Kautz, 2013）。これらのプログラムは、典型的には就学前の活動や親と教師のミーティングを含んでいる。青少年や若年成人向けの成功している介入プログラムには、一般に、仕事に基づいた活動の一環としてメンタリングの要素がある。早期の介入はまた、社会情動的スキルと認知スキルの組み合わせを開発することを目的としている（コラム 4.1）。

自尊心や自己統制、対人関係スキルなどの社会情動的スキルを伸ばすためには、革新的な教授法が必要となる。ロールプレイング、協働型教育、ゲーム、ケーススタディ、社会問題解決教育など、学生の感情や関係に働きかける戦略は、社会性のある態度と同様に、コミュニケーションや感情的スキルを伸ばすために特に重要となる（Le Donné, Fraser and Bousquet, 2016）。

学際性とスキルの混合は、「学位をどうデザインするか」という視点から学生の参加を促すこと

第4章　スキル政策はどのようにしてグローバルバリューチェーンを形成しているのか？

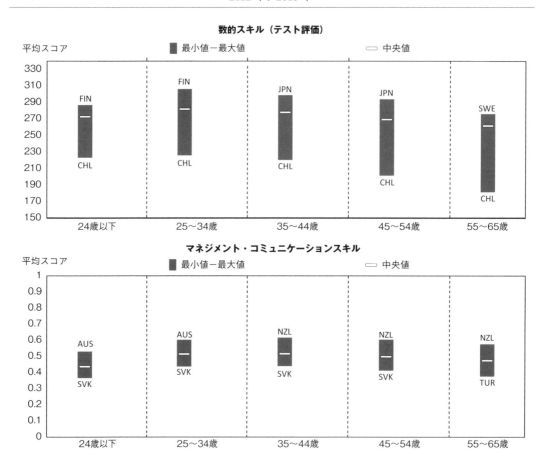

図 4.2　スキル指標（年齢層別）
2012 年、2015 年

注：チリ、ギリシャ、イスラエル、ニュージーランド、スロベニア、トルコは 2015 年、その他の国は 2012 年のデータを使用。ベルギーのデータはフランドル地域、イギリスのデータはイングランドと北アイルランドを指す。
資料：OECD 事務局算定。データ源：Survey of Adult Skills（PIAAC）(2012, 2015), www.oecd.org/skills/piaac/publicdataandanalysis.
StatLink：http://dx.doi.org/10.1787/888933474438

によって高等教育の場において発展させることができる（Vincent-Lancrin, 2016）。多くの OECD 諸国では、通常、必須科目に加えていくつかのコースを選択することができる。

国によっては、学生が入学した教育機関以外の機関でコースを履修することができるなどさらに進んでいる。単位加算制度（Modular Credit System）と機関間の相互連携（例えば、フランス、イギリス）によって、学生が比較的開かれた学位に対して単位を集めることができる。この開放性は学習経路の変更に対して柔軟性を提供するのと同時に、学生が自らの専門的ニーズや個人の願望に最も適したものを学べることができるために自分自身を管理し、責任を担うことを教えていることにもなる。

図 4.3 外国語として英語を学んでいる生徒の割合（欧州連合）
教育段階別、2015 年

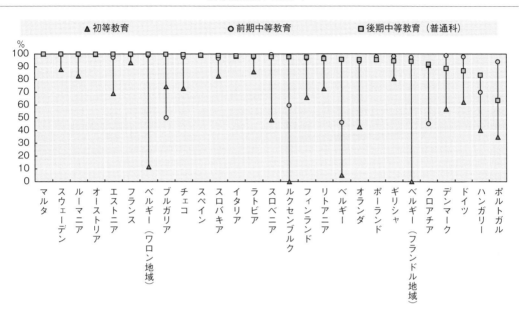

注：外国語を勉強している生徒の数に関するデータは、それぞれの学校レベルにおいてそれぞれの国に在籍する学生の数に対応している。
資料：Eurostat Database, http://ec.europa.eu/eurostat/data/database.

StatLink：http://dx.doi.org/10.1787/888933474444

　外国語を話せることは、個人が世界中を移動し、多文化、多言語のビジネス環境で自由に働くために不可欠である。多言語主義はまた、社会的結束や文化間対話を保証し、国の競争力を促進する。外国語に堪能な人々は、外国資本を誘致し、自国の企業が多国籍の供給ネットワークに加わることを促進する。これはグローバルバリューチェーンにおける貿易、特に新興国や経済における移転先の国にとって、比較優位の源泉となりうる。

　学校や高等教育機関は言語を学ぶ主な機会を提供している。例えば、ほとんどの EU 諸国では、明らかに過半数以上の生徒が初等教育レベルから英語を学ぶ（図 4.3）。他の国々では、外国語教育は中等教育レベルから始まる。外国語として英語を学ぶ生徒の割合が中等教育レベルで顕著に低下するなど教育レベル間において整合性がとれていない場合もある（例えば、ブルガリア、クロアチア）。生徒や若者が EU 諸国以外の国で生活しても学ぶことができる EU のエラスムス・プログラムは、過去 30 年間に渡って多文化理解と外国語スキルの向上をもたらしてきた。エラスムス・プログラムを受けた学生は、外国語スキルの向上に加えて、プログラムを通じてソフトスキルを高めている（European Commission, 2014）。

コラム4.1　幼児期からの社会情動的スキルとの組み合わせによる STEMスキルの向上

近年、いくつかのOECD諸国は、様々な教育段階における科学・技術・工学・数学（STEM）プログラムの指導を改善するための改革を導入している。これらの国々は、新しい教員養成と訓練プログラムと同様に、新しいカリキュラムや基準、評価法を導入することによって、社会情動的スキルとともにSTEMスキルを発展させることを目標にしてきた。一部の国では、ドイツの「小さな科学者の家（Little Scientists' House）」プログラムのように、幼児期の重要な段階で取り組みを導入している。

2006年の生徒の学習到達度調査（Programme for International Student Assessment: PISA）によって、ドイツの生徒は自然科学とテクノロジーについて十分なスキルと知識を持っていないことが示されたため、非常に幼い子どもたちが科学技術に好感を持てるように「小さな科学者の家」という取り組みが開始された。PISA調査の結果はまた、科学に対する態度の男女差が顕著であり、少なくとも5つの態度について男子が女子よりも肯定的な特性を報告していることを示した。

このプロジェクトは3つの原則から成り立っている。

1) 好奇心と情熱は、子どもと大人の両方にとって自然科学とテクノロジーへの玄関口である。ほとんどの子どもは自然科学の科目に生まれつき関心を持っており、それは好奇心によって推進される。
2) 子どもと教師は学習プロセスを一緒に設計する（協働的構築）。子どもたちは、他の人と協働作業することだけでなく、個々人の探求とみんなとの振り返りを通じても学ぶ。協働的構築教育プロセスの目的は、新たなコンテンツを一緒に開発することである。それによって、一緒に問題を解決したり、アイデアを交換したり、様々な視点を知ることができる。
3) 基本的なコンピテンシーを促進する。自然科学やテクノロジーに関する好奇心や情熱を刺激することに加えて、このプロジェクトは運動スキルや学習、言語、社会的スキルなどの基本的なコンピテンシーを子どもに提供する。

「小さな科学者の家」によって開発された主な活動は、ワークショップ（教師と子どもを含む）とプロモーションのための祝日（小さな科学者の日など）である。自然科学に興味のある教師や幼児教育者、自然科学者、エンジニアは、「小さな科学者の家」財団による研修を受けて、子どもたちを教え、ワークショップを行っている。

また「小さな科学者の家」は、デイケアサポーター、コミュニティ、自然科学の博物館や大学など、幅広いパートナーによってコーディネートされたローカルネットワークを構築している。これらのネットワークは、子どもたちが自然科学にアプローチすることを促進する活動や教育プログラムを、デイケア組織に提供している。

2006年のパイロット段階では、この取り組みはベルリンの50の幼稚園で実施され、2007年以降ドイツ全土に拡大されていった。現在までに、20,000を超えるプリスクール、デイケアセンター、小学校が参加している。このプロジェクトは、47,000の機関に活動を拡大する予定である。すべての教育者が、ローカルネットワークを通じて研修機会、情報や資料、およびアイデアを受け取ることができる。

資料
European Union (2009), " The little scientist's house", Compilation of good practice on fostering creativity and innovation in the fields of learning and cultural awareness, www.create2009.europa.eu/fileadmin/Content/Downloads/PDF/Projects/National_projects/DE_The_Little_Scientist_s_House.pdf.
Siemens Stiftung (n.d.), "Little scientists' house: Discovering the world with scientific passion", Siemens Stiftung website, www.siemens-stiftung.org/en/projects/little-scientists-house/.

学習成果をより公平にするとともに、人々のスキルをより可視化する

理論的根拠

　ある産業において技術的に優位な段階に特化するためには、各国は期待される水準に到達した労働者プールを用意する必要がある。なぜなら、これらの産業では生産に関連する長いチェーンを持っており、いずれかの段階でパフォーマンスが低下すると、生産物の価値を大きく低下させることになるからである（第3章）。類似する特徴を持つ個人間におけるスキル分散（非観察的スキル分散）が小さい国では、期待される水準において実行できる労働者プールが出現する可能性がある。

　類似の特徴を持つ個人間での大きなスキル分散は様々な要因で起こりうる。

- スキルの獲得は、学校や教育プログラムの質に依存するため、類似するレベルの教育を受けた個人が、必ずしも同じレベルのスキルを持つとは限らない。
- 仕事ベースの学習と訓練のプログラムは、教育システムと産業の関係を強化し、労働者のスキルを高めるためには重要だが、これらのプログラムの質も様々である。
- 特に職業教育・訓練（VET）プログラムと一般プログラムとの間では、同じレベルの教育成果に対する認知スキルに違いがある。成人スキル調査によれば、VETプログラムを受けた学生の多くは、一般的なプログラムを履修し同じ年数を過ごしたアカデミックの学生よりもスキルが低い（OECD, 2015a）。
- 一定の社会的背景や移民背景を持つ学生は、機会均等にアクセスすることはできていない。これもまた、同様の教育水準を持つ人でも、例えば、現居住国生まれの学生であっても、移民背景の有無によってスキルに違いを生じさせている。

　学習成果の格差は、教育プロセスの早期から始まり、人生を通じて蓄積されていく。教育機関は、学習機会をより公平に共有するというよりも、既存の社会経済的優位性を強化する傾向がある

図4.4 高等教育を受けた両親の有無別にみた読解スキルの差異
PISA2000年調査（15歳）、PIAAC2012年・2015年調査（26～28歳）

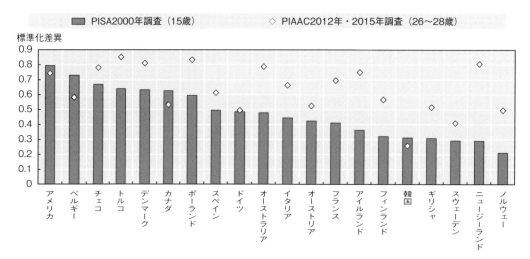

注：標準化差異は、少なくとも1人の親が高等教育レベルで教育を受けた個人と高等教育レベルの親を持たない個人の平均スコアの差を、調査に参加している国の平均標準偏差で割ったものである。各国は、PISAのスコア差の降順でランク付けされている。濃色で強調表示されている記号（例えば、スペイン）は、5%水準でスコア差が統計的に有意でないグループを表す。ギリシャ、ニュージーランド、トルコは、26～28歳については2015年、15歳については2003年のデータを使用している。

資料：Borgonovi et al. (2017), "Youth in transition: How do some of the cohorts participating in PISA fare in PIAAC?", *OECD Education Working Paper*, No. 155, http://dx.doi.org/10.1787/51479ec2-en.

StatLink：http://dx.doi.org/10.1787/888933474454

(OECD, 2013a, 2016a)。PISA調査の結果によると、社会経済的に恵まれない世帯の15歳の生徒は、調査の対象となった様々なスキル領域で成績が悪い傾向にある。成人スキル調査で測定されたように、若年成人においてその差は持続し、しばしば増加する（図4.4）。高等教育を受けていない親を持つ生徒と若年成人のいずれも、読解力習熟度において、高等教育を受けた両親を持つ同級生よりも低くなっている。

社会経済的に不利な状況に起因する学習成果の格差は、非観察的スキル分散と密接に関連している（図4.5）。エストニア、フィンランド、日本、韓国、ノルウェー（図4.5左下象限）など、社会経済的背景を比較した場合に15歳の読解力のスコアの分散が最も小さい国々は、非観察的スキル分散も最も小さい。対照的に、読解力と社会経済的地位との間に強い関係があることを特徴とするチリやフランス（図4.5右上象限）は、類似の特徴を持つ成人人口よりも平均的なスキル分散が大きい。教育、移民、マイノリティである背景によって不利になっている若者に平等な学習機会を提供することは、彼らがより強力なスキルを獲得し、教育から離脱していくこと確実にする。

15歳児の社会経済格差の大きい国、とりわけオーストリア、ドイツ、ニュージーランド、スロバキア（図4.5右下象限）では、非観察的スキル分散は大きくはない。これは、他の要因が作用していることを意味している。オーストリアやドイツのように、教育システムの中に高品質な職業教

図 4.5 成人読解スキル（非観察的スキル分散）と 15 歳児読解スキルのスコア（社会経済的地位調整済）との相関関係

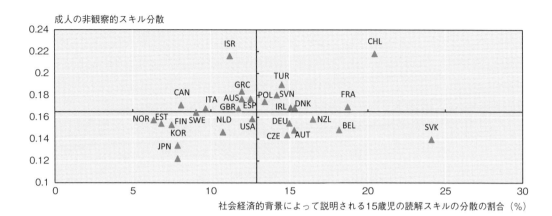

注：縦軸の国々は、昇順で成人スキル調査によって測定された読解スキル習熟度の非観察的スキル分散によってランク付けされている。非観察的分散は、読解スキルの習熟度の関係の強さを測定する社会経済的地位によって説明される 15 歳の読解スキルの分散（％）と二変量回帰分析モデルで推定された PISA 社会経済文化的背景指標に対してプロットされている。チリ、ギリシャ、イスラエル、ニュージーランド、スロベニア、トルコは 2015 年、その他の国は 2012 年のデータを使用。ベルギーのデータはフランドル地域、イギリスのデータはイングランドと北アイルランドを指す。
資料：OECD 事務局算定。データ源：Survey of Adult Skills（PIAAC）（2012 and 2015），www.oecd.org/skills/piaac/publicdataandanalysis, and PISA database（2012），www.oecd.org/pisa/pisaproducts/pisa2012database-downloadabledata.htm.

StatLink：http://dx.doi.org/10.1787/888933474469

図 4.6 非観察的スキル分散と職業教育訓練プログラム参加率との相関

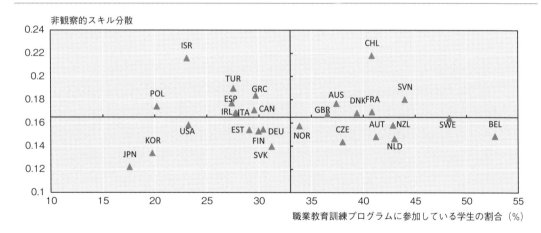

注：縦軸の国々は、非観察的スキル分散によって昇順にランク付けされている。非観察的分散は、職業教育訓練プログラムにおける学生の割合に対してプロットされている。チリ、ギリシャ、イスラエル、ニュージーランド、スロベニア、トルコは 2015 年、その他の国は 2012 年のデータを使用。ベルギーのデータはフランドル地域、イギリスのデータはイングランドと北アイルランドを指す。
資料：OECD 事務局算定。データ源：Survey of Adult Skills（PIAAC）（2012, 2015），www.oecd.org/skills/piaac/publicdataandanalysis.

StatLink：http://dx.doi.org/10.1787/888933474472

育・訓練（VET）プログラムや複数の経路があることは、学校や卒業後において成功する機会を拡大し、教育の初期段階における親の教育背景とスキル分散との関係を中和している可能性がある。しかしながら、多くの学生をVETプログラムに進ませることが、非観察的スキル分散を小さくすることに自動的に結び付くわけではない（図4.6）。これらのプログラム、特に仕事ベースの学習の構成要素の質を高める必要がある。

政策

社会的背景が学生の成績に強い影響を持つ国では、学校によるパフォーマンスの差がより大きくなる（OECD, 2016a）。政策においては、学校間の機会の不平等を減少させることを目指すべきである。ひとつの選択肢は、特定の学校に、経済的に恵まれていない生徒や、成績の悪い生徒が集中することを減らすことである。これには、住宅政策などのスキル領域以外の政策が必要となるだろう。もうひとつの選択肢としては、より良い教師を含むより多くのリソースを、成績の悪い生徒の集中度が大きい学校や恵まれない学校に割り当てることである。学校の資金調達システムをデザインすることで、学校間の不平等を軽減するだけでなく、教育の質を向上させることができる（OECD, forthcoming a）。

学習成果の公平性を確保するために、職業教育・訓練（VET）プログラム全体でより均等な質を以下によって達成することも重要である。

- VETを労働市場のニーズに対応して提供することを保証する。これには、労働市場のニーズに関する良好な情報、そのニーズにより直接的に供給を結び付けるメカニズム、教育・訓練システムを通した多様な提案と経路の提供、そしてそのシステムをデザインするための雇用主と労働組合の関与が必要である。
- VETプログラムの質を、次のようなことによって向上させる。1）就業力向上のための包括的なスキル開発を提供する、2）質の高い、仕事ベースの学習をすべてのプログラムに統合する、3）十分な教師とトレーナー、また彼らが優れた教育技術と最新の技術的専門知識を身に付けていけるよう保証する、4）適切な質保証を行い、教育訓練機関の労働市場における成果をモニタリングする。
- 仕事ベースの学習に対してサポートを厚くする。そうした取り組みには以下のようなものが含まれる。1）あらゆるレベルにおいて雇用主と労働組合の積極的かつ継続的な関与、2）確固とした、わかりやすい、コンピテンシーに基づく資格、3）コストと利益に関するより多くの情報、4）仕事ベースの学習プログラムを超えてよく整備された政策（例えば、雇用規制など）、5）対象を絞った資金援助。

高等教育における資金調達システムはプログラムの質を均質に保持するために重要な役割を果たしうる。平等なアクセスと十分な成果を確保しながら高等教育へ十分に安定したリソースを提供することは、すべての国において最も重要な目標である。これらの目標を達成するために、高等教育

図 4.7 大学卒業者の数的スキル（若年層）
習熟度別の大学卒業率（若年層＝ 20 〜 34 歳、大学型高等教育＝ ISCED 5A）

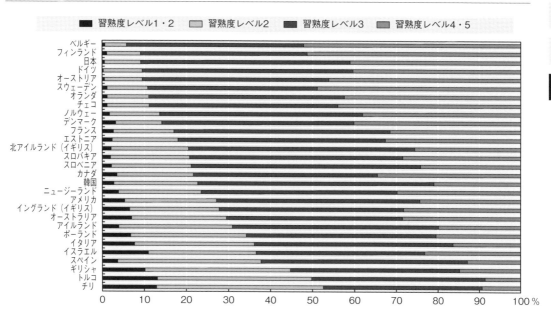

注：各国は、レベル 2 以下の数的スキルを有する卒業生の割合の昇順でランク付けされている。オーストリア、チェコ、エストニア、フィンランド、ベルギー（フランドル地域）、ドイツ、日本、韓国、イギリス（北アイルランド）、オランダ、スウェーデン、アメリカでは、数的スキルがレベル 1 以下の卒業生の推定割合に差はない。当該国外で高い資格を取得した成人、すなわち外国で取得した資格を持つ第 1 世代の移住者で、受入国に入る前に最高の資格を得なかった成人は対象外である。チリ、ギリシャ、イスラエル、ニュージーランド、スロベニア、トルコは 2015 年、その他の国は 2012 年のデータを使用。ベルギーのデータはフランドル地域、イギリスのデータはイングランドと北アイルランドを指す。
資料：OECD 事務局算定。データ源：Survey of Adult Skills（2012, 2015), www.oecd.org/skills/piaac/publicdataandanalysis; Kuczera, Field and Windisch (2016), Building Skills for All: A Review of England, www.oecd.org/unitedkingdom/building-skills-for-all-review-of-england.pdf.
StatLink：http://dx.doi.org/10.1787/888933474485

機関への直接的な公的移転は、幅広い成果指標を用いて、その成果と結び付けることが可能になる（Dougherty and Reddy, 2011）。さらに、不利な背景を持つ学生を入学させるために、成果指標を用いて学生の特性を説明することができる。授業料が設定されているか導入されている場合は、そもそも高等教育を受けることに対する経済的障壁を取り除く措置を講じなければならない（Johnstone, 2004; Johnstone and Marcucci, 2010）。

学位や資格に求められるのは、卒業生のスキルに関して労働市場に明確なシグナルを提供することである。高等教育が大規模に拡大するにつれて、これらのシグナルはこれまで以上に必要とされているが、卒業生の学習成果の目安としての資格の信頼性は疑問視されてきた。学位の取得は必ずしもスキルの熟達につながっていない。成人スキル調査では、OECD 諸国における若年の高等教育の卒業生のうち、約 20％がレベル 2 以下の数的思考力しか持ち合わせていないことが明らかになっている（図 4.7）。

職業訓練プログラムや大学教育プログラムの卒業生に、信頼性の高い、コンピテンシーに基づく

資格を備えさせるためには、政府、雇用主、労働組合、学生、およびその他すべての関係者による関与が必要となる（OECD, 2014a）。それには、1）労働市場のニーズを反映する資格を共同で開発する、2）過度に断片化しない程度に資格の多様化を行う、3）コンピテンシーに基づくアプローチを含め、質の高い評価を資格に組み込む、4）コンピテンシーに基づく資格を労働市場に結び付けること、を必要とする。

高等教育機関におけるアントレプレナー教育と起業支援
理論的根拠

　近年、高等教育機関は学生のアントレプレナーシップをますます支援するようになっている。これまでのところ、学生が機会を得て、ベンチャーを成功させるような態度、知識、スキルの開発を目的とした活動に重点が置かれてきた。高等教育機関はまた、新しいアントレプレナーの助けとなる環境にもなりうる。過去20年間に、メンター、研究活動への学生の積極的な参加、協働作業スペース、インキュベーション施設など、主要な補完的なサポートサービスが導入されてきた。また、教育機関は、学生が知的財産権を管理したり、公的資金や民間資金を調達したりするのを支援してきた。しばしば、これらのサービスを導入することの要望は学生やスタッフから直接、寄せられてきた。

　最近のアントレプレナーシップに関する国際学生調査によると、世界市場への参入は、多くの大学発のスタートアップにとって重要な成長目標である[1]。アントレプレナー教育の活動に参加している留学生の数は増えているが、ビジネスをスタートさせるという次のステップを踏み出す人は少なくなっている（OECD, forthcoming b）。一部の国でこのギャップは、管轄する区域において国外に目を向け、成長志向のスタートアップの増加を期待している地方政府や地方自治体によって認識されてきた。

　多国籍企業や大企業が期待するのは、特に高度な柔軟性と創造性を必要とするニッチな分野において大学発のスタートアップとコラボレートすることで、イノベーションを促進することである。そのため、大規模なイノベーター企業が高等教育機関とコラボレートする場合、スタートアップチームとそのビジネスアイデアを早期に特定することが戦略的な優先事項となる。

政策

　ほとんどのOECD諸国の政府は、高等教育機関がアントレプレナーシップの促進において重要な役割を果たすと考えている。しかし、政策支援の枠組みは、実際には異なっている。戦略的イニシアティブ、訓練プログラム、高等教育ネットワークのための長期的な資金提供によって持続可能な支援システムが確立されると、高等教育機関はこれまで以上にアントレプレナー支援を拡大、維持していくだろう。並行して、卒業後のアントレプレナー教育への支援は、教育省と高等教育機関との間の履行契約に含めることができる。新しいアントレプレナーに質の高い支援を提供するため

には、これらの機関がビジネスサポート団体とのパートナーシップに頼ることが不可欠になる。政府はこの協力を促進し、支援することができる。

高等教育がより国際的になるにつれて、いくつかの国は起業したいと思う学生を留めておくための支援メカニズムを導入している。例えばオランダでは、野心的なアントレプレナーたちは卒業してイノベーティブなビジネスを開始するにあたり、スタートアップのための居住許可スキームによって、1年間の許可が与えられる。オランダに拠点を置く経験豊富なアントレプレナーや研究者によるメンタリングが、そのための基準となる。多くの高等教育機関が、国際的なスタートアップを立ち上げ支援するために、この新しい機会を活用している。

中小企業におけるスキルの強化
理論的根拠

国内の中小企業は、対内直接投資（FDI）と結び付き輸出業者向けの国内サプライヤーとしてグローバルバリューチェーンに接続することで、知識のスピルオーバーや多国籍企業からの技術移転の恩恵を受けることができ、一般に他の企業と比べてよりイノベーティブで生産性を高めることができる（第2章；OECD/World Bank Group, 2015）。サプライチェーンにつながることは、中小企業の国際市場へのアクセスを強化するだけでなく、品質、効率性、および配送スピードの要件を満たすための多国籍企業の直接支援など、スキルの向上を可能にする。第一階層のサプライヤーが自社のサプライヤーとしての基盤を改善していくことで、サプライチェーンの改善がより下層まで広がっていく。中小企業をグローバルバリューチェーンに統合していくことは、知識開発、生産性、成長の面でグローバルバリューチェーンの便益を経済全体に移転していくために重要な条件である。

しかし、多国籍企業による投資は、本国や第三国から移転されるスキルの使用を好む場合もあるので、FDIとグローバルバリューチェーンへの連携が自動的に中小企業のスキル向上に結び付くわけではない。各国のスキルは、中小企業がFDIのような機会に挑戦したり、そこから利益を得たりする能力に影響を与える。ホスト国は、その国のスキルがグローバルバリューチェーンへの参加を促進し、FDIの誘致がスキル開発に貢献し、結果として、付加価値の高いFDIとより高いスキルをもたらすという、グローバルバリューチェーンにおけるスキルの好循環から利益を得られる。中小企業やアントレプレナーは、スキルを見つけ、発展させるために国内の労働市場や機関に多くを頼っている。しかし、国内の労働市場において、スキルがいかにうまく活用されているかは、大きく異なっている。多くの国内経済は、低スキルの罠に陥っており、グローバルバリューチェーンに企業を接続する機会を失っている可能性がある。スキルに対する雇用主のニーズが低く、スキルが十分に活用されていない場合、生産性は損なわれる。このような状況は、給与、雇用保障、キャリア開発の可能性の点で、国内の雇用の質を低下させてしまう。

中小企業は、特に認知スキルにおいて、製造業やサービス業といった大企業よりも低い傾向がある（図4.8）。小規模企業はまた、情報通信技術（ICT）スキル、マネジメント・コミュニケーショ

図4.8 企業規模別スキル指標
各国平均、2012年

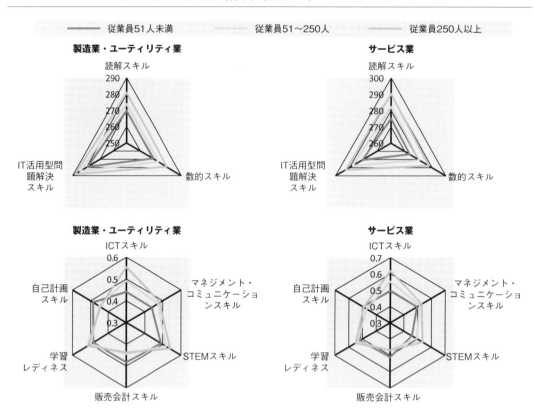

資料：OECD事務局算定。データ源：Survey of Adult Skills（PIAAC）(2012), www.oecd.org/skills/piaac/publicdataandanalysis.
StatLink：http://dx.doi.org/10.1787/888933474497

ンスキル、STEMスキルにおいて大企業に比べて低く、そうした企業の労働者は、これらのスキルがあまり開発されない可能性があることを示唆している。

政策

グローバルバリューチェーンに関わる、あるいはそれに接続するポテンシャルを持っている中小企業のための目標管理トレーニングは、国際企業が使用する手続き（特に入札およびそれに関連するプロセス）や国際ビジネスへのアプローチの仕方の理解向上、また一方でその企業がグローバルバリューチェーンに参加するのに必要なスキルを発展させるのに役立つ。

多国籍企業が現地のサプライヤーを選ぶことを可能にするためには、職業教育・訓練（VET）システムが、国際レベルの要求や国外投資家の要求に対応した、証明可能なスキルを生み出すことが不可欠となる。とりわけ、言語スキルは重要である。新興国や途上国では、英語を話す中小企業

のオーナーや、適切なマネジメントスキルや技術スキルを備えた従業員がいないため、しばしば多国籍企業が国内の中小企業に関与することができないでいる（OECD/World Bank Group, 2015）。

国内のリーダーには、企業とグローバルバリューチェーンとを結び付ける革新的な雇用とスキル戦略を開発するのに役立つインフラとネットワークが必要である。パートナーシップは、国内のリーダーを他の企業や多国籍企業と結び付けるためにOECD諸国で活用されている。そこには、一般に雇用・訓練機関、国内の学校や大学、経済開発機関を含む幅広いパートナーが参加している（コラム4.2）（OECD, 2014b）。職業教育機関は、こうした地域開発において重要な役割を果たすことができる（OECD, 2014a）。

コラム4.2　革新的な取り組みが民間セクターと教育訓練機関を結び付ける：アメリカとカナダの事例

アメリカでは、連邦経済開発政策が地域経済成長を促進する手段として「産業クラスタ」を育成している（OECD, 2014b）。「ジョブズ・アンド・イノベーション・アクセラレーター・チャレンジ」は、地域別に産業クラスタの強化と発展のための数多くの地域的な取り組みを支援し、資金援助といくつかの機関による技術支援を行っている。

2011年にアメリカは、製造業におけるイノベーション、教育、コラボレーションをサポートする研究所のネットワーク、「Manufacturing USA」とも呼ばれる製造業イノベーションのための全国ネットワークを立ち上げた。これらの機関は、技術的に重点を置く領域を明確に持ち、この共通の目標に向けて動く官民パートナーシップである。産学官パートナーは、既存のリソースを活用し、製造業イノベーションのためのコラボレーションと共同投資を行い、商品化を促進している。

これらの機関は、産業関連の高度な製造業の課題を解決し、産業競争力を復元し、拡張し、経済成長を促進し、アメリカの国家安全保障を強化するために人々、アイデア、技術をつなぐことを目指している。彼らが焦点を当てているのは、有望で初期段階にある研究の将来性を明らかにし、アメリカの製造業者による採用を整えられるようにすることである。研究機関は、そのメンバーに、新技術分野をサポートするようにカスタマイズされた人材育成やスキル開発に加えて、最新の施設や設備にもアクセスすることができるようにしている。

ミシガン州の「InnoStateプロジェクト」は、契約している既存の製造会社における新製品の製造能力を促進することで、彼らがグローバルバリューチェーンと良好に連携できるようにしている。ミシガン州のプロジェクトチームは、「Pure Michigan Business Connect Site」を通じて、アウトリーチとブランディングのためのマーケティングやその他のツールを提供している。

このプロジェクトはいくつかの地域パートナーで構成されている。そこには、以下のものが含まれている。

- ワークフォース・インテリジェンス・ネットワーク（Workforce Intelligence Network）は、労働市場情報を提供し、地元企業やその他の関係者のためのリソース拠点として機能している。
- デトロイト地域チェンバー（Detroit Regional Chamber）は、地元企業が顧客基盤を多様化するように促すことを目的としたいくつかの経済開発プログラムである。
- ミシガン製造技術センター（Michigan Manufacturing Technology Center）は、製造企業に向けてトレーニングやコンサルティング、マネジメントメンタリングなどをサポートしている。
- 全国製造科学センター（National Centre for Manufacturing Sciences）は、製造業におけるイノベーションの促進を目指している。
- ミシガン南東部コミュニティ連合（Southeast Michigan Community Alliance）は、ミシガン州の南東部にある7つのミシガン・ワークス・エージェンシー（Michigan Works Agencies）のひとつであり、幅広い人材開発サービスを提供している。ミシガン・ワークス・エージェンシーは、求職者が仕事を探したり、就業力や技術スキルを向上させたり、雇用主が資格のある労働者を雇用し、維持するのを手助けする。これらのエージェンシーは、OJTプログラムを通じて新規採用者の育成や、現職労働者訓練やカスタマイズされた訓練プログラムを通じて労働者の育成のための資金提供へのアクセスも提供している。

カナダのオンタリオ州では、雇用主が地元の製品マーケット戦略を策定し、グローバルバリューチェーンとより良いつながりを持てるように、地元のコミュニティカレッジや大学が支援している（OECD, 2014b）。例えば、ナイアガラカレッジは、園芸やワイン製造における地域の産業ニーズに対応するカリキュラムを策定しているだけでなく、地元企業が製品やビジネス戦略をアップグレードするのを支援する応用研究ユニットを設置している。そのユニットは、製品やプロセスの応用研究、エンジニアリングデザイン、技術開発、製品テスト、コンセプトの検証、生産準備、問題解決などの領域で企業とコラボレートしている。

資料
http://innostatemi.com/about-us/.
OECD (forthcoming b), *Engaging employers in putting talents to better use in the workplace*.
OECD (2014b), *Employment and Skills Strategies in the United States*, http://dx.doi.org/10.1787/9789264209398-en.

教育機関と民間部門とのギャップを埋める
理論的根拠

各国のスキルと産業界からの要求がよりマッチすることで、これらの産業における国際比較優位がもたらされる（第3章）。このようなマッチングを達成し、教育・訓練システムがスキル要件の変化に適応できるようにするためには、教育機関と民間部門とのより緊密な連携が必要である。

教育訓練機関や雇用主、その他の関係者との協力を促進することで、職業教育・訓練プログラム

と高等教育プログラムの質と市場の関連性を高めることができる。このような協力は、個人が価値創造の可能性の高い産業で必要とされる強力なスキルミックスを開発するのに役立つ。チームワークやコミュニケーションなど、ビジネスでも必要とされる、多くの職種において特有のスキルは、職場で最もよく学習される。そのため、仕事での経験は、スキルの様々なタイプや組み合わせへのニーズを示すことができ、教育から仕事への移行を円滑にし、採用を強化することができる。

　政府や教育システムは、必要とされるスキル要件を理解するために企業と協力し、その結果として、より多くの多国籍企業が国内にあるスキルに頼るようになる。新興経済国では、しばしば、巨大な外資系企業の地元での事業を提供するために産業全体を構築しようとしているため、このことは特に重要となる。そうした企業のサプライネットワークにおける仕事ベースの学習経験は、その企業自体あるいは海外において、最新の設備や専門知識を身に付けたり、仕事で成功するために必要な社会情動的スキルを高めたりなど、複数の利点をもたらす。

政策

　高等教育機関、研究機関、企業部門の官民パートナーシップは、コラボレーションを通じて研究をイノベーションに変えることで、教育システムと労働市場のギャップをさらに埋めるのに貢献できる（コラム4.2）。

　ビジネス世界への接続は、スキル開発を労働市場のニーズに結び付け、企業が価値を創造するのを支援できる。しかし、仕事ベースの学習は、従来の職業教育・訓練プログラムであっても、多くの国ではいまだに活用されておらず、それが幅広く利用されるには様々な障壁がある。仕事ベースの学習の構成要素は、様々なレベルとタイプの教育に統合することができ、職業教育・訓練プログラムでは必須となりうる。そのような要件を導入することで、多くのプログラムを合理化することができる。一方で、雇用主にとってほとんど関心のないプログラムは、要件を満たすことができないかもしれず、場合によっては、財政的支援が必要となることもある。

4.2　スキルプールの最大限の活用とスキル要件の変化の予想

　それぞれの国のスキル特性と産業のスキル要件との相互作用は、グローバルバリューチェーンにおけるパフォーマンスに様々な形で貢献している。すなわち、スキルの産業への配分、労働者のスキルとそれが発揮される職務とのマッチング、職務におけるスキルの使用方法、変化するニーズに合わせて調整できる教育・訓練システムなどである。

　平均して、約4分の1の労働者が、既存のスキルと職務に必要なスキルとの間にミスマッチがあると報告し、国によって大きな差異がある（OECD, 2013b）。その職業におけるスキル過剰は、スキル不足よりも多くみられる。スキルのミスマッチは労働生産性の低下と関連し、それは効果的な資源配分ができていないことの反映である（Adalet McGowan and Andrews, 2015）。しかし、十

分に活用されていないスキルを持っている労働者プールは、企業に対して新たなテクノロジーと仕事のやり方を導入する潜在力を秘めており、長期的には生産性の向上にも繋がりうる。

適切なマネジメント方針を持つことでスキルを最大限に活用できる

理論的根拠

マネジメント方針は、一般的に業績と生産性に重要な貢献をもたらし、それはスキル資産を最大限に活用し、新たなニーズに合わせて調整し、グローバルバリューチェーンにおいて、その国に比較優位を与える強力なツールである（コラム 4.3）。

グローバルバリューチェーンは、文化的に多様なチームの発展を促進し、それは企業が優れた経営方針を策定するためにますます重要になる。文化的多様性は、経験と視点が多様になるために、関連する知識のレベルを上げ、問題を解決する能力を高め、生産性とイノベーションを向上させる（Horwitz and Horwitz, 2007）。しかし、民族的多様性の高いチームでは、コミュニケーション、調整、結束のコストがそれ以上に高くなり、特定の水準までしかビジネスの業績は高くならない（Hoogendoorn and van Praag, 2014）。適切なマネジメント方針を持つことで、この水準を引き上げることができる。

世界マネジメント調査（World Management Survey）は、様々な国の企業が使用しているマネジメント実践に関する情報を提供している（Bloom and Van Reenen, 2007）。優れたマネジメント実践とは、生産プロセスを整理、説明し、個々のパフォーマンスを監視、分析し、挑戦的かつ連動した短期目標と長期目標を設定し、スキルを開発し、才能を保持しているハイパフォーマーに報酬を与える、といった実践を指す。

企業によるマネジメント実践の利用と発展は、アメリカ、ドイツ、日本、スウェーデン、カナダなどの最大限に活用している各国と、あまり活用できていない新興経済国との間に大きな幅がある（図 4.9）。実践スコアの高い国においては、優れたマネジメント実践の利用において企業間のばらつきは大きくない。そうした差異が大きい場合、それは優れたマネジメント実践を行っていない企業に対して拡大する余地があることを示唆している。マネジメント実践スコアの平均が最も低い国は同時に、その実践の企業間差異が最も大きい。

コラム 4.3　マネジメント方針がどのようにグローバルバリューチェーンにおける比較優位を国に与えるか

デンマークでの調査は、経済実績や貿易実績の源泉としての組織パフォーマンスを指摘している（Danish Agency for Science Technology and Innovation, 2013）。この調査では、「隠れたチャンピオン」——各輸出市場における輸出のリーダーである製造業企業——と同じ分

野の他の企業（コア企業）とを比較している。

　ひとつの違いは、フォーマルな教育資格である。輸出のリーダー企業はコア企業と比較して、一般的な高等教育の資格や高等職業教育の資格を持っている労働者の割合が高いことがわかった。しかし、大きな違いは仕事組織の実践に由来している。「隠れたチャンピオン」のうち58%において、非常に大きく、あるいは大きく従業員が関与していることに特徴付けられるような仕事組織の実践があり、コア企業ではそれは37%であった。「隠れたチャンピオン」のほとんどすべてが従業員の関与と責任の委任に基づく経営哲学を持っている。

　インドでは、企業の生産性に及ぼすマネジメント実践の影響を評価するために、多国籍企業での大規模な実験が行われた（Bloom et al., 2013）。あるグループの企業（無作為に選ばれた実験群）は、大規模な国際コンサルティング会社から5か月間の広範なマネジメントのコンサルティングを受けた。最初の1か月間、コンサルティング会社は、一連のマネジメント実践の改善のための機会を設定し、その後、4か月間に渡って、その勧告案の実施において企業を支援した。別のグループの企業（対照群）は1か月間の診断コンサルティングしか受けていない。

　優良なマネジメント実践を開発することで、5年後の生産性を17%向上させることができた。この実践を受けた企業は、実験の開始後3年間で、より良いマネジメントがより多くの生産工場に移転し、オープンにしたことを示唆するエビデンスとともに、より速く成長した。企業は、毎日の工場ミーティング、標準化された作業手順、在庫管理基準などの実践の利点を知らなかったので、以前はこれらの方法を採用していなかった。

資料
Bloom, N. et al. (2013), "Does management matter? Evidence from India", *Quarterly Journal of Economics*, Vol. 128/1.
Danish Agency for Science Technology and Innovation (2013), *The Hidden Champions-Danish Industrial Export Successes*, Copenhagen.

政策

　様々なタイプの政策がマネジメント実践の利用に影響を与える。管理職と非管理職双方の教育レベルは、より良いマネジメント実践と強く結び付いている（Bloom et al., 2012）。したがって、一般的なスキルを開発するための政策だけでなく、アントレプレナーシップとマネジメントスキルも、最も優れたマネジメント実践を普及させるのに役立つ。柔軟な雇用保護法制は、一般に最も優れたマネジメント実践を実行するのを容易にする。また、スキルに関係しない政策も重要な役割を果たす。関税を含めて製品市場の競争を妨げるものは、こうしたタイプの企業の税制優遇措置など、企業における同族所有を優先する政策と同様に、貧弱なマネジメント実践と結び付いている。

　これらの発見は、グローバルバリューチェーンにおいて強力なパフォーマンスを達成するためには、政策間の不整合を回避する必要があることを示している。一連の強力なスキルを開発するための教育政策は、優れたマネジメント実践の採択を促し、そして、貿易の比較優位の源泉になりうる。しかし、この投資は他の施策が国内企業を保護する目的として、競争を妨害することになってしま

図4.9 企業による最良のマネジメント実践（国別）
2004～14年

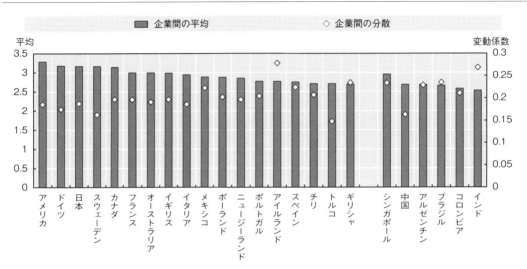

注：マネジメント実践の平均と変動係数は企業間のスコアを示したものである。高いスコア（平均）はより良いマネジメント実践を示し、変動係数が高いほど、マネジメント実践の企業間分散が大きいことを示す。
資料：OECD事務局算定。データ源：Bloom *et al.* (2012), "Management practices across firms and countries", *NBER Working Papers*, No. 17850.

StatLink：http://dx.doi.org/10.1787/888933474501

った場合、結果的に最も優れたマネジメント実践の導入を促進しない環境を創出してしまうことに繋がり、部分的に喪失してしまうことになるかもしれない。

新興国や途上国では、産業部門の成長はしばしば、幅広いスケールにおける開発と長期的な貧困削減のための重要なステップとみなされている。これらの国々は、十分な雇用の質を保証することによって、労働市場における機会の変容力を高めることができる。これらの国の中のいくつかでは、産業雇用における健康や安全のリスクとあいまった低賃金を原因として、非公式セクターである自営業に転じることを好む熟練労働者を思いとどまらせている（Blattman and Dercon, 2016）。

多国籍企業は、特に社会規制が十分に開発されていない開発途上国や新興経済国において、労働条件や雇用形態の改善に重要な役割を果たすことができる。国内労働者のスキルを高め、優れたマネジメント実践に関する知識を育成することは、多国籍企業がその国における雇用の質を向上させる好循環につながる。これには多国籍企業と新興国や途上国の政府の協力が必要である。例えば、国際労働機関（ILO）が議長を務めた「防災と建築安全に関するバングラデシュ合意」がある。これは、バングラデシュの衣料品産業における労働者の権利尊重を促進するための先導企業と商業組合との特徴的な合意と言える。

雇用保護法制は適応や再配置を容易にする
根拠

　雇用保護法制は、グローバルバリューチェーンを実行する各国の生産力や成果の適応に影響を与える。柔軟な制度は構造的な調整を容易にし、グローバルバリューチェーンにおける位置付けを変化させる各国の能力を高める。過度に硬直した労働市場政策は、企業がリスクの高いスキルを採用したり、生産性の向上を実現したりすることを控えさせることになりうる。なぜならば、そのような政策は労働者を解雇することをよりコストのかかることにしてしまうからである（Bartelsman, Pieter and De Wind, 2010）。

　同時に、雇用保護法制は労働者のインセンティブを貿易上の比較優位となりうる企業に特有のスキルを獲得させるように導く（Tang, 2012）。より保護的な労働法制を採用する国では、企業に付随するスキル集約的なセクターにおいて、より多くのものが輸出される傾向にある。競争的な環境における柔軟性に対する雇用主の欲求と、企業に特有のスキルを育てるための可能性やインセンティブに対する労働者の欲求とのバランスを取る制度が求められている。

　同様に、硬直した制度はオフショアリングに直面した労働者の失業を低下させたり、遅らせたりするかもしれないが、新しい仕事を見つける障壁にもなるかもしれない。結果として雇用保護法制は、雇用保障やスキルの熟達、収入に対する労働者のニーズと、加速度的に変化する労働世界における労働力の調整を行う雇用主のニーズとのバランスを取っていかなくてはならない（ILO, 2015; OECD, 2014c）。

　過去数十年において、たとえ正規雇用が最も普及した雇用の形態であったとしても、正規労働者が享受する契約終了に対する保護の恩恵を受けていない非正規雇用が拡大してきた（OECD, 2014c）。柔軟性に対するニーズを増大させるグローバル化や技術的な変化は、非正規雇用の拡大に対する主たる理由として考えられている（Eurofound, 2010; ILO, 2015）。非正規雇用には有期契約、派遣会社を通じた雇用、パートタイム労働などが含まれるが、それだけでなく、非常に短い雇用契約やフリーランス契約、契約を結ばない労働、ゼロ時間契約、そして、オンコールワーカーなどの不定形な契約までもが含まれる。

　不定形契約に関する国際的なデータはない。主たる高所得の国で得られたデータでは、終身契約での労働者の割合は減ってきている一方で、自営業で働く労働者の割合における緩やかな伸びに沿って、契約を行うことなく労働に従事する労働者というカテゴリーが生まれてきており、2012年には1.1%に達している（ILO, 2015）。これらの傾向は、危機の時期の前後に高所得経済における労働力全般で雇用保障が減退してきているということを示すものである。どれだけ労働が伴おうとも一切の雇用保障がないゼロ時間契約は複数の国で拡大してきている。イギリスでは全雇用の2.9%にまで達している（UK Office for National Statistics, 2016）。しかしそれらは、宿泊、飲食、保健、社会福祉といったグローバルバリューチェーンにさらされていないセクターにおいてみられる。

　非正規雇用の労働者のグループがより混成的になるにつれて、これらの労働者に対する雇用保障

第4章　スキル政策はどのようにしてグローバルバリューチェーンを形成しているのか？

の全体的な状況を把握するのが難しくなる。臨時・派遣あるいはパートタイム労働契約は、標準的な契約と同程度の保護や権利に対するアクセスを与えていない。しかし、これらの権利や保護は時間とともに拡大し、十分な設計もなされている。それにもかかわらず、賃金上昇や代表プロセスへの参加、失業補償、年金、職業訓練システムなどは在職期間と結び付いている（ILO, 2015）。2008年から2014年の間でEU各国や先進国における雇用保護法制の大部分の改革は、標準的な形態の労働における規制と不定的な形式での労働の規制との間でバランスを取れるように、不定形の労働に対して規制を増やすということで構成されてきた（Adascalitei and Pignatti Morano, 2016）。

政策

グローバルバリューチェーンにおけるパフォーマンスや参加は、労働者に対する安全性や企業に柔軟性を与える雇用保護法制を必要とする。これは、雇用保護と社会保障を職業よりもむしろ労働者に結び付けることによって、またこれらの資格を職業から分離することによって達成することができる。いくつかの国では、最低限の収入保障や単一労働契約の導入を考えている。

不定形労働下での労働者の社会保障や不定形労働という事象に関してより良く理解することは、様々な国に対してより良い雇用保障制度をデザインすることを手助けすることになるだろうし、オフショアリングのコストに直面している労働者グループの二重性の進行を防ぐことを確実にするだろう。あらゆる種類の雇用されている労働者は、適切な保護を必要としている。いくつかの国においては、不定形労働は主たる労働の形態ではないが、追加的な収入を得るための手段ではある（Eurofound, 2010)[2]。社会保障の資金調達を様々な労働者に割り当てるためにも、この課題をよりよく理解することは重要なことである。

スキル流動性を妨げない競業避止義務
根拠

競業避止義務は、雇用主が一定の期間、労働者に対して、転職後の仕事において雇用されていた間に学んだ情報を使わないことを同意させることで、経営者の形のない投資を保護することを意図している。労働者の流動性を規制することによって、雇用主は訓練や研究開発（R&D）への投資による利益を守ることができる。同時にこれらは自主的か非自主的かにかかわらず、仕事が終了した後に新しい仕事を探す機会を制限させてしまう。競業避止義務は、特に直接的な競争相手である企業以外の新しい雇用を見つけることが困難な特有のスキルを持つ労働者に影響を与える（Garber, 2013）。これらの労働者は、競業避止義務の対象となったときに、雇用を変えていく可能性は低い（Marx, Strumsky and Fleming, 2009）。競業避止義務はまた、知識の拡散を制限し、イノベーションを妨げる可能性がある（Samila and Sorenson, 2009）。

競業避止義務の立法および施行の相違は、対内直接投資（FDI）を誘致する国の能力およびオフショアリングのための企業の地位の選択に影響を与える可能性がある（Garber, 2013）。例えば、

図4.10 競業避止義務を負う労働者の特性別割合（アメリカ）
割合（％）、2014年

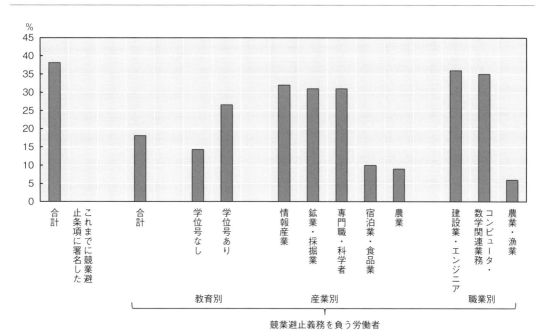

注：総数は、アメリカの労働力に対する割合として表されている。他の数値は、それぞれのグループの労働者の割合として表されている。
資料：Starr, Bishara and Prescott (2016), "Noncompetes in the U.S. labor force", https://ssrn.com/abstract=2625714.
StatLink : http://dx.doi.org/10.1787/888933474517

インドは競業避止義務条項がないという点で、中国やブラジルとは異なる。これは、高い価値のある営業秘密を持つ企業からの外国投資に対する障壁となりうる。それにもかかわらず、インドは重要な外国の研究開発投資を誘致している。多国籍企業は、企業固有の知識を持つ、より広範な労働者を活用することができるため、競業避止義務を執行しないことにより恩恵を受ける可能性があが、オフショアリングの決定において他の要因が問題となったりもする。

政策

競業避止義務による影響を徹底的に評価するために、OECD諸国において競業避止義務条項の発生率をよりよく理解することが重要である。競業避止義務条項がどの程度普及しているのかということに関して広範な評価はない。アメリカでの調査では、労働者の38％が労働経験の間に競業避止義務条項に同意させられており、18％は2014年にそのような合意下にあったことが示されている（図4.10; Starr, Bishara and Prescott, 2016）。

政策はスキル要件における変化を予測することができる

根拠

政策的な介入は労働市場におけるスキルのミスマッチやスキルの欠如を解決する手助けとなりうる。しかし、成功を収めるためには、現在そして将来のスキル要件におけるより良い情報を持つことに依存する。スキル要件を予測したり、評価したりするためのツールやシステムはすべてのOECD加盟国にはあるが、それらはどのようにスキルやタイムスパン、頻度、方法論やその範囲を定義するのかという観点から大きく異なる（OECD, 2016b）。

方法論的な側面においては、大部分の取り組みは潜在的な先入観を取りはらうために複数の情報源に頼っている。大部分のケースでは、それらは雇用統計、労働者・卒業者調査、量的な将来モデル、セクター調査、労働市場情報などの量的な情報源であるが、いくつかの国ではシステム的に質的な情報を量的な情報と同程度に組み入れている。例えば、カナダは既存のスキル欠如の分析をスキル要件の中長期予測に組み込んでいる。このことは、政府が即座に政策的な介入を行うことを支持することにつながる。例えば、需要のあるスキルを持った新たな移民や解雇された労働者に対する短期間の訓練の枠組みなどを対象とした政策などである。一方で、見習い期間や新たなコースカリキュラムを組み立てるなど長期間の政策構築を導くものでもある（コラム 4.4）。

政策

スキルの評価や予測は、潜在的な政策の活用とうまくつながっていなければならない。例えば、スキル要件は職業や学習の領域のように政策決定の変数に対して容易に青写真が描けるように定義されるべきである。政策策定者にとって使いやすく、アクセスしやすくするために、アウトプットはあまりに技術的なものではあってはならないし、地域やそれ以下の単位の小さな地域のあるいは産業レベルにおいて十分に細かく構成要素に分けられるべきである。

コラム 4.4 国家はどのように政策の舵を取るためのスキル要件の評価を使うのか

OECD諸国は、スキルの評価や予測を雇用、教育、移民における政策開発を導入するために利用している。スキル要件に関わる情報は、雇用政策という観点から職業標準を更新するためであったり、見習いや再教育、オンザジョブトレーニング（OJT）プログラムをデザインするために共通して使われる。例えば、オーストラリア、ベルギー、ニュージーランドにおいては、スキル要件に関わる情報は、新たな職業あるいは変化するスキル要件のある職業の標準化の急速な開発を促すため、全国職務基準に結び付けられている。トルコではスキルが不足していることが特定される産業や職業をデザインするために使われる。

フランス、ハンガリー、アイルランド、イタリアなどでは、スキル要件に関わる情報は環境に優しいデジタルエコノミーへの移行を手助けするために使われる。

　スキル要件に関わる情報は、スキルや職業教育・訓練プログラムを含め、すべての教育レベルにおける学生の就職数を設定したり、カリキュラム開発を周知させたりするために、教育政策においても共通して利用される。見込みのある生徒やキャリアガイダンスカウンセラーに対して、教育レベルや追求する学習領域についての決定を行うためにも利用される。例えば、フィンランドは近年、欠員についての情報や地域の供給、労働ニーズ、特定の職業に対して必要とされるスキルを閲覧できる「ForeAmmatti」というウェブベースのツールを開発した。

　移民政策におけるスキル要件に関わる情報は、高い需要のあるスキルを持った移民の出世コースへの資料として使われる。例えばオーストラリアにおいては、職業の欠員データや雇用主へのインタビューを使って、需要に近いスキルを持った移民労働者の就労を促進させるために、現在あるいは将来に表面化すると思われるスキルの不足に関する一覧を明らかにしている。同様にイギリス移民諮問委員会では、一般的な労働市場に関する情報を、欠員のある職業を特定したり、スキル要件を行政にアドバイスしたりするために使用している。

資料
OECD（2016b），*Getting Skills Right: Assessing and Anticipating Changing Skill Needs*, http://dx.doi.org/10.1787/ 9789264252073-en.

　スキルの評価や予測のデザインにおいて鍵となるステークホルダーの関与は、彼らがアウトプットを理解したり、政策決定にそれらを使ったりすることを確実にしうる。例えば、ノルウェーのスキルの評価や予測のシステムは、ノルウェー統計局によって実行される予測の開発やデザインにおいて雇用当局や教育当局が協同で関与することで強められている。この類のステークホルダーの関与は、強力な対等関係を必要とする。様々なメカニズムの種類は、ワーキンググループ（アメリカにおける大臣間のスキルワーキンググループなど）、ラウンドテーブル（オランダにおけるワーキンググループは地域、小地域での行政レベル間の協働を高めている）、セクタースキル会議（カナダ、チェコ、イギリスなど）や独立した国家的なスキルアドバイスグループ（デンマーク、フィンランド、ドイツなど）などのステークホルダー間の合意を促すことにおいて成功すると示されてきた。

　最後に、量的・質的情報を組み合わせるスキル要件の評価に対する全体的なアプローチを採用するということは、一般的に優れた実践として評価される。例えば、イギリスのスキル予測に対するセクター特有の全体的アプローチには、経済モデル、雇用主の意見調査、スキル調査、デルファイ法[3]、ケーススタディ、ファーカスグループ、シナリオ開発、そして、エキスパートと雇用主との相談などがある（CEDEFOP, 2008; UKCES, 2010）。

4.3 教育・訓練、イノベーションに対する国家的な協働

投資、教育、研究、イノベーションは、生産プロセスに沿って国際化してきている。才能と投資に対する競争に乗り出すこと以上に、様々な国ではイノベーションに対する能力や、学生や労働者の流動性、教育の資金調達に影響を与える政策において協力することができる（コラム 4.5；図 4.11）。この協力はグローバルバリューチェーンが地域的な文脈から切り離されることなく、行政がグローバルバリューチェーンに影響を与えることができるということを確実にするためのステップである（Taglioni and Winkler, 2016）。

> **コラム 4.5　グローバルな教育・イノベーション・研究ネットワークの一翼を担う各国の潜在力をとらえる**
>
> OECD では、グローバルな教育・イノベーション・研究ネットワークへの各国の関与に対する様々な局面をとらえるためのいくつかの指標を開発してきた（OECD, 2014d, 2015c）。これらの情報をまとめることで、それぞれが多くの指標によって測定される「協力の 3 つの次元」をとらえるための指標を得ることができる。
>
> 1) 研究やイノベーションのための協力。これは、国際的な共著、国際共同開発、著者の国際流動性などによって測定される。
> 2) 留学生／外国人学生と高いスキルを持つ労働者。これは、大学教育において入学する留学生の割合や、外国で生まれた博士号取得者の割合によって測定される。
> 3) 国際的な協力に対する資金調達のインセンティブ。これは、政府の研究開発（R&D）支出、外国から融資された研究開発支出の割合、外国から融資されたビジネス領域における研究開発支出の割合によって測定される。ひとつの研究開発活動に対する全体の支援の指標として、全体の研究開発に対する予算は、外国からの投資や多国籍企業を呼び込むことができる。外国の民間セクターや外国の行政といった外国からの投資割合は、外国からの研究開発投資を呼び込むその国の能力を反映している。外国からの資金調達を得ることは、研究機関に対して他国と協働することを奨励することにもつながる。
>
> すべての指標を標準化することで、それぞれの要約指標が、標準化された指標の平均として算出される（図 4.11）。この指標は、グローバルな教育・イノベーション・研究ネットワークへの参加を促進するための枠組みの条件や政策、特徴を各国がどの程度有しているかを反映している。
>
> 資料
> OECD Patent Database, OECD Main Science, Technology and Industry Indicators Database, OECD Education at a Glance Database.
> OECD (2015c), *OECD Science, Technology and Industry Scoreboard 2015: Innovation for growth and society*, http://dx.doi.org/10.1787/sti_scoreboard-2015-en.

図4.11　グローバルな教育・イノベーション・研究ネットワークの一翼を担う各国の潜在力

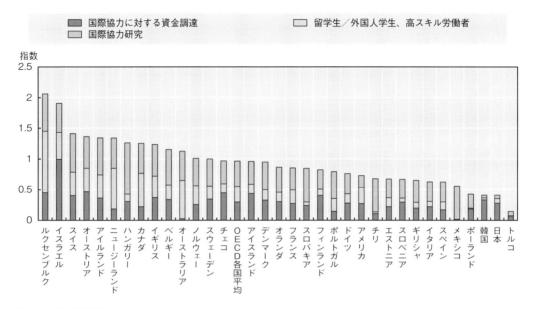

資料：OECD事務局算定。データ源：OECD Patent Database, http://stats.oecd.org/; OECD Main Science, Technology and Industry Indicators Database, https://stats.oecd.org/Index.aspx?DataSetCode=MSTI_PUB; OECD Education at a Glance Database, http://stats.oecd.org/; OECD（2015b）, *OECD Science, Technology and Industry Scoreboard 2015: Innovation for growth and society*.

StatLink：http://dx.doi.org/10.1787/888933474524

グローバルな教育・イノベーション・研究ネットワークに参加すること

根拠

イノベーション活動はますます国際化してきている。研究開発（R&D）投資の大部分は、いまだに本国の本社近くの企業に集中しているが、企業は研究開発活動を外国に移転し始めてもいる（de Backer and Destefano, forthcoming）。研究開発の海外移転は、主に地元市場の需要に対して製品やプロセスを適合させることを意図しているが、一方で、企業は外国の知識や技術、人的資本などを取り入れることでオフショア化を進めることを模索している。

さらに、異なる国の共同発案者とともに特許を得るということが台頭してきているということからもわかるように、イノベーションに対する協力は外部のパートナーやサプライヤーとの協力的な取り決めを通じて発展してきた。企業や大学、研究機関、行政組織は、国際的なイノベーションや研究ネットワークに結び付いている。

それぞれの国は、スキルに対する投資がグローバルバリューチェーン内部で利益を生むことを確実にするために、国際的なイノベーションネットワークに参加する必要がある。特定の分野において優れた研究者のプールを持つだけでは十分なものとはならない。彼らの研究は国際的な市場に結び付いている必要がある。グローバルバリューチェーンにおける取引ほどには、異なる国の発明者

図4.12 特許・国際共同発明における多国籍企業の重要性
1995〜2013年

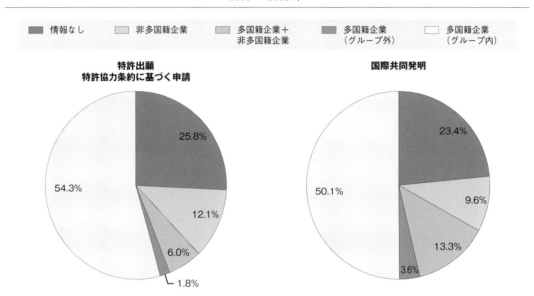

注：左図は、1つの多国籍企業（グループ内）、複数の多国籍企業（グループ外）、多国籍企業＋非多国籍企業、非多国籍企業、情報が得られないものに割り当てられる特許出願の割合を示している。右図は、異なる国に居住する複数の発明者の特許に焦点を当てることによって、国際共同発明を測定している。同グループ内の多国籍企業（本社や関連会社）、複数の多国籍企業、多国籍企業＋非多国籍企業、非多国籍企業、情報が得られないものに起因する可能性のある共同発明の割合を示している。
資料：de Backer and Destefano (forthcoming), "The links between global value chains and global innovation network: An exploration", *OECD Science, Technology and Industry Working Papers*.

StatLink: http://dx.doi.org/10.1787/888933474536

が関与する特許による多国間のイノベーション協力はあまり発展していないが、グローバルイノベーションネットワークとグローバルバリューチェーンの間にはかなりの地理的重複が存在する（de Backer and Destefano, forthcoming）。

　グローバルバリューチェーンと国際的なイノベーションネットワークとの結び付きは、特許取得の分野において多国籍企業の主導的な役割を反映している。すべての特許申請者の60％以上か、共同発明の3分の2以上が多国籍企業の活動と関連している（図4.12）。共同発明については、本社や関連会社など同じ多国籍企業からの申請を除くと、50％以上の申請者が他国との共同発明に関心を持っている。

　国際的な共同発明を通じた例にすると、異なった国における機関間の科学的研究における協力はネットワーク作りを進め、研究が民間部門で採用されたり、認識されたりする可能性を高める（OECD, 2015c）。科学的研究における協力は、小さな国をグローバルバリューチェーンのより価値の大きいセグメントに接続させたり、対内直接投資を呼び込んだりすることができる。科学的研究における協力尺度と引用の影響との間には、特に科学的生産のレベルが低い国では、正の関係が予

図4.13　高等教育段階における留学生・外国人学生の割合
2014年

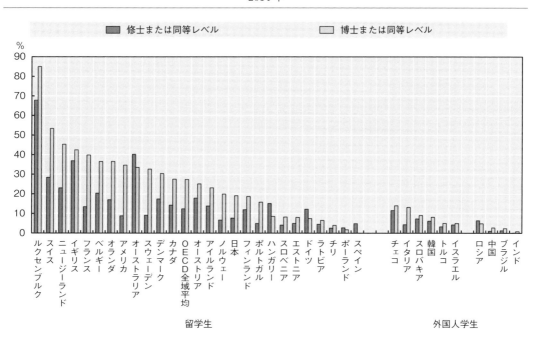

資料：OECD（2016d）, *Education at a Glance 2016: OECD Indicators*, http://dx.doi.org/10.1787/eag-2016-en.
StatLink：http://dx.doi.org/10.1787/888933474544

測される（OECD, 2015c）。協働作業と協力を通じた対人関係のつながりによる体系化された情報の交換を超えた学習機会の創造を通して、知識はより急速に広がるかもしれない（OECD, 2016c）。

国際的な教育ネットワークは、イノベーションと研究の連携と同じくらい重要である。留学生を引き付けるための競争が激化している。一部の国では、留学生や研究者を引き付けることにあまり成功していない。そのことが、高等教育システムの経済的影響や才能の探索における競争力を妨げている。それは、自国の学生に関して留学生との接触の機会を減らし、さらには、後の国際環境下でうまく振る舞う能力を低下させたりもする。外国の大学で時間を過ごし学ぶ高等教育の学生は、彼らの専門的なキャリアのために有益となりうる経験を得たり、他者とのつながりを作ったりする。ある国では、博士レベルの学生の30％以上は海外から来ているのである（図4.13）。

政策

スキル領域の外側にある政策を通じた国際投資を引き入れるための各国の競争がますますさかんになってきている（OECD, 2014d）。補助金や税制措置を含むこれらの政策は、多額の費用を必要とし、しかも多国籍企業から中小企業へのスキル移転が起きるとは確実には言い切れない。例えば、

彼らが投資の誘致に成功したとしても、投資をある国から別の国に地理的に場所を変えるというように、その利益は一時的なものとなる可能性がある。

質の高い教育や訓練システムを通じた力強いスキルを開発するための政策は、イノベーションや研究のための国際協力を進展させるために役立つ。特に大学段階における質の高い教育システムは、研究協力により関与するかもしれない外国からの学生を引き付ける。クラスターやハブといった民間セクターや大学、研究機関（コラム4.2）間での相互交流を促進するための具体的な政策は、知識の移転を促進するかもしれないが、様々な当事者が相互交流の機会から利益を受けるために様々なスキルを持っていたり、情報の現実的な交換を育成したり、協働したりする必要がある。

さらに、いくつかの特定の政策は教育の国際化を促し研究協力を促進する。英語による教育訓練プログラムの提供は、国外からの学生を引き付け、他の国々が英語圏の国々と競争するのを手助けすることができる。それらはEU諸国では不均等に発展している（図4.14）。

学生の流動性を緩和できる高等教育における他の政策には、高等教育において共通の基準を採用したり、国外で取得した外国の卒業証書やスキル認証をしたり、海外で取得した単位を認定したりすることなどが含まれる。ボローニャプロセスの一環として、ヨーロッパでは資格の枠組みを調和させ、透明性を高めるよう努力してきた。ほとんどのOECD加盟国は、ヨーロッパの資格枠組みのすべてのステップを遂行してきた（European Commission/EACEA/Eurydice, 2015a）。それにもかかわらず、ほとんどのEU加盟国では、高等教育機関が外国で取得された資格の認定に関する最終決定を下す一方で、国外で得られた資格の認定は高等教育機関の手に完全に委ねられている。国外で獲得されたスキルの認知度を高めることは、学生が学力の向上を図る過程において国外に移動し、多様な経験と交流を獲得するのに役立つ。

社会的リターンがますますグローバル化しているときのスキル開発への投資
根拠

各国は教育の国際化からいくつかの点で恩恵を受けている。いくつかの国では国内の留学生の人数を拡大させながら集めている。留学生は、受入国のOECD諸国にとってスキルやアイデアという経済的利益以上の魅力がある。2011年には、データを入手できるOECD諸国の半数が留学生のためにより高い手数料を支払っている（OECD, 2016d）。

開発途上国や新興国では、最も優秀な学生の大部分が国外に留学し、留学先の質の高いプログラムを通じて恩恵を受けるといったことがみられる。これらの学生が帰国しなければ、彼らの母国は初期投資の一部を失うことになる。それにもかかわらず、国外で教育を受けることにより、教育への期待収益率が上昇する見通しが高まり、家庭での教育投資へのインセンティブを高める可能性がみえてくる。たとえすべての人が国外に進出しなくとも、起点となる国で大学教育を受ける人々の供給を増やすことで、より多くの人が大学教育に進学することを決定する可能性が高まる。

高等教育を受けた学生の移住の可能性が十分に低い場合、出身国への「移民帰国」が予想できる。

図 4.14 英語で提供される高等教育プログラムの割合
2013～14 年

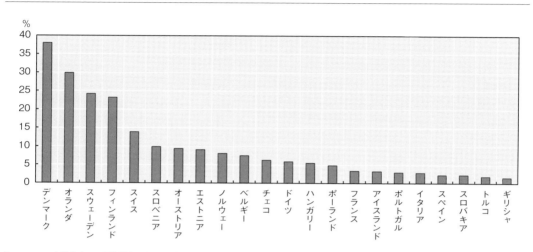

注：ここでの高等教育は、国際教育標準分類（ISCED）のレベル5・6を指す。
資料：Wächter and Maiworm（2014），"English-taught programmes in European higher education: The state of play in 2014".
StatLink：http://dx.doi.org/10.1787/888933474558

しかし、留学へのインセンティブを高めるのは、移住の見通しが立ちそうな学習分野を学生が選択するよう促すものである。外国と国内のスキルのニーズが異なる場合、出身国におけるスキルのニーズと供給の不一致が大きくなり、「頭脳浪費」と呼ばれるものが誘発される可能性がある（Docquier and Rapoport, 2012）。

グローバルバリューチェーンの発展は、大学教育の国際化から恩恵を受け、またそれに貢献している。オフショアリングは、教育投資の効率を変化させるため、産業間や国家間にわたるスキル要件をシフトさせる（第2章）。多国籍企業が活動している国では、3つの大きな変化が起こる可能性がある。第一に、活動のオフショア化である。これは、対応する仕事がオフショア化すると、通常は特定の職業スキルの教育への投資が失われることを意味する。第二に、仕事を失った労働者が他の業界に移動するのに役立つスキルを養うために、教育訓練政策が必要とされる。第三に、生産の新しい流通によって引き起こされるスキルのニーズの増加（通常はより複雑なタスクに関連するスキル）である。これは、他のまたは新しい教育プログラムのニーズを引き上げる可能性がある。対照的に、活動がオフショア化されている国では、教育プログラムの必要性は高まるが、これらの国はそのようなプログラムを開発する能力を持たない場合もある。

政策

各国は、それに従事する人の数によってスキルの比較優位を得ることを目指しているが、グローバルバリューチェーンは生産プロセスを現地のスキルに依存しにくいものにする。この文脈では、

その国に対する教育の社会的なリターンは不確実であるが、教育の私的なリターンは増加する可能性がある。この不確実性は、政府の教育分野への財政戦略や人々の教育面での意思決定に影響を及ぼす可能性がある。各国は、両面からみた利益設計の取り決めに協力することができる。

　教育プログラムを共同で設計し、資金調達する合意は、大学教育の国際化と生産プロセスから生じる利益と費用の分配の相互認識を基礎にして構築する必要がある。第一に、OECD加盟国の大学で留学生が負担する学費は大きく、OECD非加盟国の教育費は通常低い。第二に、大学教育と生産プロセスの国際化は、開発途上国と新興国の経済に機会をもたらすが、特にこれらの国のスキルが低下した場合には、コストにつながる可能性がある。第三に、オフショアリングによる生産性の向上は、オフショアリングを受け入れる側の国の活動が熟練労働力に頼ることができれば、オフショア化する側の国で高くなる可能性がある。

　協力の取り決めは、様々な形をとることができる。それらの取り決めには、オフショアリングによって暗に示された特定のスキル要件と、どのようにそれらを満たすことができるかについて、各国の政府と企業の間での議論も含まれる。また、教育プログラムの費用が分担され、オフショア化する側の国が、オフショアリングを受け入れる側の国の教育プログラムの設計に関与するといった、より正式な合意を伴うこともある。いくつかの研究では、労働者の移動の自由を確保しながら、両国のニーズに合ったスキルを生み出すためのコストと便益の共有に両国が合意できるグローバルスキルパートナーシップを構築することを提案している（Clemens, 2015）。

　教育協力に関する正式な合意のためには、グローバルバリューチェーンにおいて補完的役割を果たす異なるステークホルダー間のパートナーシップを構築する必要がある。公的機関と民間企業のパートナーシップは、それぞれが訓練の質を向上させることができるため不可欠である。教育プログラムが移転可能であることを保証するためには、民間のパートナーと公共機関との情報交換も重要である。さらに、民間セクターのパートナーは、必要なスキルを特定する上で重要な役割を果たすが、公共機関（特に、オフショアリングを受け入れている国）は、学生が雇用主に縛られないようにする必要がある。このような協定は、世界の労働市場における学生の職業紹介を成功させるものでなければならない。職業教育・訓練では、ドイツとタイの「二重エクセレンス教育プログラム」（European Commission, 2015）のような国際協力のいくつかの例がある。

　教育機関はお互いから学び、両機関の教育の質を高めることができる。オフショアリングを受け入れている国の教育プログラムに関与することは、この種のプログラム、特に職業教育・訓練プログラムのノウハウを維持する方法となりうる。さらに、いくつかの活動やスキルが、いまの瞬間においてもオフショア化されているかもしれないが、明日は国内市場に戻ってくるかもしれない。また、職業教育・訓練プログラムのノウハウが保持されれば、今後出現する可能性のある関連教育プログラムのニーズを満たすことが容易になる。

　新興国と開発途上国にとって、才能のある学生の喪失は、彼らの送金によって部分的に相殺される可能性があり、特に教育に関する送金の場合にそれが言える。出身国は、いったん労働に従事し

た場合、実家に送金する機会について学生に通知することができる。フィリピンの移住者の場合、その金額が教育費に使用されるように「ラベル付け」されていると、出身国の受益者に進んで送金することがみられた（De Arcangelis et al., 2014）。出身国は、海外の学生との強いつながりを維持することによって、アイデアや知識などの無形の送金を促進することもできる。

移民政策と国際競争力目標を整合させる
根拠

　移民は多くの移住先国においてスキルの供給を増加させている。OECD 諸国に居住する高等教育を受けた移民の数は、2000 年から 2010 年にかけて 2 倍近くに増加し、現居住国で生まれた人口の増加率よりもはるかに大きかった（Arslan et al., 2016）。

　同じ国に住んでいるが、将来において異なる国に移住する人々は、アイデア、知識、技術を広めるためのネットワークを構築している。同じ母国からの移民、特に熟練した移住者間のネットワークは、情報障壁や文化的障壁を取り除くことによって貿易と外国直接投資を刺激する（Javorcik et al., 2011; Foley and Kerr, 2013）。移民はまた、生産性を向上させようとする企業の文化的多様性を増加させる（Alesina, Harnoss and Rapoport, 2016; Ottaviano and Peri, 2005）。

　移民は、現居住国で生まれた市民よりも起業家精神を有しており、イノベーションを促進し、経済成長を刺激することができる。移民グループは、オーストラリア、カナダ、イギリス、アメリカなどの OECD 諸国では、その多くが現居住国生まれの住民よりも高い割合で自営業に従事している（Kerr and Kerr, 2016）。この傾向は時間の経過とともに強化されている。アメリカでは、移民の起業家の割合は 1995 年の 17％から 2008 年には 27％に増加した（Fairlie and Lofstrom, 2013）[4]。移民の起業家精神は、特に低スキルの移民にとってはそれ以外には雇用される機会がないという理由によっても刺激されることが多いが、情報交換や経済的支援と顧客基盤を提供する移民のソーシャル・ネットワークによっても同様に刺激される（Kerr and Mandorff, 2016）。国際的な市場に対する知識を活用することで、移民の起業家は国外の顧客への販売を促進することができる。ロンドンの 7,600 社への調査によると、外国生まれのオーナー（イギリス生まれのオーナーとの共同も含む）を持つ企業は、イギリス生まれのオーナーのみを持つ企業よりも新しい商品やサービスを導入し、国際市場に販売する可能性が高い（Nathan and Lee, 2013）。

政策

　移民政策と国際競争力目標との間の不均衡を避けることが重要である。近年、OECD 諸国の中では、熟練労働者や留学生のための政策枠組みが改定されている（OECD, 2016e）。特に、留学生が卒業後も当該国に留まることをより容易にする傾向が明確になっている。一般に熟練労働者が有利になるように、労働移動スキームが調整されている。あまり熟練していない労働者に対しても、様々な方向性が用意されている。

4.4 オフショアリングがもたらすリスクとその意味

グローバルバリューチェーンへの参加には、いくつかのスキルのニーズを低下させる活動のオフショアリングが含まれる。グローバルバリューチェーンはまた、国家間の相互接続を増加させ、それによってスキル要件を取り巻く不確実性を増大させる。ある国のスキル政策の変化は、スキルの配分に影響を及ぼし、グローバルバリューチェーンだけでなくその貿易相手国の比較優位にも影響する。全体として、グローバルバリューチェーンの開発は、特に短期間に、一部の労働者グループにとって犠牲の大きい構造変化を招く。これらのコストを削減する上で、政策のデザインは重要な役割を果たす。

解雇のリスクにさらされている労働者を支援する予防政策と対処政策のバランスを見つける

根拠

一部の労働者は、他の人よりも大きなリスクに直面している。その理由は、職場での仕事の種類（第2章）や労働者自身の特性のために、仕事がオフショアにシフトしてしまうことによる。

高齢労働者や教育水準の低い労働者は、解雇のリスクが高く、仕事に復帰するのに時間がかかり、より長期的な失業に苦しむ（OECD, 2013c）。若年者もまた、働き盛りの労働者よりも解雇のリスクが高いが、解雇された後は通常、以前の職務よりもスキル要件が高い職場にいることが多い。

一般に女性は、解雇前に保有している契約の種類など他の要因が考慮されれば、男性よりも解雇される可能性は高くならない。しかし、女性は男性よりも労働市場から切り離される可能性が高く、転職後の不活動の期間は長く続く。

ほとんどの場合、労働者の特性と仕事のタイプには、相互に補完的な関係がある。例えば、スキルの低い高齢労働者でみると、定型的な仕事に就くことが多く、そうした仕事はオフショアリングの可能性も高く、またスキルが低いために新たな仕事を見つけるのが困難である。

解雇された労働者は、他の失業者よりもその後の失業率が高く、所得の喪失が高くなる傾向がある。高い身分保障を受けた労働者は、企業や産業、職業部門における特定の人的資本投資の水準が高いことにより、在職期間に伴ってその後の失業期間の継続も増加する（OECD, 2013c; Cavaco, Fougère and Pouget, 2009）。

政策

適切に設計された政策は、解雇された労働者が新たな仕事を見つけるのを支援することができる。また、脆弱な労働者の失業による社会的コストの増加に対応し、彼らが仕事の変化に適応できるように、フォーマルな初期教育だけでない組織的な学習機会を提供することも重要である。ここでは、両方のタイプの政策について説明する。

ほとんどのOECD諸国には、解雇された労働者を支援する政策があり、一部は有料で提供されている。フランスでは、解雇された労働者を対象とするいくつかのプログラムが徐々に導入されている。最初のプログラムは、期限の定めのない契約を結んで仕事を見つける可能性を高めた（Cavaco, Fougère and Pouget, 2009）[5]。このプログラムは、解雇直後の6～8か月間で再教育を含めた職業訓練や、新しい仕事を探すのに役立つ支援を即座にかつ個別に提供する。

　アメリカでは、失業した労働者のスキルのいくつかを新興産業に移転することができないため、失業した労働者が不利益を被るリスクの低減に焦点が当てられている。政府は、ニーズのある仕事に対して適応させるために、解雇された労働者を訓練することを目的としたコミュニティカレッジに助成金を割り当てている。これらのプログラムは参加者の再雇用を増加させた（Jacobson, Lalonde and Sullivan, 2005）。

　労働市場政策は、適切に設計されていれば、失業した労働者が新しい仕事を見つけることを手助けすることができる。いくつかの重要な要素には、求職活動の義務化、高品質の就職カウンセリングへのアクセス、強力で現代的な公共雇用サービスなどが含まれる。具体的なプログラムが提案されるときには、いくつかの就労経験と労働市場訓練を対象とするべきである（OECD, 2015d）。

　産業や職業がオフショアリングにさらされているために解雇された労働者は、就業力を高めるための新しいスキルを開発する必要がある。場合によっては、短期の訓練プログラムで労働者のスキルを十分に向上させることができる。また、後期中等教育や高等教育における職業教育・訓練プログラムなどで教育機関に復帰することが労働者に求められる場合もあるだろう。初期教育以外の成人向けの学習機会を提供することが重要である。ハイテク産業の労働者は、急速に変化するスキルに対応する必要がある。また、ローテク産業の労働者や低スキルの職務に従事する労働者は、学習によって適応力を高める必要があるだろう。

　職業教育・訓練プログラムは、短期間の労働市場プログラムよりも、基礎的な読解スキルや数的スキル、職業スキルなどの幅広いスキルをよりよく開発することができるため、失業労働者の一部のグループにとっては重要な政策となりうる。ほとんどのEU加盟国では、成人学習者のために、一般的な職業教育・訓練システムまたはそれらに特化したプログラムのいずれかによって後期中等教育における職業教育・訓練が利用可能である（European Commission/EACEA/Eurydice, 2015b）。フランスのセカンドチャンススクールなど、いくつかの国には学校を早期に離脱した若者のための後期中等教育プログラムもある（OECD, 2015a）。

成人教育・訓練の障壁を克服する
根拠

　ほとんどの国では、スキル水準の高い労働者ほど成人教育に最も関与している（OECD, 2013b）。成人学習への参加は、日常生活における読書活動に伴って増加する（図4.15）。日常的に読解スキルを多用する人は、読解スキルが低い人よりも成人学習に参加する確率が2.5倍高くなる。さらに、

第 4 章　スキル政策はどのようにしてグローバルバリューチェーンを形成しているのか？

図 4.15　成人の教育・訓練への参加率（読解スキルの日常使用頻度別）
25 〜 64 歳成人の参加率（％）、2012 年、2015 年

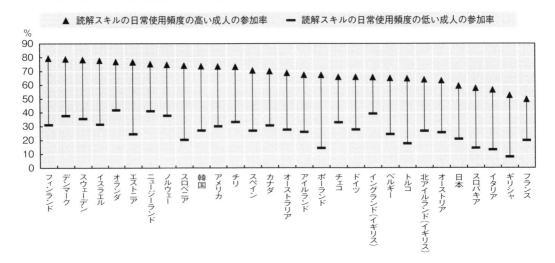

注：チリ、ギリシャ、イスラエル、ニュージーランド、スロベニア、トルコは 2015 年、その他の国は 2012 年のデータを使用。ベルギーのデータはフランドル地域を指す。高い頻度は、毎日または毎週読むことを意味し、低い頻度は、読んでいないこと、またはめったに読まないこと、または月に 1 回より少ないことを意味する
資料：OECD（2016d）, *Education at a Glance 2016: OECD Indicators*, Table C6.1, http://dx.doi.org/10.1787/eag-2016-en.
StatLink：http://dx.doi.org/10.1787/888933474565

図 4.16　成人の教育・訓練への参加率（就業状況別）
25 〜 64 歳成人の参加率（％）、2012 年、2015 年

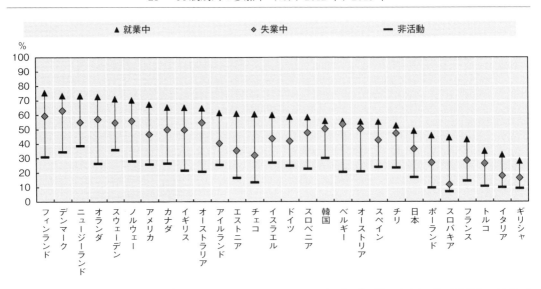

注：チリ、ギリシャ、イスラエル、ニュージーランド、スロベニア、トルコは 2015 年、その他の国は 2012 年のデータを使用。ベルギーのデータはフランドル地域、イギリスのデータはイングランドと北アイルランドを指す。
資料：OECD 事務局算定。データ源：Survey of Adult Skills（2012, 2015）, http://www.oecd.org/pisa/data/2015database; OECD（2014e）, *Education at a Glance 2014: OECD Indicators*, http://dx.doi.org/10.1787/eag-2014-en.
StatLink：http://dx.doi.org/10.1787/888933474573

成人学習への参加は、主に職務に関連しており、キャリアの見通しを改善し、仕事を得たり変更したりするという動機付けによって促進される。そのため、就業状況などと密接に関連している。雇用されている者の参加率は、失業者や非労働力状態の成人の場合よりも高い（図4.16）。

高スキル労働者の場合は、より多くのことを学ぶスキルがあり、より多くのことを学ぶことによってスキルを上昇させるという好循環がある。対照的に、低スキル労働者や非雇用者は悪循環に直面している。彼らは訓練の恩恵を受けていない状況に閉じ込められているため、スキルは脆弱なままであるか、または悪化する可能性さえある。

政策

解雇のリスクにさらされている労働者を支援する政策によって、低スキル労働者を成人学習の外に追いやるという悪循環を打破しなければならない。EU諸国のデータによれば、仕事や家族への責任感が生涯学習における成人の参加にとって重要な障壁になることが示されている（European Commission/EACEA/Eurydice, 2015b）。遠隔教育プログラムを導入することで、職場や家族の責任感を持つ人々に解決策を提供することができる。また、もうひとつの重要な取り組みとしては、北欧諸国で行われているように、雇用主と成人教育・訓練提供者の両方において、生涯学習を実施するための柔軟性を提供するために、雇用主と労働組合との間の合意を発展させることがあげられる。

雇用とキャリア移行を促進するためには、人生の後半において高等教育を開始または継続する機会を提供することも重要であり、そのためには高等教育への入学要件を整備する必要がある。成人学習者の高等教育へのアクセスを容易にするだけでなく、成功のために必要なスキルを学習プログラムによって確実に確保するためにも、ノンフォーマルまたはフォーマルな学習の検証が不可欠である。

資金面での問題は、しばしば成人教育・訓練の障壁となる。スキルへの投資には、逸失利益や授業料だけでなく、将来の税金の引き上げなど、様々なコストが含まれる。これらのコストは、将来の賃金の上昇、教育を受けるための税額控除、および教育補助金によってバランスがとられる必要がある。

OECDの調査では、税金と支出政策がスキルへの投資に対するインセンティブに及ぼす影響を測定するいくつかの指標が策定されている（OECD, 2017）。具体的には、損益分岐点増分指標は、労働できる残年数にわたるスキル投資費用を人々が返済するために、どのくらいの所得を増やす必要があるかを測定する。1年の学業過程を経て再就職した50歳の労働者は、同様の1年間の教育課程を卒業した27歳の学生や短期コースの職業訓練を受けた32歳の学生に比べて、より高い収入を得る必要がある（図4.17）。これは、職業訓練よりもキャリアを変更するための訓練が税額控除の対象となる頻度が少なく、50歳の労働者が教育費を回収する年数が少ないためである。

政府はスキル費用の控除や奨学金所得の免税など、スキルへの投資を支援するための多くの税制

図 4.17 職業教育や生涯学習に投資するための金銭的インセンティブ

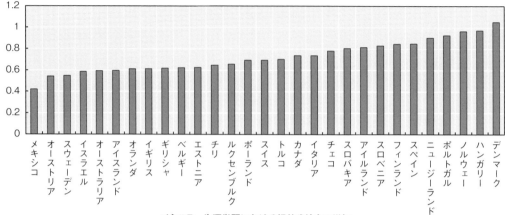

パネルA　仕事に関連する教育における損益分岐点の増加

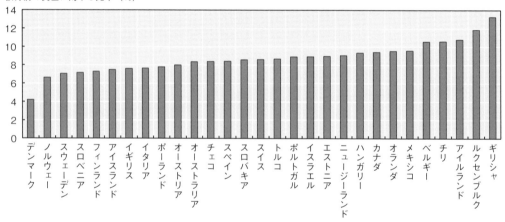

パネルB　生涯学習における損益分岐点の増加

注：仕事に関連する教育に関するデータは、子どものいない32歳の単独納税者のものである。就学中に年間平均賃金の95%を稼いでおり短時間の仕事関連の教育を受けている。生涯学習に関するデータは、子どものいない50歳の単独納税者のものである。就学中に年間平均賃金の25%を稼いでおり、1年間の非職業関連教育を受けている。この図は、直接費の税控除と税額控除、奨学金収入の免税、および学生賃金収入の減税を組み込んだ結果を示している。個人所得税制度における税優遇措置は組み込まれているが、社会保障拠出制度は組み込まれていない。教育に対する親の支出を助成する、または教育に対するしっかりした支出を助成する技能税支出は含まれていない。スキルに対する投資はすべて貯蓄でまかなわれていると想定され、スキル投資をするために借金はなされていない。

資料：OECD (2017), *Taxation and Skills*, http://dx.doi.org/10.1787/9789264269385-en.

StatLink：http://dx.doi.org/10.1787/888933474587

措置を提供することで、これらの制度の適切な設計が有効性の確保に結び付くようにする必要がある（OECD, 2017）。既存のスキル税制は、しばしば労働者の現在の雇用に関連する訓練にのみ利用可能であり、職業を変更する必要があるか、または変更したいと望む労働者の支援には効果的ではない。これらの税制は、労働市場の柔軟性を低下させ、スキルのミスマッチを助長させる可能性が

ある。スキル税制は、多くの場合、課税所得の大きい者に大きな利益をもたらし、安定した雇用者には一時的な雇用者よりも多くの利益をもたらす可能性がある。借り入れが困難な人にスキル投資へのアクセスを確保することが重要である。所得連動型ローンは、この目的を達成するための効率的かつ公平な政策手段である可能性がある。

4.5 要約

　各国は、効果的かつ十分に調整されたスキル政策を通じて、グローバルバリューチェーンの成果を形作ることができる。スキル政策と国際競争力目標との間の離齬によるリスクは大きい。しかし、グローバルバリューチェーンと貿易問題はスキル領域外の独自の政策として省庁に関係する一方で、ほとんどのスキル政策を担当する教育、研究、労働に関わる省庁はイノベーションの成果に焦点を合わせている。グローバルバリューチェーンを最大限に活用するには、ステークホルダーがグローバルバリューチェーンにおける現在の位置、スキル政策の長所と短所、グローバルバリューチェーンにおける国の業績に影響を与える他の種類の政策、さらなる産業特化の機会などを考慮に入れるために、協力する「政府全体の」アプローチをとることが必要となる。

　各国はグローバルバリューチェーン内で互いに競争しているが、生産プロセスの分業化によって特化した競争力のある領域を見つけだすことができる。教育訓練プログラムの設計と資金調達に関する協力は双方の国にとって有益な解決策につながる可能性がある。グローバルバリューチェーンの主導的役割を果たす国々は、他国のスキルの質や、オフショア化されていたかもしれない工業スキルの継承における専門知識を維持することなどから利益を得ることができる。活動がオフショア化されている国は、グローバルバリューチェーン内での地位を高めることができるような質の高い教育プログラムによる恩恵を受ける。さらに、多国籍企業、政府、新興国との協力は、社会的基準と義務を発展させ、活動がオフショア化されている国でより良い雇用の質につながる可能性がある。社会的基準と同様、教育訓練における協力は、グローバルバリューチェーンによって生み出された利益のより均等な分配を保証することができる。

　グローバルバリューチェーンの発展によって一部の労働者は、政治的影響を受ける可能性のある賃金の低下と失業のリスクにさらされる。グローバルバリューチェーンが国内の不平等に及ぼす影響は明確ではないが（第2章）、貿易統合の勢いは政治の偏向につながる可能性がある（Autor *et al.*, 2016）。不利な国際貿易に関連する経済的ショックは、左右に関係なく政治的に極端な方向へ傾く原因にもなるかもしれない。これは、教育システムやスキル政策にも大きな課題を引き起こす可能性がある。本章は、スキル政策の質と調整を強化するために、より多くのことを行う必要があることを示している。同時に、いくつかの革新的かつ適切に設計された方針は、特定のグループや小規模なグループを対象とした基準ですでに導入されている。多くの国にとって、これらの政策の質をより広範に高めることが課題である。

注

1. GUESSS (Global University Entrepreneurial Spirit Students' Survey) は、卒業直後と5年後の学生の起業意欲と活動を世界規模で調査したものである。この調査は、2003年に始まり、スイスのサンクトガレン大学スモールビジネス＆アントレプレナーシップ研究所によって実施されている。2016年調査では、50か国以上の1,082の高等教育機関に在籍する12万2,509人の学生が調査対象となった (Sieger, Fueglistaller, and Zellweger, 2016)。
2. この研究によれば、例えばオーストリアでは、いわゆる周辺労働者の50%が失業者、退職者または学生であると推定されている。さらに、オーストリアでの調査によると、わずかに雇用されている人のほぼ半分が複数の雇用主の下で働き、4.3%は同時に3人の雇用主の下で働いていることがわかった。
3. デルファイ法は、アンケートに匿名で回答し、その後、統計的に「グループ回答」として統計的な形でフィードバックを受け取る専門家を必要とし、そのプロセスが繰り返される。その目標は、回答の範囲を狭め、専門家の合意に近いものに到達することである。デルファイ法は、今日でも広く採用されている。
4. この増加分の一部は、2007年にアメリカで始まった大不況に起因する事業創出の減少によるものである (Fairlie and Lofstrom, 2013)。
5. 最初のプログラムは「コンベンション・デ・コンバージョン (convention de conversion)」だった。後に、再訓練と求職活動に加えて社会的利益も含む「コンベンション・デ・リクラスメント・パーソナライズ (convention de reclassement personnalisé)」に変更された。

参考文献・資料

Adalet McGowan, M. and D. Andrews (2015), "Labour market mismatch and labour productivity: Evidence from PIAAC data", *OECD Economics Department Working Papers*, No. 1209, OECD Publishing, Paris, *http://dx.doi.org/10.1787/5js1pzx1r2kb-en*.

Adascalitei, D. and C. Pignatti Morano (2016) "Drivers and effects of labour market reforms: Evidence from a novel policy compendium", *IZA Journal of Labor Policy*, Vol. 5/15.

Alesina A., J. Harnoss and H. Rapoport (2016), "Birthplace diversity and economic prosperity", *Journal of Economic Growth*, Vol. 21/2, pp. 101-138.

Arslan, C. et al. (2016), "International Migration to the OECD in the Twenty-First Century", *KNOMAD Working Paper 16*, KNOMAD, Washington, DC.Autor, D. et al. (2016), "Importing political polarization? The electoral consequences of rising trade exposure", *NBER Working Paper*, No. 22637, The National Bureau of Economic Research, Cambridge, MA.

Bartelsman, E., G. Pieter and J. de Wind (2010), "Employment protection, technology choice, and worker allocation", *IZA Discussion Papers*, No. 4895, Institute for the Study of Labor (IZA), Bonn.

Blattman C. and S. Dercon (2016), "Occupational choice in early industrializing societies: Experimental evidence on the income and health effects of industrial and entrepreneurial work", *NBER Working Paper*, No. 22683, *NBER Working Paper*, No. 22637, The National Bureau of Economic Research,

Cambridge, MA.

Bloom, N. and J. Van Reenen (2007), "Measuring and explaining management practices across firms and countries", *Quarterly Journal of Economics*, Vol. 122/4.

Bloom N. et al. (2013), "Does management matter? Evidence from India", *Quarterly Journal of Economics*, Vol. 128/1.

Bloom, N. et al. (2012), "Management practices across firms and countries", *NBER Working Papers*, No. 17850, The National Bureau of Economic Research, Cambridge, MA.

Borgonovi, F. et al. (2017), "Youth in transition: How do some of the cohorts participating in PISA fare in PIAAC?", *OECD Education Working Paper*, No. 155, OECD Publishing, Paris, *http://dx.doi.org/10.1787/51479ec2-en*.

Cavaco, S., D. Fougère and J. Pouget (2009), "Estimating the effect of a retraining program on the re-employment rate of displaced workers", *IZA Discussion Papers*, No. 4227, Institute for the Study of Labor (IZA), Bonn.

CEDEFOP (2008), "Systems for anticipation of skill needs in the EU Member States", *CEDEFOP Working Papers*, No. 1, European Centre for the Development of Vocational Training, Thessaloniki.

Clemens, M. (2015), "Global skill partnerships: A proposal for technical training in a mobile world", *IZA Journal of Labor Policy*, Vol. 4/2.

Danish Agency for Science Technology and Innovation (2013), *The Hidden Champions – Danish Industrial Export Successes*, Copenhagen.

De Arcangelis, G. et al. (2014), "Directing remittances to education with soft and hard commitments", *Journal of Economic Behavior and Organization*, Vol. 111, pp. 197-208.

De Backer and Destefano (forthcoming), "The links between global value chains and global innovation network: An exploration", *OECD Science, Technology and Industry Working Papers*.

Docquier, F. and H. Rapoport (2012), "Globalisation, brain drain, and development", *Journal of Economic Literature*, Vol. 50/3, pp. 681-730.

Dougherty and Reddy (2011), "The impacts of state performance funding systems on higher education institutions: Research literature review and policy recommendations", *CCRC Working Paper*, No. 37, Community College Research Center, Teachers College, Columbia University, NewYork, December.

Eurofound (2010), "Very atypical work: Exploratory analysis of fourth European Working Conditions Survey", *Background Paper*.

European Commission (2014), *The ERASMUS Impact Study: Effects of Mobility on the Skills and Employability of Students and the Internationalisation of Higher Education Institutions*, Publications Office of the European Union, Luxembourg.

European Commission (2015), *Building Knowledge on International Cooperation in VET*, Publications Office of the European Union, Luxembourg.

European Commission/EACEA/Eurydice (2015a), *The European Higher Education Area in 2015: Bologna Process Implementation Report*, Publications Office of the European Union, Luxembourg.

European Commission/EACEA/Eurydice (2015b), *Adult Education and Training in Europe: Widening Access to Learning Opportunities*, Eurydice Report, Publications Office of the European Union,

Luxembourg.

European Union (2009), "The little scientist's house", Compilation of good practice on fostering creativity and innovation in the fields of learning and cultural awareness, *www.create2009.europa.eu/fileadmin/Content/Downloads/PDF/Projects/National_projects/DE_The_Little_Scientist_s_House.pdf*.

Fairlie, R. and M. Lofstrom (2013), "Immigration and entrepreneurship", in B. Chiswick and P. Miller (eds), *The Handbook on the Economics of International Migration*, North Holland, Amsterdam.

Foley, C.F. and W.R. Kerr (2013), "Ethnic innovation and U.S. multinational firm activity", *Management Science*, Vol. 59/7, pp. 1529-1544.

Garber, G.R. (2013), "Non-compete clauses: Employee mobility, innovation ecosystems, and multinational R&D offshoring", *Berkeley Technology Law Journal*, Vol. 28/4.

Heckman, J.J. and T. Kautz (2013), "Fostering and measuring skills: Interventions that improve character and cognition", *NBER Working Paper*, No. 19656, The National Bureau of Economic Research, Cambridge, MA.

Hoogendoorn, S. and M. van Praag (2012), "Ethnic diversity and team performance: A field experiment", *IZA Discussion Paper*, No. 6731, Institute for the Study of Labor (IZA), Bonn.

Horwitz K. and B. Horwitz (2007), "The effects of team diversity on team outcomes: A meta-analytic review of team demography", *Journal of Management*, Vol. 33/6, pp. 987-1015, *http://dx.doi.org/10.1177/0149206307308587*.

ILO (2015), *World Employment and Social Outlook 2015: The Changing Nature of Jobs*, International Labour Organization (ILO), Geneva.

Jacobson, L., R.J. Lalonde and D.J. Sullivan (2005), "The returns to community college schooling for displaced workers", *Journal of Econometrics*, No. 125, pp. 271-304.

Javorcik, B.S. *et al.* (2011), "Migrant networks and Foreign Direct Investment", *Journal of Development Economics*, Vol. 94/2, pp. 231-241.

Johnstone, D.B. (2004), "The economics and politics of cost sharing in higher education: Comparative perspectives", *Economics of Education Review*, Vol. 23, pp. 403-410.

Johnstone, D.B. and P. Marcucci (2010), *Financing Higher Education Worldwide: Who Pays? Who Should Pay?*, Johns Hopkins University Press, Baltimore, MD.

Kerr, W. and S.P. Kerr (2016), "Immigrant entrepreneurship", in J. Haltiwanger *et al.* (eds), *Measuring Entrepreneurial Businesses: Current Knowledge and Challenges*, Studies in Income and Wealth (NBER), University of Chicago press, Chicago, IL.

Kerr, W. and M. Mandorff (2015), "Social networks, ethnicity, and entrepreneurship", *NBER Working Papers*, No. 21597, The National Bureau of Economic Research, Cambridge, MA.

Kuczera, M, S. Field and H.C. Windisch (2016), *Building Skills for All: A Review of England*, OECD Skills Studies, OECD, Paris, *www.oecd.org/unitedkingdom/building-skills-for-all-review-of-england.pdf*.

Le Donné, N., P. Fraser and G. Bousquet (2016), "Teaching strategies for instructional quality: Insights from the TALISPISA link data", *OECD Education Working Papers*, No. 148, OECD Publishing, Paris, *http://dx.doi.org/10.1787/5jln1hlsr0lr-en.*

Marx, M., D. Strumsky and L. Fleming（2009）, "Mobility, skills, and the Michigan non-compete experiment", *Management Science*, Vol. 55/6, pp. 875-89.

Nathan, M. and N. Lee（2013）, "Cultural diversity, innovation, and entrepreneurship: Firm-level evidence from London", *Economic Geography*, No. 89, pp. 367-394.

OECD（forthcoming a）, *OECD Reviews of School Resources: The Funding of School Education*, OECD Publishing, Paris.

OECD（forthcoming b）, *Engaging Employers in Putting Talents to Better Use in the Workplace*, OECD Publishing, Paris.

OECD（2017）, *Taxation and Skills*, OECD Tax Policy Studies, No. 24, OECD Publishing, Paris, *http://dx.doi.org/10.1787/9789264269385-en.*

OECD（2016a）, *PISA 2015 Results（Volume I）: Excellence and Equity in Education*, PISA, OECD Publishing, Paris, *http://dx.doi.org/10.1787/9789264266490-en.*

OECD（2016b）, *Getting Skills Right: Assessing and Anticipating Changing Skill Needs*, OECD Publishing, Paris, *http://dx.doi.org/10.1787/9789264252073-en.*

OECD（2016c）, *OECD Science, Technology and Innovation Outlook 2016*, OECD Publishing, Paris, *http://dx.doi.org/10.1787/sti_in_outlook-2016-en.*

OECD（2016d）, *Education at a Glance 2016: OECD Indicators*, OECD Publishing, Paris, *http://dx.doi.org/10.1787/eag-2016-en.*（『図表でみる教育 OECD インディケータ（2016年版）』経済協力開発機構（OECD）編著、徳永優子ほか訳、明石書店、2016年）

OECD（2016e）, *International Migration Outlook 2016*, OECD Publishing, Paris, *http://dx.doi.org/ 10.1787/migr_outlook-2016-en.*（『世界の移民政策 OECD 国際移民アウトルック（2016年版）』経済協力開発機構（OECD）編著、徳永優子訳、明石書店、2018年）

OECD（2015a）, *OECD Skills Outlook 2015: Youth, Skills and Employability*, OECD Publishing, Paris, *http://dx.doi.org/10.1787/9789264234178-en.*（『若者のキャリア形成：スキルの獲得から就業力の向上、アントレプレナーシップの育成へ＜OECD スキル・アウトルック 2015年版＞』経済協力開発機構（OECD）編著、菅原良，福田哲哉，松下慶太監訳、竹内一真，佐々木真理，橋本諭，神崎秀嗣，奥原俊訳、明石書店、2017年）

OECD（2015b）, *The ABC of Gender Equality in Education: Aptitude, Behaviour, Confidence*, PISA, OECD Publishing, *http://dx.doi.org/10.1787/9789264229945-en.*

OECD（2015c）, *OECD Science, Technology and Industry Scoreboard 2015: Innovation for growth and society*, OECD Publishing, Paris, *http://dx.doi.org/10.1787/sti_scoreboard-2015-en.*

OECD（2015d）, "Activation policies for more inclusive labour markets", in *OECD Employment Outlook 2015*, OECD Publishing, Paris, *http://dx.doi.org/10.1787/empl_outlook-2015-7-en.*

OECD（2014a）, *Skills beyond School: Synthesis Report*, OECD Reviews of Vocational Education and Training, OECD Publishing, Paris, *http://dx.doi.org/10.1787/9789264214682-en.*

OECD（2014b）, *Employment and Skills Strategies in the United States*, OECD Publishing, Paris, *http://dx.doi.org/10.1787/9789264209398-en.*

OECD（2014c）, *OECD Employment Outlook 2014*, OECD Publishing, *http://dx.doi.org/10.1787/empl_outlook-2014-en.*

OECD（2014d）, *OECD Science, Technology and Industry Outlook 2014*, OECD Publishing, *http://dx.doi.org/10.1787/sti_outlook-2014-en.*

OECD（2014e）, *Education at a Glance 2014: OECD Indicators*, OECD Publishing, Paris, *http://dx.doi.org/10.1787/eag-2014-en.*（『図表でみる教育 OECD インディケータ（2014 年版）』経済協力開発機構（OECD）編著、徳永優子ほか訳、明石書店、2014 年）

OECD（2013a）, *PISA 2012 Results: Excellence Through Equity（Volume II）: Giving Every Student the Chance to Succeed*, PISA, OECD Publishing, Paris, *http://dx.doi.org/10.1787/9789264201132-en.*

OECD（2013b）, *OECD Skills Outlook 2013: First Results from the Survey of Adult Skills*, OECD Publishing, *http://dx.doi.org/10.1787/9789264204256-en.*（『OECD 成人スキル白書：第 1 回国際成人力調査（PIAAC）報告書＜ OECD スキル・アウトルック 2013 年版＞』経済協力開発機構（OECD）編著、矢倉美登里 , 稲田智子 , 来田誠一郎訳、明石書店、2014 年）

OECD（2013c）, *OECD Employment Outlook 2013*, OECD Publishing, Paris, *http://dx.doi.org/10.1787/empl_outlook-2013-en.*

OECD/World Bank Group（2015）, "Inclusive global value chains: Policy options in trade and complementary areas for GVC integration by small and medium enterprises and low-income developing countries", OECD and World Bank Group report prepared for submission to G20 Trade Ministers Meeting, Istanbul, Turkey, 6 October 2015, *www.oecd.org/trade/OECD-WBG-g20-gvc-report-2015.pdf.*

Ottaviano, G.I. and G. Peri（2005）, "Cities and cultures", *Journal of Urban Economics*, Vol. 58/2, pp. 304-337.

Samila, S. and O. Sorenson（2009）, "Non-compete covenants: Incentives to *Innovate or Impediments to Growth*", *Danish Research Unit for Industrial Dynamics Working Paper*, No. 10/02.

Sieger, P., U. Fueglistaller and T. Zellweger（2016）, *Student Entrepreneurship 2016: Insights From 50 Countries*, International Report of the GUESSS Project 2016, KMU-HSG/IMU, St.Gallen/Bern.

Siemens Stiftung（n.d.）, "Little scientists' house: Discovering the world with scientific passion", Siemens Stiftung website, *www.siemens-stiftung.org/en/projects/little-scientists-house/.*

Starr, E., N. Bishara and J.J. Prescott（2016）, "Noncompetes in the U.S. labor force", *Working Paper*, *https://ssrn.com/abstract=2625714.*

Taglioni, D. and D. Winkler.（2016）, *Making Global Value Chains Work for Development*, Trade and Development series,World Bank, Washington, DC.

Tang, H.（2012）, "Labor market institutions, firm-specific skills, and trade patterns", *Journal of International Economics*, Vol. 87/2, pp. 337-351.

UKCES（2015）, "Global value chains and the future of high skills: Evidence from Singapore and implications for the UK", *Briefing Paper*, UK Commission for Employment and Skills（UKCES）, London.

UKCES（2010）, *Skills for Jobs: Today and Tomorrow*, National Strategic Skills Audit for England 2010, UK Commission for Employment and Skills（UKCES）, London.

UK Office for National Statistics（2016）, "Contracts that do not guarantee a minimum number of hours:

September 2016", UK Office for National Statistics.

Vincent-Lancrin, S. (2016), "Open higher education: What are we talking about?", Background Paper for OECD conference on "Opening Higher Education: What the Future Might Bring", Berlin, 8-9 December 2016.

Wächter, B. and F. Maiworm (2014), "English-Taught Programmes in European Higher Education: The State of Play in 2014", *ACA Papers on International Cooperation in Education*, Brussels.

監訳者あとがき

　2年前に出版された "OECD Skills Outlook 2015: YOUTH, SKILLS, AND EMPLOYABILITY" にはふたつの重要なキーワードがありました。ひとつは「エンプロイアビリティ」、もうひとつは「アントレプレナーシップ」でした。前者は「いま」若者に求められているスキルであり、後者は「近い将来」若者に求められると考えられるスキルです。このふたつのキーワードを根幹に据えながら、OECD（経済協力開発機構）諸国の若者を取り巻く労働環境を多角的な視点から捉えるとともに、各国の個別問題にも切り込んでおり、かなり刺激的な内容になっていました。

　このほど、"OECD Skills Outlook 2017: SKILLS AND GLOBAL VALUE CHAINS" が出版され、前書から引き続いて翻訳をさせていただきました。今回の重要なキーワードは原著の副題そのままなのですが、「スキル」と「グローバルバリューチェーン」です。これだけでは分かり難いと思いますので、私なりに簡単な文章に直しますと「モノやサービスの供給をそれぞれの国や地域のメリットを最大限にいかした国境を跨いだグローバルな分業によって、高い品質のモノやサービスを低価格で供給していこうとする価値の連鎖」と、そのためにそれぞれの国や地域で必要とされる「スキル」とはどのようなものか、そしてどのように開発され、どのように活用されていくのか、に焦点が当てられています。

　こういったグローバルバリューチェーンが現実のものになってくると、いままでは国や地域ごとに別々に行われていた作業の無駄が削減され、それぞれの国や地域が得意とする分野の作業に特化することによって、国際競争力が高められるという考え方に至ります。近未来にこういったことが当然に行われるような社会が到来するとなると、私たちはそういった社会に求められるスキルを身に付け、否応なしに対応していかなければなりません。そういった意味において、本書には近未来を考えるヒントが散りばめられています。

　本書を手にとっていただいた皆さまが、世界が進んでいくであろう労働環境、そしてそういった環境にフィットしていくために開発されなければならないスキルに関心を持ってくださることを切に願ってやみません。

　最後に、この念いを受け止めていただき、本書の出版にあたり多大なご支援をいただきました明石書店の安田伸氏に深く感謝を申し上げます。

翻訳者を代表して
菅原　良

◎監訳者・訳者紹介

菅原　良（すがわら・りょう）SUGAWARA Ryo ──監訳、第3章訳
東北大学大学院教育情報学教育部博士後期課程修了。博士（教育情報学）。明星大学附属教育研究機関明星教育センター特任教授。主要業績：『企業研修トレーナーのためのインストラクショナルデザイン』（ダン・チョンシー著、共訳、大学教育出版、2008年）、『構成主義的な学びのデザイン』（G.W. ギャニオン、M. コレイ著、共訳、青山ライフ出版、2015年）、『若者のキャリア形成──スキルの獲得から就業力の向上、アントレプレナーシップの育成へ〈OECDスキル・アウトルック2015年版〉』（経済協力開発機構（OECD）編著、監訳、明石書店、2017年）。

髙橋　南海子（たかはし・なみこ）TAKAHASHI Namiko ──第1章訳
筑波大学大学院人間総合科学研究科博士後期課程修了。博士（生涯発達科学）。明星大学附属教育研究機関明星教育センター特任准教授。主要業績：「大学生の就職活動による自己成長感の探索的検討」（共著、産業・組織心理学研究、26（2）、121-138）。

奥原　俊（おくはら・しゅん）OKUHARA Shun ──第1章訳
名古屋工業大学産業戦略工学専攻博士前期課程修了。修士（情報工学）。藤田医科大学医療科学部医療経営情報学科助教、名古屋工業大学コレクティブインテリジェンス研究所プロジェクト助教。主要業績：「学習リレーションシップに基づいたグループ支援手法の導入と実践」（コンピュータ＆エデュケーション、37号、2014年）、『若者のキャリア形成──スキルの獲得から就業力の向上、アントレプレナーシップの育成へ〈OECDスキル・アウトルック2015年版〉』（経済協力開発機構（OECD）編著、共訳、明石書店、2017年）。

坂本　文子（さかもと・あやこ）SAKAMOTO Ayako ──第2章訳
東京大学大学院人文社会系研究科基礎文化研究専攻言語学専門分野博士課程修了。博士（文学）。横浜国立大学非常勤講師。主要業績：「クメール語の自動詞文の語順」（アジア・アフリカ文法研究 No. 32、アジア・アフリカ言語文化研究所、2003年）、Case-marking of O and S in Khmer（Mon-Khmer Studies No. 35、Mahidol University、2005年）、Attendant word complex in Modern Khmer（Linguistics of the Tibeto-Burman Area No. 33、Vol. 1、LaTrobe University、2010年）。

神崎　秀嗣（こうざき・ひでつぐ）KOHZAKI Hidetsugu ──第3章訳
京都大学大学院医学研究科分子医学系専攻博士課程修了。博士（医学）。秀明大学看護学部教授。CDA、キャリアコンサルタント。主要業績：『最新ICTを活用した私の外国語授業』（共著、丸善出版株式会社、2014年）、「コメディカルに必要なキャリア教育とリメディアル～看護師を中心に～」『キャリア形成支援の方法論と実践』菅原良、渡部昌平、松下慶太、木村拓也、神崎秀嗣 編、東北大学出版会、2017年）。『若者のキャリア形成──スキルの獲得から就業力の向上、アントレプレナーシップの育成へ〈OECDスキル・アウトルック2015年版〉』（経済協力開発機構（OECD）編著、共訳、明石書店、2017年）。

松下　慶太（まつした・けいた）MATSUSHITA Keita ──第4章訳
京都大学大学院文学研究科博士後期課程修了。博士（文学）。実践女子大学人間社会学部准教授。主要業績：『デジタル・ネイティブとソーシャルメディア』（教育評論社、2012年）、『キャリア教育論』（共著、慶應義塾大学出版、2015年）、『ネット社会の諸相』（共著、学文社、2015年）『若者のキャリア形成──スキルの獲得から就業力の向上、アントレプレナーシップの育成へ〈OECDスキル・アウトルック2015年版〉』（経済協力開発機構（OECD）編著、監訳、明石書店、2017年）。

竹内　一真（たけうち・かずま）TAKEUCHI Kazuma ──第4章訳
京都大学大学院教育学研究科博士後期課程単位取得退学。修士（教育学）。多摩大学グローバルスタディーズ学部専任講師。主要業績：「短期日常業務型インターンシップにおける就職への効果」（Quality Education、6、2014年）、『プロフェッションの生成と世代継承』（共著、ナカニシヤ出版、2014年）、「伝統芸能の教授関係から捉える実践を通じた専門的技能の伝承」（質的心理学研究、13、2014年）。『若者のキャリア形成──スキルの獲得から就業力の向上、アントレプレナーシップの育成へ〈OECDスキル・アウトルック2015年版〉』（経済協力開発機構（OECD）編著、共訳、明石書店、2017年）。

国際化のなかのスキル形成

グローバルバリューチェーンは雇用を創出するのか
〈OECD スキル・アウトルック 2017 年版〉

2019 年 5 月 30 日　初版第 1 刷発行

編著者：経済協力開発機構（OECD）
監訳者：菅原　良
訳　者：髙橋南海子
　　　　　奥原　俊
　　　　　坂本文子
　　　　　神崎秀嗣
　　　　　松下慶太
　　　　　竹内一真
発行者：大江道雅
発行所：株式会社明石書店
　　　　　〒101-0021
　　　　　東京都千代田区外神田 6-9-5
　　　　　TEL　03-5818-1171
　　　　　FAX　03-5818-1174
　　　　　http://www.akashi.co.jp
　　　　　振替　00100-7-24505

組版：朝日メディアインターナショナル株式会社
印刷・製本：モリモト印刷株式会社

（定価はカバーに表示してあります）　　　　　ISBN978-4-7503-4848-3

若者のキャリア形成
スキルの獲得から就業力の向上、アントレプレナーシップの育成へ
《OECDスキル・アウトルック2015年版》

経済協力開発機構（OECD）編著
菅原良、福田哲哉、松下慶太 監訳
竹内一真、佐々木真理、橋本諭、神崎秀嗣、奥原俊訳

B5判／並製／224頁　◎3700円

若者の学校から仕事への移行を支援し、労働市場への統合を促進するにはどうしたらよいのか。国際成人力調査（PIAAC）はじめOECDの教育指標や雇用指標を用いた実証的データをもとに、社会全体の包括的成長に向けた若者の就労戦略について提起する。

●内容構成●
- 第1章 若者のスキルと就業力を向上させるための総合戦略デザイン
- 第2章 若者の教育とスキル育成に関するトレンド
- 第3章 若者の教育とスキル改善に向けた政策
- 第4章 若者の労働市場へ の統合のトレンド
- 第5章 若者の労働市場への統合に向けた政策
- 第6章 仕事での若者のスキル使用のトレンド
- 第7章 若者のスキルを仕事に使用することに向けた政策

教育研究とエビデンス ―国際的動向と日本の現状と課題
国立教育政策研究所編　大槻達也、惣脇宏、豊浩子、トム・シュラー、籾井圭子、津谷喜一郎、秋山薊二、岩崎久美子著
◎3800円

成人力とは何か OECD「国際成人力調査」の背景
国立教育政策研究所内国際成人力研究会編著
◎3500円

成人スキルの国際比較 OECD国際成人力調査（PIAAC）報告書
国立教育政策研究所編
◎3800円

教員環境の国際比較 OECD国際教員指導環境調査（TALIS）2013年調査結果報告書
国立教育政策研究所編
◎3500円

21世紀のICT学習環境 生徒・コンピュータ・学習を結び付ける
経済協力開発機構（OECD）編著　国立教育政策研究所監訳
◎3700円

生きるための知識と技能6 OECD生徒の学習到達度調査（PISA）2015年調査国際結果報告書
国立教育政策研究所編
◎3700円

PISA2015年調査 評価の枠組み
OECD生徒の学習到達度調査　経済協力開発機構（OECD）編著　国立教育政策研究所監訳
◎3700円

TIMSS2015 算数・数学教育／理科教育の国際比較 国際数学・理科教育動向調査の2015年調査報告書
国立教育政策研究所編
◎4500円

〈価格は本体価格です〉

OECD成人スキル白書

第1回国際成人力調査(PIAAC)報告書
〈OECDスキル・アウトルック2013年版〉

経済協力開発機構(OECD) 編著
矢倉美登里、稲田智子、来田誠一郎 訳

A4判変型／並製／632頁
◎8600円

仕事や日常生活で必要とされる汎用的スキルについて、「読解力」「数的思考力」「ITを活用した問題解決能力」の3分野から評価する。スキル習熟度に加え、社会的背景や学歴、年齢などの様々な要因とスキルの関連について、国際比較可能なデータをもとに分析する。

内容構成

- 第1章 21世紀に求められるスキル
- 第2章 成人のキー・スキルの習熟度
- 第3章 社会人口統計学的特性とキー・スキル
- 第4章 職場でのスキルの使用状況
- 第5章 キー・スキルの開発と維持
- 第6章 キー・スキルと経済的・社会的幸福

OECD保育の質向上白書 人生の始まりこそ力強く:ECECのツールボックス

OECD編著 秋田喜代美、阿部真美子、一見真理子
門田理世、北村友人、鈴木正敏、星三和子訳
◎6800円

OECD保育白書 人生の始まりこそ力強く:乳幼児期の教育とケア(ECEC)の国際比較

星三和子、首藤美香子、大和洋子、一見真理子訳
◎7600円

OECDビッグデータ白書 データ駆動型イノベーションが拓く未来社会

経済協力開発機構(OECD)編著
大磯一、入江晃史監訳 齋藤長行、田中絵麻訳
◎6800円

OECD幸福度白書4 より良い暮らし指標:生活向上と社会進歩の国際比較

OECD編著 西村美由起訳
◎6800円

OECD教員白書 効果的な教育実践と学習環境をつくる〈第1回OECD国際教員指導環境調査(TALIS)報告書〉

OECD編著 斎藤里美監訳
木下江美、布川あゆみ、本田宏樹訳
◎7400円

OECD世界開発白書2 富のシフト世界と社会的結束

OECD開発センター編著 門田清訳
◎6600円

主観的幸福を測る OECDガイドライン

経済協力開発機構(OECD)編著
桑原進、高橋しのぶ訳
◎5400円

幸福の世界経済史 1820年以降、私たちの暮らしと社会はどのような進歩を遂げてきたのか

OECD開発センター編著 徳永優子訳
◎6800円

〈価格は本体価格です〉

世界の行動インサイト
公共ナッジが導く政策実践

経済協力開発機構（OECD）編著
齋藤長行 監訳
濱田久美子 訳

A4判変型/456頁
◎6800円

人びとの意思決定や経済行動を心理学や認知科学、脳科学などの視点から捉えるナッジの経済学。消費者保護、環境、財政、健康、安全、税、電気通信など、世界各国の公共部門で導入されている公共ナッジの事例を豊富に紹介し、その有効性について考察する。

● 内容構成 ●

第1章 なぜわざわざ？ 背景とアプローチ
第2章 何が行われているのか？ 政策・研究課題の形成
第3章 次に目指すのは？ 行動インサイトの事例研究からの洞察
第4章 行動インサイトの事例研究：消費者保護
第5章 行動インサイトの事例研究：教育
第6章 行動インサイトの事例研究：エネルギー
第7章 行動インサイトの事例研究：環境
第8章 行動インサイトの事例研究：金融商品
第9章 行動インサイトの事例研究：健康と安全
第10章 行動インサイトの事例研究：労働市場
第11章 行動インサイトの事例研究：公共サービスの提供
第12章 行動インサイトの事例研究：税
第13章 行動インサイトの事例研究：情報通信
第14章 行動インサイトの事例研究（追加）

行動公共政策　行動経済学の洞察を活用した新たな政策設計
経済協力開発機構（OECD）編著　齋藤長行訳　◎3000円

サイバーリスクから子どもを守る　エビデンスに基づく青少年保護政策
経済協力開発機構（OECD）編著　齋藤長行著訳　新垣円訳　◎3600円

インターネット経済　デジタル経済分野の公共政策〈OECDソウル宣言進捗レビュー〉
経済協力開発機構（OECD）編著　入江晃史訳　◎4500円

創造的地域づくりと文化　経済成長と社会的結束のための文化活動
経済協力開発機構（OECD）編著　寺尾仁訳　◎4500円

格差拡大の真実　二極化の要因を解き明かす
経済協力開発機構（OECD）編著　小島克久、金子能宏訳　◎7200円

21世紀型学習のリーダーシップ　イノベーティブな学習環境をつくる
OECD教育研究革新センター編著　木下江美、布川あゆみ監訳　斎藤里美、本田伊克、大西公恵、三浦綾希子、藤浪海訳　◎4500円

グローバル化と言語能力　自己と他者、そして世界をどうみるか
OECD教育研究革新センター編著　本名信行監訳　徳永優子、稲田智子、定延由紀、西村美由起、矢倉美登里訳　◎6800円

キー・コンピテンシー　国際標準の学力をめざして
ドミニク・S・ライチェン、ローラ・H・サルガニク編著　立田慶裕監訳　◎3800円

〈価格は本体価格です〉

社会情動的スキル
学びに向かう力

A5判／上製／224頁
◎3600円

経済協力開発機構（OECD）編著
ベネッセ教育総合研究所　企画・制作
無藤隆、秋田喜代美　監訳
荒牧美佐子、都村聞人、木村治生、
高岡純子、真田美恵子、持田聖子　訳

現代の社会において成功した人生を歩むためには、バランスのとれた認知的スキルと社会情動的スキルが鍵となる。本書は、人生の成功に結びつく社会情動的スキル（あるいは非認知的スキル）を特定し、そうしたスキルを育成するための方策を整理する。

―●内容構成●―

- 第1章　今日の世界における教育とスキルの役割
- 第2章　学習環境、スキル、社会進歩：概念上のフレームワーク
- 第3章　人生の成功を助けるスキル
- 第4章　スキル形成を促進する学習環境
- 第5章　社会情動的スキルを強化する政策、実践、評価
- 付録5A　社会情動的スキルの育成に向けた取り組み：教育制度の目標とスキルフレームワーク（国・地域別）
- 第6章　社会情動的スキルを育む方法

アートの教育学　革新型社会を拓く学びの技
OECD教育研究革新センター編著
篠原康正、篠原真子、袰岩晶訳
◎3700円

学びのイノベーション　21世紀型学習の創発モデル
OECD教育研究革新センター編著
有本昌弘監訳　多々納誠子訳　小熊利江訳
◎4500円

メタ認知の教育学　生きる力を育む創造的数学力
OECD教育研究革新センター編著
篠原真子、篠原康正、袰岩晶訳
◎3600円

多様性を拓く教師教育　多文化時代の各国の取り組み
OECD教育研究革新センター編著
斎藤里美監訳　木下江美、三浦綾希子、藤浪海訳
◎4500円

学習の本質　研究の活用から実践へ
OECD教育研究革新センター編著
立田慶裕、平沢安政監訳
布川あゆみ、本田伊克訳
◎4600円

諸外国の教育動向　2017年度版
文部科学省編著
◎3600円

諸外国の初等中等教育
文部科学省編著
◎3600円

諸外国の生涯学習
文部科学省編著
◎3600円

〈価格は本体価格です〉

世界の移民政策
OECD国際移民アウトルック（2016年版）

経済協力開発機構（OECD）編著
徳永優子 訳

■A4判変型／並製／464頁
◎6800円

OECD諸国内外における国際移民の傾向と政策動向をまとめた年次報告書。移民の流入や流出、外国人人口、難民動向、国籍取得などの各種統計を豊富に収録するとともに、移民が経済や社会に及ぼす影響やその政策対応について詳細に分析・評価する。

―内容構成―
第1章 最近の国際移民の動向と政策対応の変化
第2章 OECD加盟国における新来移民の就業状況と統合政策
第3章 移民が経済に及ぼす影響――地域レベルに注目する
第4章 環境的及び地政学的ショックに伴う国際移民――それに対するOECD加盟国の対応
第5章 国別の情報――最近の移民動向と移民政策の変化

図表でみる世界の行政改革 OECDインディケータ(2017年版)
OECD編著　平井文三訳
◎6800円

図表でみる男女格差 OECDジェンダー白書2 今なお蔓延る不平等に終止符を！
OECD編著　濱田久美子訳
◎6800円

図表でみる教育 OECDインディケータ(2018年版)
経済協力開発機構（OECD）編著　徳永優子、稲田智子、大村有里、坂本千佳子、立木勝、松尾恵子、三井理子、元村まゆ訳
◎8600円

図表でみる世界の社会問題4 OECD社会政策指標 貧困・不平等・社会的排除の国際比較
OECD編著　高木郁朗監訳　麻生裕子訳
◎3000円

図表でみる世界の主要統計(2015-2016年版)
OECDファクトブック 経済、環境、社会に関する統計資料
OECD編著　トリフォリオ翻訳・製作
◎8200円

移民の子どもと学校 統合を支える教育政策
OECD編著　布川あゆみ、木下江美、斎藤里美監訳
三浦綾希子、大西公恵、藤浪海訳
◎3000円

移民の子どもと世代間社会移動 連鎖する社会的不利の克服に向けて
OECD編著　木下江美、布川あゆみ、斎藤里美訳
◎3000円

前川喜平 教育のなかのマイノリティを語る 高校中退・夜間中学・外国につながる子ども・LGBT・沖縄の歴史教育
前川喜平、青砥恭、関本保孝、善元幸夫、金井景子、新城俊昭著
◎1500円

〈価格は本体価格です〉